Hilfen für Menschen mit Behinderung

Ansprüche und Rechte kennen, Teilhabe erhalten

Dr. Otto N. Bretzinger

WOLTERS KLUWER | STEUERTIPPS

Postfach 10 01 61 · 68001 Mannheim
Telefon 0621/8626262
Telefax 0621/8626263
www.steuertipps.de

2. aktualisierte Auflage

Stand: Februar 2025

Zum Zwecke der besseren Lesbarkeit verwenden wir allgemein die grammatisch männliche Form. Selbstverständlich meinen wir aber bei Personenbezeichnungen immer alle Menschen unabhängig von ihrer jeweiligen geschlechtlichen Identität.

Redaktion: Dr. Torsten Hahn, Benedikt Naglik

Geschäftsführer: Christoph Schmidt, Stefan Wahle

Layout und Umschlaggestaltung: futurweiss kommunikationen, Wiesbaden

Bildquelle: ©Drazen – stock.adobe.com

Printed in Poland

ISBN 978-3-96533-440-3

Vorwort

Menschen gelten als behindert, wenn sie körperliche, seelische, geistige oder Sinnesbeeinträchtigungen haben, die sie in Wechselwirkung mit einstellungs- und umweltbedingten Barrieren an der gleichberechtigten Teilhabe an der Gesellschaft mit hoher Wahrscheinlichkeit länger als sechs Monate hindern können. Menschen haben eine Schwerbehinderung, wenn bei ihnen ein Grad der Behinderung von wenigstens 50 vorliegt.

Viele denken im Zusammenhang mit einer Behinderung oder Schwerbehinderung an einen Rollstuhlfahrer, einen blinden oder krebskranken Menschen oder andere Personen mit sichtbaren oder angeborenen Einschränkungen. Es gibt aber mindestens genauso viele unsichtbare Behinderungen. Es ist häufig auch ein Thema, das Menschen in höherem Alter betrifft und oft direkte und bleibende Folge von Krankheiten.

Menschen mit Behinderungen haben ein Recht auf Hilfe. Und das sind nicht wenige. In Deutschland liegt die Anzahl der schwerbehinderten Menschen bei rund 7,9 Millionen Menschen. Bezogen auf die Gesamtbevölkerung zum Jahresende 2023 waren 9,3 % der Menschen schwerbehindert.

Menschen mit Behinderung und von Behinderung bedrohte Menschen werden genau wie ihre Angehörigen nicht nur mit den unmittelbaren Folgen der Behinderung konfrontiert, sondern müssen zusätzlich mit meist stark veränderten Lebensumständen zurechtkommen. Zwar ist behinderten Menschen gesetzlich ein umfassendes Recht auf Teilhabe, also auf Barrierefreiheit auf allen Gebieten des Lebens eingeräumt, allerdings müssen sie und ihre Angehörigen sich in einem für den Laien schwer durchschaubaren System von Leistungen und Zuständigkeiten in unserem Sozialsystem zurechtfinden. Dabei will ihnen dieser Ratgeber helfen. Die Betroffenen werden von der Feststellung der Schwerbehinderung an begleitet und erfahren, welche Nachteilsausgleiche, also Leistungen, die die gleichberechtigte Teilhabe ermöglichen sollen, ihnen zustehen. Entsprechende Regelungen finden sich in einer Vielzahl von Gesetzen, weil Barrieren, mit denen Menschen mit Behinderungen konfrontiert sind, sehr unterschiedlich sein können.

Über die Nachteilsausgleiche hinaus werden auch die mit der Behinderung verbundenen Besonderheiten bei der sozialen Absicherung der Menschen mit Behinderung dargestellt, ebenso die für Menschen mit Behinderungen und ihre Angehörigen bestehenden Steuervergünstigungen.

Dr. iur. Otto N. Bretzinger

Inhalt

1 Behinderung und Schwerbehinderung

Das Wichtigste in Kürze

- **Behinderung:** Menschen mit Behinderungen sind Personen, die körperliche, seelische, geistige oder Sinnesbeeinträchtigungen haben, die sie in Wechselwirkung mit einstellungs- und umweltbedingten Barrieren an der gleichberechtigten Teilhabe an der Gesellschaft mit hoher Wahrscheinlichkeit länger als sechs Monate hindern können.
- **Schwerbehinderung:** Schwerbehindert sind Menschen, wenn bei ihnen ein Grad der Behinderung (GdB) von wenigstens 50 vorliegt.
- **Von Behinderung bedrohte Menschen:** Anspruch auf sogenannte Teilhabeleistungen haben auch von Behinderung bedrohte Menschen. In Betracht kommen Menschen mit länger andauernden gesundheitlichen Beeinträchtigungen, die ihre berufliche Teilhabe gefährden.
- **Gleichstellung:** Menschen mit einem GdB von weniger als 50, aber mindestens 30, können einen sogenannten Gleichstellungsantrag stellen. So wird auch nicht schwerbehinderten Menschen, aber behinderten Menschen mit einem GdB vom mindestens 30, der Zugang zu den besonderen Hilfen zur Teilhabe schwerbehinderter Menschen am Arbeitsleben eröffnet.
- **Feststellungsbescheid des Versorgungsamts:** Die Feststellung der Eigenschaft als Schwerbehinderter erfolgt durch einen sogenannten Feststellungsbescheid des Versorgungsamts, der auch für andere Stellen verbindlich ist, ohne dass diese den Bescheid prüfen oder anfechten können.
- **Grad der Behinderung (GdB):** Durch den Grad der Behinderung wird bewertet, welche Auswirkungen eine bestimmte Behinderung auf die Teilnahme am gesellschaftlichen Leben hat. Dabei werden geistige, seelische, körperliche und soziale Auswirkungen berücksichtigt.

- **Rechtschutz:** Gegen den Feststellungsbescheid des Versorgungsamtes kann innerhalb eines Monats nach dem Zugang Widerspruch erhoben werden. Das Rechtsmittel kann gegen die Nichtanerkennung der Schwerbehinderteneigenschaft, gegen die Höhe des Grads der Behinderung oder gegen die Ablehnung von Merkzeichen gerichtet sein.
- **Schwerbehindertenausweis:** Liegt eine Schwerbehinderung von mindestens 50 vor, wird vom Versorgungsamt ein Schwerbehindertenausweis ausgestellt. Er dient dem Nachweis der Schwerbehinderung und dem Grad der Behinderung.
- **Merkzeichen:** Im Schwerbehindertenausweis werden die sogenannten Merkzeichen eingetragen, mit denen zusätzliche Nachteilsausgleiche in Anspruch genommen werden können, die über die dem Schwerbehinderten zustehenden Vergünstigungen hinausgehen.

Menschen mit Behinderung haben Anspruch auf zahlreiche Leistungen, um Benachteiligungen im Arbeitsleben und bei der Teilhabe am Leben in der Gesellschaft möglichst gar nicht erst entstehen zu lassen oder sie möglichst schnell zu überwinden. Insgesamt soll ihnen damit ein weitestgehend selbstbestimmtes Leben ermöglicht werden. Von Bedeutung ist in diesem Zusammenhang nicht zuletzt, ob eine Behinderung oder eine Schwerbehinderung vorliegt. Die Schwere der mit der Behinderung verbundenen Einschränkungen wird durch den Grad der Behinderung festgestellt. Wenn ein Grad der Behinderung von mindestens 50 vorliegt, wird vom Versorgungamt ein Schwerbehindertenausweis ausgestellt, in den sogenannte Merkzeichen eingetragen sind, mit denen bestimmte Rechte und Vergünstigungen verbunden sind.

1.1 Menschen mit Behinderung

Menschen mit Behinderungen sind nach § 2 Abs. 1 SGB IX Menschen, die körperliche, seelische, geistige oder Sinnesbeeinträchtigungen haben, die sie in Wechselwirkung mit einstellungs- und umweltbedingten Barrieren an der gleichberechtigten Teilhabe an der Gesellschaft mit hoher Wahrscheinlichkeit länger als sechs Monate hindern können. Eine Beeinträchtigung in diesem Sinne liegt vor, wenn der Körper- und Gesundheitszustand von dem für das Lebensalter typischen Zustand abweicht.

Achtung: Um als Mensch mit Behinderung die gesetzlich geregelten Hilfen und die staatliche Unterstützung in Anspruch nehmen zu können, ist es nicht erforderlich, dass ein bestimmter Grad der Behinderung festgestellt und durch einen Ausweis bescheinigt wird. So haben Menschen mit Behinderung unabhängig vom Grad der Behinderung Anspruch auf sogenannte Teilhabeleistungen (vgl. dazu 2.). Auch die Benachteiligungsverbote nach dem Allgemeinen Gleichbehandlungsgesetz in den Bereichen Beschäftigung und im alltäglichen Leben gilt für Menschen mit Behinderung. Andererseits sind besondere Leistungen und Vergünstigungen nur schwerbehinderten Menschen, unter Umständen sogar erst ab einem bestimmten Grad der Behinderung vorbehalten.

Behinderung setzt zunächst voraus, dass die körperlichen Funktionen, die geistigen Fähigkeiten, die seelische Gesundheit einer Person oder die Sinneswahrnehmung von dem Zustand, der für das Lebensalter typisch ist, abweichen. Unter Abweichen versteht man den Verlust oder die Beeinträchtigung von normalerweise vorhandenen körperlichen Funktionen, geistigen Fähigkeiten, der seelischen Gesundheit oder der Sinneswahrnehmung. Das ist etwa bei den üblichen Kindes- oder Alterserscheinungen nicht der Fall; sie rufen folglich auch keine Behinderung im rechtlichen Sinne hervor.

» Der Verlust der Zeugungsfähigkeit im Alter wird bei Männern als nicht behindernd angesehen, bei jüngeren Männern mit bestehendem Kinderwunsch hingegen schon.

Ein vom für das typische Lebensalter abweichender körperlicher, geistiger oder seelischer Zustand oder der Sinneswahrnehmung als solcher stellt aber noch keine Behinderung im Sinne des Schwerbehindertenrechts dar. Vielmehr muss dieser Zustand eine körperliche Funktionsbeeinträchtigung, zum Beispiel eine Gehbehinderung, Atembeschwerden, eine Sehstörung oder einen Verlust bzw. eine Einschränkung geistiger Fähigkeiten (z.B. Verlust der Erinnerungsfähigkeit, Intelligenzmangel) zur Folge haben. So bedingen etwa massive Verschleißveränderungen der Wirbelsäule im Röntgenbild, die ab einem bestimmten Alter häufig auch als Zufallsbefund gefunden werden, noch nicht die Annahme einer Behinderung. Vielmehr entsteht eine behindertenrechtliche Bedeutung erst dann, wenn die Veränderungen zu einem klinisch feststellbaren Funktionsausfall gegenüber dem altersgemäßen Normalzustand geführt haben.

Außerdem beinhaltet der Begriff der Behinderung – im Gegensatz zu dem der Krankheit – stets auch einen zeitlichen Aspekt. Behinderung ist im Gegensatz zur Krankheit immer ein chronischer Prozess, da von einer Behinderung nur dann gesprochen werden kann, wenn ein Zustand wenigstens sechs Monate andauert oder mit hoher Wahrscheinlichkeit andauern wird.

Schließlich müssen die Funktionsstörungen die Teilhabe des Betroffenen am Leben in der Gesellschaft beeinträchtigen, wobei es gleichgültig ist, in welchen Lebensbereichen sich diese Auswirkungen zeigen. Dies kann etwa im Berufsleben der Fall sein, notwendig ist das aber nicht. Vielmehr kann auch eine nicht berufstätige Person zum Kreis der behinderten Menschen gehören, die konkret »nur« in der Fähigkeit zu reisen, einen Gottesdienst zu besuchen oder Sport zu treiben beeinträchtigt ist.

Achtung: Die Begriffe Krankheit, Pflegebedürftigkeit und Behinderung sind nicht identisch. Unter einer Krankheit im Sinne des Krankenversicherungsrechts ist ein Körper- oder Geisteszustand zu verstehen, der die Notwendigkeit einer ärztlichen Heilbehandlung zur Folge hat. Es ist also nicht in jedem Fall maßgebend, ob dieser Zustand Auswirkungen auf das Verhalten des Betroffenen hat und dessen Möglichkeiten, an zumindest einem Lebensbereich teilzunehmen«, eingeschränkt ist. So handelt es sich beispielsweise bei Vorliegen eines leichten Bluthochdrucks noch ohne Organveränderungen zwar durchaus um eine behandlungsbedürftige Krankheit. Damit sind aber häufig keine Leistungsbeeinträchtigungen verbunden, die Auswirkungen auf die Teilnahme am Leben in der Gesellschaft haben. Es liegt daher keine Behinderung vor. In den meisten Fällen gehen die für das Schwerbehindertenrecht relevanten Behinderungen allerdings aus einer Krankheit hervor. Deutlich seltener beruhen sie auf einer angeborenen Behinderung, einer Schädigung, die zu einer Entschädigung nach dem sozialen Entschädigungsrecht führt oder einem Arbeitsunfall. Pflegebedürftigkeit gilt nicht als alterstypischer Zustand. Deshalb kann grundsätzlich auch Pflegebedürftigen ein Anspruch auf Teilhabeleistungen zustehen.

1.2 Von Behinderung bedrohte Menschen

Anspruch auf sogenannte Teilhabeleistungen (vgl. dazu 2.) haben nicht nur behinderte, sondern auch von Behinderung bedrohte Menschen. Menschen sind von Behinderung bedroht, wenn eine der unter 1.1 genannten Beeinträchtigungen zu erwarten ist. In Betracht kommen Menschen mit länger andauernden gesundheitlichen Beeinträchtigungen, die ihre berufliche Teilhabe gefährden. Einbezogen sind auch chronisch kranke sowie suchtkranke Menschen, soweit bei ihnen die jeweiligen Voraussetzungen gegeben sind.

Ob eine Behinderung oder eine drohende Behinderung vorliegt, wird individuell und in gleicher Weise wie andere Anspruchsvoraussetzungen bei der Entscheidung über die Leistungen und sonstigen Hilfen, die aufgrund der (drohenden) Behinderung erbracht werden, durch den zuständigen Rehabilitationsträger festgestellt. Ob wegen der länger andauernden gesundheitlichen Beeinträchtigungen die berufliche Teilhabe gefährdet ist, kann beispielsweise an einer hohen Anzahl krankheitsbedingter Fehltage gemessen werden.

! Zwar haben Menschen mit einer drohenden Behinderung keine amtlich anerkannte Behinderung und mithin kein Recht auf Nachteilsausgleiche, die vom Grad der Behinderung abhängig sind, dennoch stehen ihnen Leistungen und Hilfen zur Prävention und/oder Rehabilitation zu, beispielsweise im Rahmen eines betrieblichen Eingliederungsmanagements oder einer stufenweisen Wiedereingliederung.

1.3 Schwerbehinderte Menschen

Schwerbehindert sind behinderte Menschen, die die Durchführung eines Anerkennungsverfahrens beantragt und durchlaufen haben und über eine amtliche Dokumentation ihrer Behinderung, das heißt über einen Feststellungsbescheid und den Schwerbehindertenausweis, verfügen.

! Wer als behinderter Mensch wegen seiner Behinderung Hilfe und Unterstützung in Anspruch nehmen will, muss grundsätzlich keinen bestimmten Grad der Behinderung vorweisen. So haben Menschen mit Behinderung beispielsweise unabhängig vom Grad der Behinderung Anspruch auf sogenannte Teilhabeleistungen (vgl. dazu 2.). Allerdings sind bestimmte Leistungen nur schwerbehinderten oder diesen gleichgestellten Menschen mit Behinderungen vorbehalten. So können sich etwa nur schwerbehinderte Menschen auf den besonderen Kündigungsschutz im Arbeitsverhältnis berufen (vgl. 8.11) und nur diesen steht der Anspruch auf Zusatzurlaub zu (vgl. dazu 8.9). Auch Leistungen zum Ausgleich behinderungsbedingter Nachteile im öffentlichen Nahverkehr setzen die Feststellung des Grades der Behinderung voraus (vgl. dazu 4.3).

1.3.1 Schwerbehinderung

Schwerbehindert sind Menschen, wenn bei ihnen ein Grad der Behinderung von wenigstens 50 vorliegt, sie in Deutschland wohnen oder zumindest in Deutschland beschäftigt sind. Damit die mit einer Schwerbehinderung verbundenen Rechte in Anspruch genommen werden können, muss die Schwerbehinderung zunächst förmlich festgestellt werden. Dies erfolgt auf Antrag in einem hierfür vorgesehenen Verwaltungsverfahren. Die Beurteilung des Grades der Behinderung erfolgt auf der Grundlage der »Versorgungsmedizinischen Grundsätze«, die als Anlage zur Versorgungsmedizin-Verordnung veröffentlicht sind. Leistungen und sonstige Vergünstigungen für schwerbehinderte Menschen erfolgen regelmäßig durch Vorlage des Schwerbehindertenausweises. Neben Nachteilsausgleichen, deren Inanspruchnahme das Vorliegen einer Schwerbehinderung zur Voraussetzung haben, gibt es auch noch Vergünstigungen, nur in Anspruch genommen werden können, wenn in den Schwerbehindertenausweis bestimmte »Merkzeichen« eingetragen sind.

1.3.2 Feststellung der Schwerbehinderung

Die Eigenschaft als Schwerbehinderter erfolgt durch einen sogenannten Feststellungsbescheid des Versorgungsamts, der auch für andere Stellen verbindlich ist, ohne dass diese den Bescheid prüfen oder anfechten können. Im Verwaltungsverfahren wird nach Auswertung der Unterlagen neben dem Vorliegen einer Behinderung auch über den Grad der Behinderung und über die entsprechenden Merkzeichen entschieden.

Verfahren

Ob eine Schwerbehinderung vorliegt, wird durch die Versorgungsämter bzw. die nach dem Landesrecht bestimmten Behörden in einem förmlichen Verfahren festgestellt.

Antrag

Das Verfahren zur Feststellung der Schwerbehinderteneigenschaft beginnt nur auf ausdrücklichen Antrag des Betroffenen. Andere Personen als der behinderte Mensch sind zur Antragstellung nur berechtigt, wenn sie von diesem bevollmächtigt wurden. Der Antrag muss bei der zuständigen Behörde gestellt werden. Zuständig sind die Versorgungsämter, die allerdings teilweise in den Bundesländern unter anderen Namen arbeiten (z.B. Landesamt für Familie und Soziales). Teilweise wurden die Aufgaben auch an die Städte und Landkreise übertragen. Unabhängig davon wird im Folgenden einheitlich der Begriff »Versorgungsamt« verwendet.

! Auskunft über die zuständige Behörde erteilt die Gemeindeverwaltung. Wenn der Antrag auf Feststellung der Schwerbehinderung allerdings bei einem unzuständigen Versorgungsträger gestellt wird (z.B. bei der Krankenkasse, der Agentur für Arbeit oder der Rentenversicherung), sind diese verpflichtet, den Antrag unverzüglich an die zuständige Behörde weiterzuleiten (§ 16 SGB I). Auch alle Gemeinden sind verpflichtet, entsprechende Anträge weiterzuleiten.

Ein Antrag auf Feststellung einer Behinderung kann formlos gestellt werden. Sinnvoll ist es, das von den Versorgungsbehörden zur Verfügung gestellte Antragsformular zu verwenden, das auch im Internet heruntergeladen werden kann.

Achtung: Im Antrag werden neben Angaben zur Person vor allem auch Informationen über vorliegende Gesundheitsstörungen und die behandelnden Ärzte abgefragt. Dabei ist zu beachten, dass im Verwaltungsverfahren die Beurteilung durch das Versorgungsamt im Regelfall immer nur nach Aktenlage erfolgt. Deshalb kommt den Angaben im Antrag entscheidende Bedeutung zu. In erster Linie tragen also die Angaben, die zu den Gesundheitsstörungen und den hieraus resultierenden Beeinträchtigungen gemacht werden, zur Entscheidungsfindung der Behörde bei. Bei der Antragstellung nicht gemachte Angaben werden also bei der Entscheidungsfindung der Behörde nicht berücksichtigt. Gleiches gilt für die Angabe der behandelnden Ärzte. Antragsteller, die hier nicht alle Ärzte angeben, die Auskunft über die aktuell behinderungsrelevanten Gesundheitsstörungen machen können, laufen Gefahr, dass wichtige Informationen nicht erhoben werden und damit für eine Bewertung ebenfalls nicht zur Verfügung stehen.

Dem Antrag sollten sämtliche Unterlagen beigefügt werden, die Auskunft über den aktuellen Gesundheitszustand und die geltend gemachten Gesundheitsstörungen geben können (z.B. Arztbriefe, Atteste, Krankenhaus- und Kurentlassungsberichte, Röntgen- und Laborbefunde). Dies macht möglicherweise weitere Ermittlungen vonseiten der Behörde bereits entbehrlich und verkürzt so die Bearbeitungsdauer.

! Bevor der Antrag bei der Behörde eingereicht wird, kann es sinnvoll sein, den Hausarzt einzuschalten. Unter Umständen verfügt dieser noch über Befunde weiterer behandelnder Ärzte.

Ablauf des Verfahrens

Sobald der Behörde alle notwendigen medizinischen Unterlagen vorliegen, prüft sie nach den Maßgaben der Versorgungsmedizin-Verordnung, ob beim Antragsteller eine Schwerbehinderung vorliegt. Die Ermittlungen beschränken sich regelmäßig auf eine Begutachtung nach Aktenlage. Meist erfolgt nur die Einholung von Befundberichten von behandelnden Ärzten. Dabei werden vorliegende Erkrankungen und damit verbundene Leistungseinschränkungen, erhobene Befunde sowie Art und Umfang von durchgeführten Behandlungsmaßnahmen vom Arzt erfragt. Außerdem werden gegebenenfalls bereits in anderen Verfahren (z.B. Rentenverfahren) erstellte Gutachten und weitere medizinische Unterlagen (z.B. Krankenhaus- oder Rehabilitationsentlassungsberichte) hinzugezogen.

Die eingeholten Befundberichte und sonstigen Unterlagen, einschließlich der vom Antragsteller vorgelegten medizinischen Unterlagen, werden dann sozialmedizinisch kundigen Ärzten vorgelegt, die auf der Grundlage der ihnen vorliegenden Unterlagen eine gutachtliche Beurteilung abgeben. Darin äußern sie sich zu den vorliegenden Gesundheitsstörungen und nehmen dazu Stellung, ob und in welchem Umfang diese zu einer Behinderung führen. Dabei ordnen sie jeder festgestellten Gesundheitsstörung einen sogenannten Einzelgrad der Behinderung zu und bilden hieraus einen Gesamtgrad der Behinderung (vgl. dazu unten).

Mit der Erstellung dieser versorgungsärztlichen Stellungnahme sind die Ermittlungen der Behörde in den meisten Fällen beendet, sodass die gutachtliche Beurteilung nach Aktenlage damit regelmäßig Grundlage für die spätere Entscheidung (Feststellungsbescheid) der Behörde bildet.

! Da aus dem Feststellungsbescheid der Behörde nicht hervorgeht, aus welchen Gründen sie einen bestimmten Grad der Behinderung festgestellt hat, empfiehlt es sich stets, zur Überprüfung der Entscheidung der Behörde die versorgungsärztliche Stellungnahme einzusehen. Diese befindet sich in der Akte der Behörde, die vom Antragsteller eingesehen werden kann.

Ermittlung des Grads der Behinderung

Durch den Grad der Behinderung (GdB) wird bewertet, welche Auswirkungen eine bestimmte Behinderung auf die Teilnahme am gesellschaftlichen Leben hat. Dabei werden geistige, seelische, körperliche und soziale Auswirkungen berücksichtigt. Beeinträchtigungen, die für ein bestimmtes Alter typisch sind, fließen nicht mit ein. Die Einstufung erfolgt nach den Grundsätzen der Versorgungsmedizin-Verordnung. Diese enthält eine ausführliche Tabelle, die für zahlreiche Gesundheitsstörungen feste GdB-Werte enthält. Der GdB ist abgestuft in Zehnergraden (von 10 bis 100). Erst ab einem Grad von wenigstens 20 trifft die Behörde eine entsprechende Feststellung.

Liegt bei dem Antragsteller nur eine Funktionsstörung vor, entspricht der Gesamtgrad der Behinderung dem Grad der Behinderung für das Einzelleiden. Die Feststellung des Gesamt-GdB ist dann mit der Feststellung des GdB für diese Funktionsstörung, dessen Höhe sich nach der GdB-Tabelle bestimmt, abgeschlossen.

Chronische Darmstörungen (irritabler Darm, Divertikulose, Divertikulitis, Darmteilresektion)

- ohne wesentliche Beschwerden und Auswirkungen: GdB 0 bis 10
- mit stärkeren und häufig rezidivierenden oder anhaltenden Symptomen (z.B. Durchfälle, Spasmen) GdB 20 bis 30
- mit erheblicher Minderung des Kräfte- und Ernährungszustandes: GdB 40 bis 50

Verlust eines Eierstockes: GdB 0

Unterentwicklung, Verlust oder Ausfall beider Eierstöcke,

- ohne Kinderwunsch und ohne wesentliche Auswirkung auf den Hormonhaushalt – immer in der Postmenopause: GdB 10
- im jüngeren Lebensalter bei noch bestehendem Kinderwunsch oder bei unzureichender Ausgleichbarkeit des Hormonausfalls durch Substitution: GdB 20 bis 30
- vor Abschluss der körperlichen Entwicklung je nach Ausgleichbarkeit des Hormonausfalls: GdB 20 bis 40

Regelmäßig werden von Antragstellern mehrere Funktionsstörungen geltend gemacht, um die Schwerbehinderteneigenschaft zu erreichen. Wenn mehrere Funktionsbeeinträchtigungen vorliegen, ist der GdB durch die Beurteilung der Auswirkungen in ihrer Gesamtheit unter Berücksichtigung ihrer wechselseitigen Beziehungen festzustellen (§ 152 Abs. 3 Satz 1 SGB IX). Zunächst muss für jede Behinderung ein Einzel-GdB ermittelt werden, danach ist ein Gesamt-GdB zu bilden, allerdings nicht durch ein reines Zusammenzählen der Einzel-GdB. Es müssen immer die Auswirkungen aller Behinderungen in ihrer Gesamtheit festgestellt werden, wobei die Gesamtbeurteilung zu einem höheren oder niedrigeren Gesamt-GdB führen kann als bei einem bloßen Zusammenrechnen der Einzel-GdB erzielt worden wäre. In keinem Fall darf allerdings der Gesamt-GdB niedriger bemessen werden als der GdB einer einzelnen Behinderung. Bei der Bildung des Gesamt-GdB wird regelmäßig von der Beeinträchtigung mit dem höchsten Einzel-GdB ausgegangen, die anderen Beeinträchtigungen werden dann dahingehend überprüft, inwieweit sich durch sie das Maß der Behinderung vergrößert. »Leichte Gesundheitsstörungen«, die einen GdB von 10 bedingen, werden nur in Ausnahmefällen berücksichtigt.

» **Es bestehen folgende Funktionsstörungen:**

- Herzmuskelschwäche mit Leistungsbeeinträchtigung bei mittelschwerer Belastung: GdB 40
- Geringgradige Funktionsstörung der Wirbelsäule in einem Abschnitt: GdB 10
- Bewegungseinschränkung linkes Knie: GdB 10
- Bewegungseinschränkung linke Hand: GdB 10
- Bronchiale Asthma ohne dauernde Einschränkung der Lungenfunktion: GdB 10
- Blutzuckererkrankung: GdB 10

Trotz der Vielzahl der Einzelbehinderungen verbleibt es bei einem Gesamt-GdB von 40.

» **Es bestehen folgende Funktionsstörungen**

- Somatoforme Störung (Schmerzstörung): GdB 30
- Funktionseinschränkung der Wirbelsäule mit Nervenreizungen: GdB 20
- Belastungsabhängige Schmerzen bei degenerativen Veränderungen der Kniegelenke: GdB 20

- Chronische Darmerkrankung: GdB 20
- Jedes weitere Leiden mit jeweils GdB 10

Der Gesamt-GdB beträgt 40, weil sich die Auswirkungen der somatoformen Störung (Schmerzstörung) und der orthopädischen Leiden weitgehend überschneiden und nur die Auswirkungen der Darmerkrankung zu einer weiteren Einschränkung des täglichen Lebens führen.

Feststellungsbescheid

Nach Durchführung der Ermittlungen ergeht die Entscheidung der Behörde in Form eines Feststellungsbescheids. Darin wird der Grad der Gesamtbehinderung bezeichnet. Außerdem wird festgestellt, ob die gesundheitlichen Voraussetzungen für Merkzeichen vorliegen.

Grundsätzlich wird im Bescheid für die Feststellung der Schwerbehinderung das Datum der Antragstellung verwendet. Auf Antrag kann aber auch festgestellt werden, dass ein Grad der Behinderung oder gesundheitliche Merkmale bereits zu einem früheren Zeitpunkt vorgelegen haben, wenn dafür ein besonderes Interesse glaubhaft gemacht wird. Das ist beispielsweise der Fall, wenn die Schwerbehinderung deshalb rückwirkend anerkannt werden soll, um eine Altersrente für schwerbehinderte Menschen abschlagsfrei beziehen zu können. In diesem Fall muss dann durch aussagekräftige Arztbefunde oder Krankenhausberichte belegt werden, dass zum gewünschten Zeitpunkt die funktionellen Einschränkungen bereits in diesem Ausmaß vorhanden waren.

! Stellt eine erwerbstätige Person, also eine als Arbeitnehmer angestellte oder eine selbstständige Person, einen Antrag auf Feststellung der Schwerbehinderung, muss das Versorgungsamt den Antrag grundsätzlich innerhalb von drei Wochen bearbeitet haben, das heißt einen Bescheid erteilen. Dies kann wichtig sein, wenn es schnell gehen muss, um beispielsweise Kündigungsschutz zu erhalten. Das bedeutet: Hat der Erwerbstätige einen Antrag auf Feststellung der Schwerbehinderung gestellt und liegen dem Versorgungsamt alle notwendigen Unterlagen vor, also vor allem die von den im Antragsformular angegebenen Ärzten erstellten Befundberichte oder etwa Entlassungsberichte aus Krankenhäusern und Rehakliniken, muss die Behörde innerhalb von drei Wochen einen Bescheid erteilen. Ist ein Gutachten erforderlich, muss die Entscheidung innerhalb von zwei Wochen nach Vorliegen des Gutachtens getroffen werden. Letzteres ist aber selten, weil die Versorgungsämter nur eine sogenannte versorgungsärztliche Stellungnahme des eigenen ärztlichen Dienstes einholen (vgl. dazu oben).

Widerspruch und Klage

Gegen den Feststellungsbescheid des Versorgungsamts kann innerhalb eines Monats nach dem Zugang Widerspruch erhoben werden. Das Rechtsmittel kann

- gegen die Nichtanerkennung der Schwerbehinderteneigenschaft,
- gegen die Höhe des Grads der Behinderung oder
- gegen die Ablehnung von Merkzeichen gerichtet sein.

Die Widerspruchsfrist beginnt, sobald der Antragsteller den Bescheid erhalten hat. Der Widerspruch kann schriftlich oder beim Versorgungsamt mündlich zur Niederschrift erfolgen und soll begründet werden. Die Begründung muss nicht innerhalb der Widerspruchsfrist erfolgen. Deshalb kann der Widerspruch zunächst fristwahrend innerhalb von einem Monat nach Zugang des Feststellungsbescheids erhoben werden und erst danach die Begründung erfolgen.

! Sinnvoll ist es, nach Erhalt des Feststellungsbescheids Einsicht in die Akten der Behörde zu nehmen. Darauf besteht ein gesetzlicher Anspruch. Die Unterlagen können vor Ort bei der Behörde eingesehen und es können auch Kopien angefertigt werden. Vor allem die Stellungnahme des Versorgungsärztlichen Dienstes und die erstellten Gutachten sind in diesem Zusammenhang von Bedeutung.

Nach einem form- und fristgerechten Widerspruch muss das Versorgungsamt den Feststellungsbescheid noch einmal überprüfen. Der behandelnde Arzt wird erneut um seine Einschätzung gebeten und gegebenenfalls wird auch eine erneute Untersuchung durch den Versorgungsärztlichen Dienst oder ein externes Gutachten angeordnet. Kommt das Versorgungsamt zu dem Schluss, dass der Widerspruch unbegründet ist, wird der Fall an den Widerspruchsausschuss weitergeleitet. Dort werden alle Unterlagen noch einmal geprüft.

- Wird dem Widerspruch entsprochen, wird die Schwerbehinderteneigenschaft bzw. die Höhe des Grads der Behinderung oder das Merkzeichen anerkannt.
- Ist der Widerspruch unbegründet, wird er zurückgewiesen. Gegen diesen Widerspruchsbescheid kann dann Klage beim Sozialgericht erhoben werden.

! Das Widerspruchsverfahren beim Versorgungsamt ist kostenfrei. Sinnvoll kann es sein, bereits einen fachkundigen Anwalt einzuschalten. In diesem Fall hat der Widerspruchsführer allerdings dessen Kosten zu tragen, wenn der Widerspruch zurückgewiesen wird. Rechtliche Unterstützung kann auch bei einem Behindertenverband eingeholt werden, zum Beispiel vom Sozialverband VDK oder beim Sozialverband Deutschland (SoVD). Voraussetzung ist allerdings die Mitgliedschaft in einem solchen Verband. Geht es um den Rechtschutz berufstätiger behinderter Menschen, helfen die Rechtschutzstellen der Gewerkschaften.

Gegen den ablehnenden Widerspruchsbescheid kann innerhalb eines Monats Klage beim zuständigen Sozialgericht erhoben werden. Die Klage kann schriftlich erhoben oder beim Gericht mündlich zu Protokoll gegeben werden.

Vor den Sozialgerichten gilt der sogenannte Amtsermittlungsgrundsatz. Das bedeutet, dass das Gericht den Sachverhalt von Amts wegen vollständig aufzuklären hat, ohne dass es dabei an das Vorbringen der Beteiligten gebunden ist. Zur Durchführung der Ermittlungen holt das Gericht vor allem Befundberichte von behandelnden Ärzten und im Anschluss daran gegebenenfalls auch Sachverständigengutachten ein. Gegen das Urteil des Sozialgerichts kann Berufung beim Landessozialgericht eingelegt werden.

! Unabhängig davon, ob das Verfahren im Ergebnis erfolgreich war, entstehen dem Kläger keine Kosten. Wer sich vor Gericht anwaltlich vertreten lässt, hat grundsätzlich die entstehenden Anwaltskosten zu tragen. War allerdings die Klage erfolgreich, hat regelmäßig der unterliegende Klagegegner diese Kosten zu übernehmen. Für bedürftige Kläger besteht die Möglichkeit, beim Sozialgericht einen Antrag auf Bewilligung von Prozesskostenhilfe zu stellen. Von dieser Prozesskostenhilfe werden die Kosten abgedeckt, die dadurch entstehen, dass ein Anwalt mit der Vertretung beauftragt wurde.

Nachträgliche Änderung der Verhältnisse

Die Neufeststellung des GdB kommt nur in Betracht, wenn eine wesentliche Änderung der für die Feststellung maßgebenden Verhältnisse eingetreten ist. Eine wesentliche Änderung liegt sowohl dann vor, wenn sich bereits anerkannte Behinderungen bessern oder verschlimmern, als auch dann, wenn andere körperliche, seelische, geistige oder Sinnesbeeinträchtigungen hinzutreten.

Verschlimmert sich die Funktionsbeeinträchtigung oder treten weitere Behinderungen hinzu, erfolgt auf Antrag des behinderten Menschen die Neufestsetzung des GdB. In diesem Fall wird ein sogenanntes Änderungsverfahren durchgeführt, das in seinem Ablauf im Wesentlichen dem Verfahren bei einer Erstfeststellung entspricht. Die Behörde prüft dann, ob sich der Gesamtbehinderungszustand verschlechtert hat.

Die nachträgliche Reduzierung des Gesamt-GdB kommt insbesondere auch bei der sogenannten Heilungsbewährung in Betracht, wenn sich nachträglich die Verhältnisse geändert haben. Bei schweren Krankheiten, die typischerweise zum Rückfall neigen oder bei denen der Behandlungserfolg fraglich ist, ist zu beachten, dass hier zunächst nicht der tatsächliche, rein organisch begründbare Funktionszustand zum Zeitpunkt der Antragstellung bzw. der Erteilung des Feststellungsbescheids bewertet wird. Bei solchen Erkrankungen handelt es sich vor allem um bösartige Neubildungen oder auch einen Zustand nach einer Organtransplantation. Hier ist abzuwarten, ob sich der Zustand des Betroffenen stabilisiert oder ob neue Krankheitsschübe eintreten. Vielfach wird damit ein in der ersten Zeit der Krankheitsbewältigung typischer und verständlicher psychischer Depressionszustand mit einbezogen und entgegen dem Prinzip, dass die in der GdB-Tabelle niedergelegte Sätze grundsätzlich die üblichen seelischen Begleiterkrankungen bereits mit umfassen, erhöhend berücksichtigt. Deshalb wird während des Abwartens einer sogenannten Heilungsbewährung ein höherer GdB-Wert als Regelfall ohne Weiteres zugebilligt als er sich sonst aus den festgestellten Störungen ergibt.

Achtung: In den Fällen der Heilungsbewährung reicht allein der Ablauf der Heilungsbewährungszeit aus, um den GdB entsprechend dem tatsächlich bestehenden rein organischen Zustand des Betroffenen herabzusetzen. Anders als in den sonstigen Fällen einer Neufeststellung zu Ungunsten des Betroffenen muss die Behörde in diesen Fällen keine Verbesserung der Symptome und Funktionsstörungen nachweisen, sondern kann auch bei gleich gebliebenen Symptomen eine Neubewertung (Herabsetzung) vornehmen. Der Ablauf der Heilungsbewährung selbst stellt in diesen Fällen bereits eine wesentliche Änderung der Verhältnisse dar.

» Tina Meister mussten wegen eines Brustkarzinoms ein Teil der rechten Brust sowie Lymphknoten entfernt werden. Obwohl ein Teilverlust der Brust nur mit einem GdB von 0 bis 20 zu bewerten ist, setzte das Versorgungsamt für fünf Jahre einen GdB von 60 wegen Heilungsbewährung fest. Nach Ablauf dieser Zeit setzt das Versorgungsamt den GdB mit 20 fest.

1.3.3 Schwerbehindertenausweis

Der Schwerbehindertenausweis dient dem Nachweis des Vorliegens einer Schwerbehinderung und dem Grad der Behinderung. Daneben werden im Ausweis auch die sogenannten Merkzeichen eingetragen, mit denen zusätzliche Nachteilsausgleiche in Anspruch genommen werden können, die über die dem Schwerbehinderten zustehenden Vergünstigungen hinausgehen (vgl. dazu unten). Voraussetzung für die Ausstellung des Schwerbehindertenausweises ist, dass ein Bescheid des Versorgungsamts vorliegt, durch den die Schwerbehinderung festgestellt wird (vgl. dazu 1.3.2). Behinderte Menschen, bei denen nur ein GdB von weniger als 50 vorliegt, erhalten keinen Ausweis.

Gültigkeit

Liegt eine Schwerbehinderung von mindestens 50 vor, wird vom Versorgungsamt ein Schwerbehindertenausweis ausgestellt. Er dient dem Nachweis der Schwerbehinderung. Grundsätzlich wird der Ausweis befristet, er kann aber auch unbefristet ausgestellt werden, wenn keine Veränderung der Behinderung zu erwarten ist.

- Die Gültigkeit des Ausweises wird grundsätzlich für die Dauer von längstens fünf Jahren vom Monat der Ausstellung befristet.
- Wenn eine Neufeststellung wegen einer wesentlichen Änderung in den gesundheitlichen Verhältnissen, die für die Feststellung maßgebend gewesen sind, nicht zu erwarten ist, kann der Ausweis unbefristet ausgestellt werden.
- Für schwerbehinderte Menschen unter zehn Jahren wird die Gültigkeitsdauer des Ausweises bis längstens zum Ende des Kalendermonats befristet, in dem das 10. Lebensjahr vollendet wird. Für schwerbehinderte Menschen im Alter zwischen zehn und 15 Jahren wird die Gültigkeitsdauer des Ausweises bis längstens zum Ende des Kalendermonats befristet, in dem das 20. Lebensjahr vollendet wird.

- Bei schwerbehinderten Menschen ohne deutsche Staatangehörigkeit, deren Aufenthaltstitel, Aufenthaltsgestattung oder Arbeitserlaubnis befristet ist, wird die Gültigkeitsdauer des Ausweises längstens bis zum Ablauf des Monats der Frist befristet.

Schwerbehindertenausweis mit Merkzeichen

Neben der Behinderung und dem Grad der Behinderung kann das Versorgungsamt weitere gesundheitliche Merkmale feststellen, die sogenannten Merkzeichen. Merkzeichen sind bestimmte Buchstaben, die in den Schwerbehindertenausweis eingetragen werden können. Mit den Merkzeichen können zusätzliche Nachteilsausgleiche, also Hilfen für behinderte Menschen zum Ausgleich behinderungsbedingter Nachteile oder Mehraufwendungen, in Anspruch genommen werden, die über die dem Schwerbehinderten zustehenden Vergünstigungen hinausgehen

Merkzeichen G (Erhebliche Beeinträchtigung der Bewegungsfreiheit im Straßenverkehr)

Das Merkzeichen G wird im Ausweis eingetragen, wenn der Betroffene in seiner Bewegungsfähigkeit im Straßenverkehr erheblich eingeschränkt ist. Das ist der Fall, wenn er wegen einer Einschränkung seines Gehvermögens (auch durch innere Leiden oder infolge von Anfällen oder von Störungen der Orientierungsfähigkeit) nicht ohne erhebliche Schwierigkeiten oder nicht ohne Gefahren für sich oder andere Wegstrecken im Ortsverkehr zurückzulegen vermag, die üblicherweise noch zu Fuß zurückgelegt werden. Das Merkzeichen erhält, wer wegen einer altersunabhängigen Einschränkung des Gehvermögens Wegstrecken bis zu 2 km bei einer Gehdauer von etwa einer halben Stunde nicht ohne erhebliche Schwierigkeiten oder Gefahren bewältigen kann.

!

Mit dem Merkzeichen G sind unter anderem folgende Nachteilsausgleiche verbunden:

- Es besteht Anspruch auf unentgeltliche Beförderung im öffentlichen Personennahverkehr nach Erwerb einer Wertmarke.
- Anstatt der Freifahrt im öffentlichen Personennahverkehr können Schwerbehinderte mit dem Merkzeichen G wahlweise auch die Ermäßigung der Kfz-Steuer um 50 % in Anspruch nehmen, es sei denn, dass das Fahrzeug nicht ausschließlich im Zusammenhang mit der Fortbewegung oder der Haushaltsführung der behinderten Person benutzt wird.
- Es besteht Anspruch auf eine behinderungsbedingte Fahrtkosten-Pauschale von 900,– €, wenn wenigstens ein GdB von 70 vorliegt.
- Anstelle der Entfernungspauschale können auch die tatsächlichen Aufwendungen für Fahrten zwischen Wohnung und Arbeitsstätte und für Familienheimfahrten geltend gemacht werden.
- Bezieher von Bürgergeld oder Sozialhilfe haben Anspruch auf einen Mehrbedarfszuschlag auf den Regelbedarf.

Merkzeichen aG (Außergewöhnliche Gehbehinderung)

Schwerbehinderte Menschen mit außergewöhnlicher Gehbehinderung sind Personen mit einer erheblichen mobilitätsbezogenen Teilhabebeeinträchtigung, die einem GdB von mindestens 80 entspricht. Eine erhebliche mobilitätsbezogene Teilhabebeeinträchtigung liegt vor, wenn sich die schwerbehinderten Menschen wegen der Schwere ihrer Beeinträchtigung dauernd nur mit fremder Hilfe oder mit großer Anstrengung außerhalb ihres Kraftfahrzeugs bewegen können. Hierzu zählen insbesondere schwerbehinderte Menschen, die aufgrund der Beeinträchtigung der Gehfähigkeit und Fortbewegung – dauerhaft auch für sehr kurze Entfernungen – aus medizinischer Notwendigkeit auf die Verwendung eines Rollstuhls angewiesen sind. Verschiedenste Gesundheitsstörungen (insbesondere Störungen bewegungsbezogener, neuromuskulärer oder mentaler Funktionen, Störungen des kardiovaskulären oder Atmungssystems) können die Gehfähigkeit erheblich beeinträchtigen. Diese sind als außergewöhnliche Gehbehinderung anzusehen, wenn nach versorgungsärztlicher Feststellung die Auswirkung der Gesundheitsstörungen sowie deren Kombination auf die Gehfähigkeit dauerhaft so schwer ist, dass sie der unter Satz 1 genannten Beeinträchtigung gleichkommt.

!

Mit dem Merkzeichen aG sind unter anderem folgende Nachteilsausgleiche verbunden:

- Schwerbehinderte mit dem Merkzeichen aG haben Anspruch auf unentgeltliche Beförderung im öffentlichen Personennahverkehr nach Erwerb einer Wertmarke.
- Sie sind vollständig von der Kfz-Steuer befreit.
- Es besteht Anspruch auf eine behinderungsbedingte Fahrtkosten-Pauschale von 4.500,– €.
- Anstelle der Entfernungspauschale können auch die tatsächlichen Aufwendungen für Fahrten zwischen Wohnung und Arbeitsstätte und für Familienheimfahrten geltend gemacht werden.
- Es bestehen Befreiungen bei Beschränkungen des Haltens und Parkens im Straßenverkehr (z.B. beim Parken im eingeschränkten Halteverbot und in verkehrsberuhigten Bereichen).
- Bezieher von Bürgergeld oder Sozialhilfe haben Anspruch auf einen Mehrbedarfszuschlag auf den Regelbedarf.
- Die Krankenkasse übernimmt die Fahrtkosten zu ambulanten Behandlungen.

Merkzeichen H (Hilflos)

Hilflos ist ein Mensch mit Behinderung, wenn er wegen einer Gesundheitsstörung nicht nur vorübergehend für eine Reihe von häufig und regelmäßig wiederkehrenden Verrichtungen zur Sicherung seiner persönlichen Existenz im Ablauf eines jeden Tages fremder Hilfe dauernd bedarf. Diese Voraussetzungen sind auch erfüllt, wenn die Hilfe in Form einer Überwachung oder einer Anleitung zu den genannten Verrichtungen erforderlich ist oder wenn die Hilfe zwar nicht dauernd geleistet werden muss, jedoch eine ständige Bereitschaft zur Hilfeleistung erforderlich ist. Häufig und regelmäßig wiederkehrende Verrichtungen zur Sicherung der persönlichen Existenz im Ablauf eines jeden Tages sind insbesondere An- und Auskleiden, Nahrungsaufnahme, Körperpflege, Verrichten der Notdurft. Außerdem sind notwendige körperliche Bewegung, geistige Anregung und Möglichkeiten zur Kommunikation zu berücksichtigen.

Der Umfang der notwendigen Hilfe bei den häufig und regelmäßig wiederkehrenden Verrichtungen muss erheblich sein. Dies ist der Fall, wenn die Hilfe dauernd für zahlreiche Verrichtungen, die häufig und regelmäßig wiederkehren, benötigt wird. Einzelne Verrichtungen, selbst wenn sie lebensnotwendig sind und im täglichen Lebensablauf wiederholt vorgenommen werden, genügen nicht (z.B. Hilfe beim Anziehen einzelner Bekleidungsstücke, Hilfe im Straßenverkehr).

Bei einer Reihe schwerer Behinderungen, die aufgrund ihrer Art und besonderen Auswirkungen regelhaft Hilfeleistungen in erheblichem Umfang erfordern, kann im Allgemeinen ohne nähere Prüfung angenommen werden, dass die Voraussetzungen für das Vorliegen von Hilflosigkeit erfüllt sind. Dies gilt stets

- bei Blindheit und hochgradiger Sehbehinderung,
- Querschnittslähmung und anderen Behinderungen, die auf Dauer und ständig – auch innerhalb des Wohnraums – die Benutzung eines Rollstuhls erfordern,

- in der Regel auch bei Hirnschäden, Anfallsleiden, geistiger Behinderung und Psychosen, wenn diese Behinderungen allein einen GdB von 100 bedingen, und bei Verlust von zwei oder mehr Gliedmaßen, ausgenommen Unterschenkel- oder Fußamputation beiderseits.

Führt eine Behinderung zu dauerndem Krankenlager, so sind ebenfalls die Voraussetzungen für die Annahme von Hilflosigkeit erfüllt. Dauerndes Krankenlager setzt nicht voraus, dass der Mensch mit Behinderung das Bett überhaupt nicht verlassen kann.

! Personen mit dem Merkzeichen H erhalten unter anderem folgende Nachteilsausgleiche:

- Sie haben Anspruch auf unentgeltliche Beförderung im öffentlichen Personennahverkehr ohne Eigenbeteiligung nach Erwerb einer Wertmarke.
- Sie sind vollständig von der Kfz-Steuer befreit.
- Es besteht Anspruch auf eine behinderungsbedingte Fahrtkosten-Pauschale von 4.500,– €.
- Als außergewöhnliche Belastung steht ihnen ein Pflegepauschbetrag von 7.400,– € zu.
- Für Pflegende besteht ein Pflege-Pauschbetrag von 1.800,– €.
- Die Krankenkasse übernimmt die Fahrtkosten zu ambulanten Behandlungen.

Merkzeichen Bl (Blindheit)

Blind ist ein behinderter Mensch, dem das Augenlicht vollständig fehlt. Als blind ist auch ein behinderter Mensch anzusehen, dessen Sehschärfe auf keinem Auge und auch nicht beidäugig mehr als 1/50 der normalen Sehschärfe beträgt oder wenn andere Störungen des Sehvermögens von einem solchen Schweregrad vorliegen, dass sie dieser Beeinträchtigung der Sehschärfe gleichzustellen sind.

! Personen mit dem Merkzeichen Bl erhalten unter anderem folgende Nachteilsausgleiche:

- Sie haben Anspruch auf unentgeltliche Beförderung im öffentlichen Personennahverkehr ohne Eigenbeteiligung nach Erwerb einer Wertmarke.
- Sie sind vollständig von der Kfz-Steuer befreit.
- Es besteht Anspruch auf eine behinderungsbedingte Fahrtkosten-Pauschale von 4.500,– €.
- Als außergewöhnliche Belastung steht ihnen ein Pflegepauschbetrag von 7.400,– € zu.
- Für Pflegende besteht ein Pflege-Pauschbetrag von 1.800,– €.
- Die Krankenkasse übernimmt die Fahrtkosten zu ambulanten Behandlungen.
- Es besteht Anspruch auf Blindenhilfe.
- Sie sind von der Rundfunkbeitragspflicht befreit.
- Es bestehen Befreiungen bei Beschränkungen des Haltens und Parkens im Straßenverkehr (z.B. beim Parken im eingeschränkten Halteverbot und in verkehrsberuhigten Bereichen).

Merkzeichen Gl (Gehörlos)

Gehörlos sind nicht nur Hörbehinderte, bei denen Taubheit beiderseits vorliegt, sondern auch Hörbehinderte mit einer an Taubheit grenzenden Schwerhörigkeit beiderseits, wenn daneben schwere Sprachstörungen (schwer verständliche Lautsprache, geringer Sprachschatz) vorliegen. Das sind in der Regel Hörbehinderte, bei denen die an Taubheit grenzende Schwerhörigkeit angeboren oder in der Kindheit erworben worden ist.

! Mit dem Merkzeichen Gl sind unter anderem folgende Nachteilsausgleiche verbunden.

- Es besteht Anspruch auf unentgeltliche Beförderung im öffentlichen Personennahverkehr nach Erwerb einer Wertmarke.
- Anstatt der Freifahrt im öffentlichen Personennahverkehr können Schwerbehinderte mit dem Merkzeichen G wahlweise auch die Ermäßigung der Kfz-Steuer um 50 % in Anspruch nehmen, es sei denn, dass das Fahrzeug nicht ausschließlich im Zusammenhang mit der Fortbewegung oder der Haushaltsführung der behinderten Person benutzt wird.
- Es besteht Anspruch auf Ermäßigung des Rundfunkbeitrags.
- In einigen Bundesländern besteht Anspruch auf Gehörlosengeld.

Merkzeichen RF (Rundfunkbeitragsermäßigung)

Das Merkzeichen RF hat die Ermäßigung der Rundfunkbeitragspflicht zur Folge. Das Merkzeichen erhalten

- Menschen mit Behinderung, deren GdB nicht nur vorübergehend wenigstens 80 beträgt und die wegen ihres Leidens an öffentlichen Veranstaltungen ständig nicht teilnehmen können. Voraussetzung ist, dass eine Teilnahme auch mithilfe von Begleitpersonen und technischen Hilfsmitteln (z.B. Rollstuhl) nicht möglich ist;
- blinde oder nicht nur vorübergehend wesentlich sehbehinderte Menschen mit einem GdB von wenigstens 60 allein wegen der Sehbehinderung;
- hörgeschädigte Menschen, die gehörlos sind oder denen eine ausreichende Verständigung über das Gehör auch mit Hörhilfen nicht möglich ist.

! Bei Vorliegen des Merkzeichens RF gibt es auch Vergünstigungen bei den Tarifen der Deutschen Telekom (sog. Sozialtarif).

Merkzeichen TBl (Taubblind)

Der schwerbehinderte Mensch ist taubblind, wenn er wegen einer Störung der Hörfunktion mindestens einen GdB von 70 und zugleich aufgrund einer Störung des Sehvermögens einen GdB von 100 hat.

!

Mit dem Merkzeichen TBl sind unter anderem folgende Nachteilsausgleiche verbunden:

- Taubblinde Menschen sind auf Antrag von der Rundfunkbeitragspflicht befreit.
- Es besteht Anspruch auf eine behinderungsbedingte Fahrtkosten-Pauschale von 4.500,– €.
- Als außergewöhnliche Belastung steht ihnen ein Pflegepauschbetrag von 7.400,– € zu.
- In einigen Bundesländern besteht Anspruch auf Taubblindengeld.

Merkzeichen B (Berechtigung für eine ständige Begleitung)

Der durch das Merkzeichen B gewährte Nachteilsausgleich besteht in der kostenlosen Beförderung einer Begleitperson eines schwerbehinderten Menschen im öffentlichen Personennahverkehr, sofern eine ständige Begleitung notwendig ist und dies im Ausweis eingetragen ist. Zur Mitnahme einer Begleitperson sind schwerbehinderte Menschen berechtigt, die bei der Benutzung von öffentlichen Verkehrsmitteln infolge ihrer Behinderung regelmäßig auf Hilfe angewiesen sind. Die Feststellung bedeutet nicht, dass die schwerbehinderte Person, wenn sie nicht in Begleitung ist, eine Gefahr für sich oder für andere darstellt.

Der Nachteilsausgleich wird Menschen mit Schwerbehinderung eingeräumt, bei denen die Voraussetzungen für die Merkzeichen G, Gl oder H vorliegen und die bei der Benutzung öffentlicher Verkehrsmittel zur Vermeidung von Gefahren für sich oder andere regelmäßig auf fremde Hilfe angewiesen sind. Maßgebend ist, ob sie regelmäßig auf Hilfe beim Ein- oder Aussteigen oder während der Fahrt angewiesen sind oder ob Hilfen zum Ausgleich von Orientierungsstörungen erforderlich sind. Dies gilt insbesondere für querschnittgelähmte, blinde und sehbehinderte, hörbehinderte, geistig behinderte Menschen, Ohnhänder und Anfallskranke.

!

Mit dem Merkzeichen B sind unter anderem folgende Nachteilsausgleiche verbunden:

- Es besteht Anspruch auf unentgeltliche Beförderung der Begleitperson im öffentlichen Nah- und Fernverkehr, ausgenommen bei Fahrten in Sonderzügen und Sonderwagen, nach Erwerb einer entsprechenden Wertmarke.
- Urlaubskosten der Begleitperson sind bis 767,– € steuerlich absetzbar.

Besonders betroffene schwerbehinderte Menschen

Private und öffentliche Arbeitgeber müssen unter bestimmten Voraussetzungen einen bestimmten Prozentsatz der Arbeitsplätze mit schwerbehinderten oder ihnen gleichgestellten Menschen besetzen (vgl. dazu 8.2). Bei der Erfüllung ihrer Beschäftigungspflicht haben Arbeitgeber auch in angemessenem Umfang Menschen mit Schwerbehinderung zu berücksichtigen, die durch besondere Einschränkungen ihrer Leistungsfähigkeit beeinträchtigt sind und deshalb besonderen Schutz erhalten sollen. Zur Gruppe der besonders Betroffenen zählen (§ 155 SGB IX)

- schwerbehinderte Menschen, die nach Art oder Schwere ihrer Behinderung im Arbeitsleben besonders betroffen sind, insbesondere solche,
  - die zur Ausübung der Beschäftigung wegen ihrer Behinderung nicht nur vorübergehend einer besonderen Hilfskraft bedürfen oder
  - deren Beschäftigung infolge ihrer Behinderung nicht nur vorübergehend mit außergewöhnlichen Aufwendungen für den Arbeitgeber verbunden ist oder

- die infolge ihrer Behinderung nicht nur vorübergehend offensichtlich nur eine wesentlich verminderte Arbeitsleistung erbringen können oder
- bei denen ein Grad der Behinderung von wenigstens 50 allein infolge geistiger oder seelischer Behinderung oder eines Anfallsleidens vorliegt oder
- die wegen Art oder Schwere der Behinderung keine abgeschlossene Berufsbildung im Sinne des Berufsbildungsgesetzes haben,

- schwerbehinderte Menschen, die das 50. Lebensjahr vollendet haben.

! Arbeitgeber können Zuschüsse zur Abgeltung außergewöhnlicher Belastungen erhalten, die mit der Beschäftigung eines schwerbehinderten Menschen verbunden sind, der nach Art oder Schwere seiner Behinderung im Arbeits- und Berufsleben besonders betroffen ist. Außergewöhnliche Belastungen sind überdurchschnittlich hohe finanzielle Aufwendungen oder sonstige Belastungen, die einem Arbeitgeber bei der Beschäftigung eines schwerbehinderten Menschen auch nach Ausschöpfung aller Möglichkeiten entstehen und für die die Kosten zu tragen für den Arbeitgeber nach Art oder Höhe unzumutbar ist.

1.3.4 Gleichgestellte Menschen mit Behinderung

Menschen gelten als schwerbehindert, wenn der festgestellte GdB mindestens 50 beträgt. Menschen mit einem GdB von weniger als 50, aber mindestens 30, können einen sogenannten Gleichstellungsantrag stellen. So wird auch nicht schwerbehinderten Menschen, aber Menschen mit Behinderung mit einem GdB vom mindestens 30, der Zugang zu den besonderen Hilfen zur Teilhabe schwerbehinderter Menschen am Arbeitsleben eröffnet, wenn sie wegen ihrer Behinderung einen geeigneten Arbeitsplatz nicht erlangen oder ihn nicht erhalten können.

Voraussetzungen

Schwerbehinderten Menschen gleichgestellt werden sollen Menschen mit Behinderungen mit einem GdB von weniger als 50, aber wenigstens 30, wenn sie wegen ihrer Behinderung ohne die Gleichstellung einen geeigneten Arbeitsplatz nicht erlangen oder nicht behalten können (§ 2 Abs. 3 SGB IX).

! Zwar handelt es sich bei der gesetzlichen Regelung um eine »Sollvorschrift« des Gesetzgebers, grundsätzlich besteht allerdings für Menschen mit Behinderung ein Rechtsanspruch auf Gleichstellung.

Gleichgestellt werden können nur Menschen mit Behinderung mit einem GdB zwischen 30 und 50. Die Gleichstellung setzt voraus, dass dadurch dem behinderten Menschen ein geeigneter Arbeitsplatz beschafft oder erhalten werden kann. Die Behinderung als solche muss also eine wesentliche Mitursache für die Arbeitsmarktprobleme des behinderten Menschen sein. Anhaltspunkte für eine behinderungsbedingte Gefährdung des Arbeitsplatzes können unter anderem sein

- wiederholte bzw. häufige behinderungsbedingte Fehlzeiten,
- behinderungsbedingte verminderte Arbeitsleistung auch bei einem behinderungsgerecht ausgestatteten Arbeitsplatz,
- dauernde verminderte Belastbarkeit für die mit dem Arbeitsplatz verbundenen Anforderungen.

Achtung: Fachliche Defizite des behinderten Menschen reichen für die Gleichstellung nicht aus, weil diese nicht auf der Behinderung beruhen.

Antrag

Die Gleichstellung muss bei der Agentur für Arbeit beantragt werden. Gegen einen die Gleichstellung ablehnenden Bescheid kann der behinderte Mensch innerhalb eines Monats nach Bekanntgabe des Bescheid Widerspruch einlegen. Gegen die Zurückweisung des Widerspruchs durch den Widerspruchsausschuss der Arbeitsagentur kann innerhalb eines Monats Klage beim Sozialgericht erhoben werden.

Wirkungen der Gleichstellung

Der gleichgestellte behinderte Mensch erlangt zwar nicht den Status eines Schwerbehinderten, hat aber nahezu dieselbe Rechtsstellung. Gleichgestellte behinderte Menschen haben den besonderen Kündigungsschutz wie schwerbehinderte Menschen. Sie haben Anspruch auf Hilfen im Arbeitsleben (z.B. technische Hilfen bei der Arbeitsplatzgestaltung), auf Beratung und Unterstützung durch die Integrationsfachdienste und sie haben neben dem Betriebs- oder Personalrat mit der Schwerbehindertenvertretung eine zusätzliche Interessenvertretung.

Achtung: Gleichgestellte behinderte Menschen haben allerdings keinen Anspruch auf bezahlten Zusatzurlaub und unentgeltliche Beförderung im öffentlichen Personennahverkehr. Ferner haben Gleichgestellte keinen Anspruch auf Altersrente für schwerbehinderte Menschen.

2 Leistungen zur Teilhabe

Das Wichtigste in Kürze

- **Förderung der Selbstbestimmung:** Die sogenannten Leistungen zur Teilhabe sind Leistungen, die gezielt an Menschen mit Behinderungen gerichtet sind und die nur insoweit eingesetzt werden, um deren Selbstbestimmung im Rahmen der vollen, wirksamen und gleichberechtigten Teilhabe am Leben in der Gesellschaft zu fördern, um Benachteiligungen zu vermeiden oder ihnen entgegenzuwirken.
- **Teilhabe am Leben in der Gesellschaft:** Zur Teilhabe am Leben in der Gesellschaft werden Leistungen zur medizinischen Rehabilitation und zur Teilhabe am Arbeitsleben, unterhaltssichernde und andere ergänzende Leistungen sowie Leistungen zur Teilhabe an Bildung und zur sozialen Teilhabe erbracht.
- **Leistungen zur medizinischen Rehabilitation:** Zweck der medizinischen Rehabilitation ist es, Behinderungen einschließlich chronischer Krankheiten abzuwenden, zu beseitigen, zu mindern, auszugleichen oder wenigstens eine Verschlimmerung zu verhüten. Ferner sollen diese Leistungen Einschränkungen der Erwerbsfähigkeit und Pflegebedürftigkeit vermeiden, überwinden, mindern oder ebenfalls eine Verschlimmerung verhindern.
- **Leistungen zur Teilhabe am Arbeitsleben:** Sie verfolgen das Ziel, die Erwerbsfähigkeit von Menschen mit Behinderungen oder von Behinderung bedrohter Menschen entsprechend ihrer Leistungsfähigkeit zu erhalten, zu verbessern, herzustellen oder wiederherzustellen und ihre Teilhabe am Arbeitsleben möglichst auf Dauer zu sichern.

- **Unterhaltssicherende Leistungen:** Als unterhaltssichernde Leistungen kommen bei der Durchführung einer medizinischen Rehabilitation die Zahlung von Krankengeld durch die Krankenversicherung oder von Verletztengeld durch die Unfallversicherung in Betracht. Ist der Träger die Rentenversicherung, erfolgt die Unterhaltssicherung wie bei allen Maßnahmen der Teilhabe am Arbeitsleben durch die Zahlung des sogenannten Übergangsgelds.
- **Leistungen zur Teilhabe an Bildung:** Zur Teilhabe an Bildung werden unterstützende Leistungen erbracht, die erforderlich sind, damit Menschen mit Behinderungen Bildungsangebote gleichberechtigt wahrnehmen können. Die Leistungen umfassen insbesondere Hilfen zur Schulbildung, zur schulischen Berufsausbildung, zur Hochschulbildung und zur schulischen und hochschulischen beruflichen Weiterbildung.
- **Leistungen zur sozialen Teilhabe:** In Betracht kommen unter anderem Leistungen für Wohnraum (z.B. für die Beschaffung, den Umbau und die Ausstattung des Wohnraums), Assistenzleistungen (z.B. zur Unterstützung der selbstbestimmten und eigenständigen Bewältigung des Alltags), heilpädagogische Leistungen für noch nicht eingeschulte Kinder, Leistungen zur Förderung der Verständigung (z.B. Gebärdensprachendolmetscher), zur Mobilität (z.B. Leistungen zur Beschaffung für die erforderliche Zusatzausstattung und Hilfsmittel (z.B. barrierefreier Computer).

Menschen mit Behinderung und von Behinderung bedrohte Menschen haben Anspruch auf Sozialleistungen wie jeder andere Bürger auch. Die sogenannten Leistungen zur Teilhabe sind dagegen Leistungen, die gezielt an diese Menschen gerichtet sind und die nur insoweit eingesetzt werden, um deren Selbstbestimmung im Rahmen der vollen, wirksamen und gleichberechtigten Teilhabe am Leben in der Gesellschaft zu fördern, um Benachteiligungen zu vermeiden oder ihnen entgegenzuwirken. Sie umfassen die notwendigen Sozialleistungen, um unabhängig von der Ursache der Behinderung

- die Behinderung abzuwenden, zu beseitigen, zu mindern, ihre Verschlimmerung zu verhüten oder ihre Folgen zu mildern,
- Einschränkungen der Erwerbsfähigkeit oder Pflegebedürftigkeit zu vermeiden, zu überwinden, zu mindern oder eine Verschlimmerung zu verhüten sowie den vorzeitigen Bezug anderer Sozialleistungen zu vermeiden oder laufende Sozialleistungen zu mindern,
- die Teilhabe am Arbeitsleben entsprechend den Neigungen und Fähigkeiten dauerhaft zu sichern oder
- die persönliche Entwicklung ganzheitlich zu fördern und die Teilhabe am Leben in der Gesellschaft sowie eine möglichst selbstständige und selbstbestimmte Lebensführung zu ermöglichen oder zu erleichtern (§ 4 Abs. 1 SGB IX).

Zur Teilhabe am Leben in der Gesellschaft werden erbracht

- Leistungen zur medizinischen Rehabilitation,
- Leistungen zur Teilhabe am Arbeitsleben,
- unterhaltssichernde und andere ergänzende Leistungen,
- Leistungen zur Teilhabe an Bildung und
- Leistungen zur sozialen Teilhabe.

! Gesetzlich ist dem Leistungsberechtigten ein sogenanntes Wunsch- und Wahlrecht eingeräumt. Bei der Entscheidung über Leistungen und bei der Ausführung der Leistungen zur Teilhabe muss dessen berechtigten Wünschen entsprochen werden. Dabei müssen auch die persönliche Lebenssituation des behinderten Menschen berücksichtigt werden, ebenso dessen Alter, Geschlecht und seine Familiensituation. Das betrifft beispielsweise die Entscheidung über die Rehabilitationseinrichtung, in der eine Reha-Maßnahme durchgeführt wird. Von Bedeutung ist auch, dass die Behörde über beantragte Leistungen zur Teilhabe innerhalb von zwei Monaten entscheiden muss. Nur in Ausnahmefällen wird die Frist verlängert. Wird die Verzögerung der Bearbeitungsfrist nicht ausreichend begründet, gilt die beantragte Leistung als genehmigt.

2.1 Zuständige Leistungsträger

Für die einzelnen Leistungen zur Teilhabe sind unterschiedliche Leistungsträger zuständig.

- Die **gesetzliche Krankenversicherung** erbringt Leistungen zur medizinischen Rehabilitation und unterhaltssichernde und andere ergänzende Leistungen. Träger der Krankenversicherung sind unter anderem die Orts-, Betriebs- und Innungskrankenkassen und die Ersatzkassen.
- **Agenturen für Arbeit** erbringen Leistungen zur Teilhabe am Arbeitsleben und unterhaltssichernde und andere ergänzende Leistungen.
- Die **gesetzliche Unfallversicherung** ist nach Arbeitsunfällen und Berufskrankheiten für Leistungen der medizinischen Rehabilitation, zur Teilhabe am Arbeitsleben und zur sozialen Teilhabe zuständig. Ihr obliegen auch unterhaltssichernde und andere ergänzende Leistungen. Unfallversicherungsträger sind unter anderem die Berufsgenossenschaften.
- Die **gesetzliche Rentenversicherung** erbringt Leistungen zur medizinischen Rehabilitation und Leistungen zur Teilhabe am Arbeitsleben, wenn die Erwerbsfähigkeit gefährdet ist oder eine bereits geminderte Erwerbsfähigkeit gebessert oder wiederhergestellt werden kann. Darüber hinaus erbringt die Rentenversicherung unterhaltssichernde und andere ergänzende Leistungen. Träger der Rentenversicherung sind unter anderem die Deutsche Rentenversicherung Bund.
- Die **Kinder- und Jugendhilfe** erbringt Leistungen zur medizinischen Rehabilitation, zur Teilhabe am Arbeitsleben, zur Teilhabe an Bildung und zur sozialen Teilhabe. Zuständig sind die Jugendämter sowie die Träger der freien Jugendhilfe.
- Der Träger der **Eingliederungshilfe** erbringt Leistungen zur medizinischen Rehabilitation, zur Teilhabe am Arbeitsleben, zur Teilhabe an Bildung und zur sozialen Teilhabe. Die Leistungen

der anderen Rehabilitationsträger gehen den Leistungen der Eingliederungshilfe vor. Anträge auf Eingliederungshilfe nimmt der Träger der Eingliederungshilfe in der Wohnortgemeinde entgegen. Dieser leitet die Anträge an den zuständigen Eingliederungshilfeträger weiter, sofern er nicht selbst zuständig ist.

Träger der Leistungen zur Teilhabe

Leistungen zur medizinischen Rehabilitation ▪ Gesetzliche Krankenversicherung ▪ Gesetzliche Rentenversicherung ▪ Gesetzliche Unfallversicherung ▪ Träger der öffentlichen Jugendhilfe ▪ Träger der Eingliederungshilfe
Leistungen zur Teilhabe am Arbeitsleben ▪ Gesetzliche Rentenversicherung ▪ Gesetzliche Unfallversicherung ▪ Agentur für Arbeit ▪ Träger der öffentlichen Jugendhilfe ▪ Träger der Eingliederungshilfe
Unterhaltssichernde und andere ergänzende Leistungen ▪ Gesetzliche Krankenversicherung ▪ Gesetzliche Rentenversicherung ▪ Gesetzliche Unfallversicherung ▪ Agentur für Arbeit
Leistungen zur Teilhabe an Bildung ▪ Träger der öffentlichen Jugendhilfe ▪ Träger der Eingliederungshilfe
Leistungen zur sozialen Teilhabe ▪ Gesetzliche Unfallversicherung ▪ Träger der öffentlichen Jugendhilfe ▪ Träger der Eingliederungshilfe

Werden Leistungen zur Teilhabe beantragt, muss der Rehabilitationsträger innerhalb von zwei Wochen nach Eingang des Antrags prüfen, ob er für die beantragte Leistung zuständig ist. Ist er nicht zuständig, muss er den Antrag unverzüglich an den nach seiner Auffassung zuständigen Rehabilitationsträger weiterleiten und den Antragsteller hierüber unterrichten. Wird der Antrag nicht weitergeleitet, muss der Rehabilitationsträger den Rehabilitationsbedarf unverzüglich selbst feststellen. Soweit kein Gutachten eingeholt werden muss, muss der Rehabilitationsträger innerhalb von drei Wochen nach der Antragstellung über den Antrag entscheiden. Entsprechend muss der Rehabilitationsträger verfahren, an den der Antrag weitergeleitet wurde. Ist ein Gutachten erforderlich, muss die Entscheidung innerhalb von zwei Wochen nach Vorlage des Gutachtens getroffen werden (§ 14 SGB IX).

! Die Ergänzende unabhängige Teilhabeberatung (EUTB) unterstützt und berät alle Menschen mit Behinderungen, von Behinderung bedrohte Menschen, aber auch deren Angehörige kostenlos und bundesweit in allen Fragen zur Rehabilitation und Teilhabe. Die Beratung erfolgt unabhängig von den Trägern, die die Teilhabeleistungen erbringen und ergänzend zu deren Beratung. Rechtsberatung und Begleitung in Widerspruchs- und Klageverfahren werden nicht angeboten. Beratungsangebote der EUTB in Ihrer Nähe finden Sie unter www.teilhabeberatung.de.

2.2 Leistungen zur medizinischen Rehabilitation

Zweck der medizinischen Rehabilitation ist es, Behinderungen einschließlich chronischer Krankheiten abzuwenden, zu beseitigen, zu mindern, auszugleichen oder wenigstens eine Verschlimmerung zu verhüten. Ferner sollen diese Leistungen Einschränkungen der Erwerbsfähigkeit und Pflegebedürftigkeit vermeiden, überwinden, mindern oder ebenfalls eine Verschlimmerung verhindern (§ 42 SGB IX).

Leistungen zur medizinischen Rehabilitation umfassen insbesondere

- Behandlung durch Ärzte, Zahnärzte und Angehörige anderer Heilberufe, soweit deren Leistungen unter ärztlicher Aufsicht oder auf ärztliche Anordnung ausgeführt werden, einschließlich der Anleitung, eigene Heilungskräfte zu entwickeln,
- Früherkennung und Frühförderung für Kinder mit Behinderungen und von Behinderung bedrohte Kinder,

- Arznei- und Verbandsmittel,
- Heilmittel einschließlich physikalischer, Sprach- und Beschäftigungstherapie,
- Psychotherapie als ärztliche und psychotherapeutische Behandlung,
- Hilfsmittel (z.B. Prothesen, Rollstühle, Hörgeräte),
- digitale Gesundheitsanwendungen sowie
- Belastungserprobung und Arbeitstherapie.

Zum Leistungskatalog der medizinischen Rehabilitation gehören auch psychosoziale Leistungen, soweit diese erforderlich sind, um die oben genannten Ziele zu erreichen oder zu sichern. Dazu gehören beispielsweise Hilfen zu Bewältigung psychosozialer Problemlagen, wie sie etwa als Folge von Erblindung typisch sind.

! Eine wichtige Leistung der medizinischen Rehabilitation ist auch die stufenweise Wiedereingliederung von arbeitsunfähigen Arbeitnehmern. Diese verfolgt das Ziel, Arbeitnehmer nach einer längeren Erkrankung durch eine schrittweise Steigerung der Arbeitszeit am bisherigen Arbeitsplatz an sein zeitliches Arbeitsvermögen vor der Erkrankung heranzuführen.

2.3 Leistungen zur Teilhabe am Arbeitsleben

Leistungen zur Teilhabe am Arbeitseben verfolgen das Ziel, die Erwerbsfähigkeit von Menschen mit Behinderungen oder von Behinderung bedrohter Menschen entsprechend ihrer Leistungsfähigkeit zu erhalten, zu verbessern, herzustellen oder wiederherzustellen und ihre Teilhabe am Arbeitsleben möglichst auf Dauer zu sichern (§ 49 SGB IX). Die Leistungen umfassen insbesondere

- Hilfen zur Erhaltung oder Erlangung eines Arbeitsplatzes einschließlich Leistungen zur Aktivierung und beruflichen Eingliederung,

- eine Berufsvorbereitung einschließlich einer wegen der Behinderung erforderlichen Grundausbildung,
- die individuelle betriebliche Qualifizierung im Rahmen unterstützter Beschäftigung,
- die berufliche Anpassung und Weiterbildung, auch soweit die Leistungen einen zur Teilnahme erforderlichen schulischen Abschluss einschließen,
- die berufliche Ausbildung, auch soweit die Leistungen in einem zeitlich nicht überwiegenden Abschnitt schulisch durchgeführt werden,
- die Förderung der Aufnahme einer selbstständigen Tätigkeit durch die Rehabilitationsträger und
- sonstige Hilfen zur Förderung der Teilhabe am Arbeitsleben, um Menschen mit Behinderungen eine angemessene und geeignete Beschäftigung oder eine selbstständige Tätigkeit zu ermöglichen und zu erhalten.

Die Leistungen umfassen auch die Kraftfahrzeughilfe zur Beschaffung eines Kraftfahrzeugs, für eine behinderungsbedingte Zusatzausstattung und zur Erlangung einer Fahrerlaubnis, wenn der behinderte Mensch wegen seiner Behinderung nicht nur vorübergehend auf die Benutzung eines Kraftfahrzeugs angewiesen ist, um seinen Arbeits- oder Ausbildungsort oder den Ort einer sonstigen Leistung der beruflichen Bildung zu erreichen. Ferner umfassen die Hilfen unter anderem die Kosten für Hilfsmittel, die wegen Art oder Schwere der Behinderung zur Berufsausübung, zur Teilhabe am Arbeitsleben, zur Erhöhung der Sicherheit auf dem Weg vom und zum Arbeitsplatz oder zur Erhöhung der Sicherheit am Arbeitsplatz selbst, erforderlich sind. Es sei denn, dass eine Verpflichtung des Arbeitgebers besteht oder solche Leistungen als medizinische Leistung erbracht werden können. Auch die Kosten technischer Arbeitshilfen, die wegen Art oder Schwere der Behinderung zur Berufsausübung erforderlich sind und die Kosten der Beschaffung, der Ausstattung und der Erhaltung einer behinderungsgerechten Wohnung in angemessenem Umfang, können vom Leistungsträger übernommen werden.

Leistungen zur Teilhabe am Arbeitsleben sind auch an den Arbeitgeber möglich, insbesondere als Ausbildungszuschüsse zur betrieblichen Ausführung von Bildungsleistungen, Eingliederungszuschüsse, Zuschüsse für Arbeitshilfen im Betrieb und teilweise oder volle Kostenerstattung für eine befristete Probebeschäftigung.

Für Menschen mit Behinderungen, die nicht oder noch nicht auf dem allgemeinen Arbeitsmarkt tätig sein können, gibt es speziell auf ihre Bedürfnisse zugeschnittene und von der Bundesagentur für Arbeit anerkannte Werkstätten, in denen sie eine berufliche Bildung und Beschäftigung erhalten. Die Werkstatt steht behinderten Menschen unabhängig von Art oder Schwere der Behinderung offen, sofern erwartet werden kann, dass sie spätestens nach Teilnahme an Maßnahmen im Berufsbildungsbereich wenigstens ein Mindestmaß wirtschaftlich verwertbarer Arbeitsleistung erbringen werden. Dies ist nicht der Fall bei behinderten Menschen, bei denen trotz einer der Behinderung angemessenen Betreuung eine erhebliche Selbst- oder Fremdgefährdung zu erwarten ist oder das Ausmaß der erforderlichen Betreuung und Pflege die Teilnahme an Maßnahmen im Berufsbildungsbereich oder sonstige Umstände ein Mindestmaß wirtschaftlich verwertbarer Arbeitsleistung im Arbeitsbereich dauerhaft nicht zulassen. Die in der Werkstatt für behinderte Menschen Beschäftigten haben einen arbeitnehmerähnlichen Rechtsstatus. Sie erhalten ein geringes Arbeitsentgelt, das aus dem Produktionserlös der Werkstatt gezahlt wird und sie sind unfall-, kranken-, pflege- und rentenversichert.

2.4 Unterhaltssichernde und andere ergänzende Leistungen

Unterhaltssichernde Leistungen dienen dazu, während der Durchführung von Leistungen der medizinischen Rehabilitation oder Leistungen zur Teilhabe am Arbeitsleben den Lebensunterhalt des Menschen mit Behinderung sicherzustellen (§ 65 SGB IX). Bei Durchführung einer medizinischen Rehabilitation kommt die Zahlung von Krankengeld durch die Krankenversicherung oder von Verletztengeld durch die Unfallversicherung in Betracht. Ist der Träger die Rentenversicherung, erfolgt die Unterhaltssicherung wie bei allen Maßnahmen der Teilhabe am Arbeitsleben durch die Zahlung des sogenannten Übergangsgelds, dessen Höhe sich (ebenso wie die Höhe des Kranken- und Verletztengelds) nach dem zuletzt regelmäßig erzielten Arbeitsentgelt richtet.

2.5 Leistungen zur Teilhabe an Bildung

Zur Teilhabe an Bildung werden unterstützende Leistungen erbracht, die erforderlich sind, damit Menschen mit Behinderungen Bildungsangebote gleichberechtigt wahrnehmen können. Die Leistungen umfassen insbesondere

- Hilfen zur Schulbildung, insbesondere im Rahmen der Schulpflicht einschließlich der Vorbereitung hierzu,
- Hilfen zur schulischen Berufsausbildung,
- Hilfen zur Hochschulbildung und
- Hilfen zur schulischen und hochschulischen beruflichen Weiterbildung.

2.6 Soziale Teilhabe

Menschen mit Behinderung und von Behinderung bedrohte Menschen haben auch Anspruch auf Leistungen zur Teilhabe am Leben in der Gemeinschaft. Zweck der Leistungen ist es, den behinderten

Menschen die Teilnahme am Leben in der Gesellschaft zu ermöglichen oder zu sichern oder sie so weitgehend wie möglich von Pflege unabhängig zu machen. Leistungen zur sozialen Teilhabe sind insbesondere

- Leistungen für Wohnraum (z.B. für die Beschaffung, den Umbau und die Ausstattung des Wohnraums),
- Assistenzleistungen (z.B. zur Unterstützung der selbstbestimmten und eigenständigen Bewältigung des Alltags),
- heilpädagogische Leistungen für noch nicht eingeschulte Kinder,
- Leistungen zur Betreuung in einer Pflegefamilie,
- Leistungen zum Erwerb und Erhalt praktischer Kenntnisse und Fähigkeiten (z.B. blindentechnische Grundausbildung),
- Leistungen zur Förderung der Verständigung (z.B. Gebärdensprachendolmetscher),
- Leistungen zur Mobilität (z.B. Leistungen zur Beschaffung eines Kraftfahrzeugs, für die erforderliche Zusatzausstattung, zur Erlangung der Fahrerlaubnis und zur Instandhaltung),
- Hilfsmittel (z.B. barrierefreier Computer).

2.7 Persönliches Budget

Menschen mit Behinderungen haben einen Anspruch darauf, Leistungen zur Teilhabe in Form eines sogenannten »persönlichen Budgets« in Anspruch zu nehmen (§ 29 SGB IX). Mit dem persönlichen Budget werden Leistungen zur Teilhabe in Form von Geldleistungen und in eigener Verantwortung erbracht, um Menschen mit Behinderung ein selbstbestimmtes Leben zu ermöglichen. Das persönliche Budget wird von den beteiligten Leistungsträgern trägerübergreifend in einem einzigen Budget erbracht. Als Leistungsträger kommen die Krankenkasse, die Pflegekasse, der Rentenversicherungs-, Unfallversicherungs-, Jugendhilfe- und Sozialhilfeträger, das Integrationsamt und die Agentur für Arbeit in Betracht. Der behinderte Mensch kann durch das persönliche Budget entscheiden, wie er das

Budget zur Deckung seines Bedarfs einsetzt. Dadurch sollen seine Wunsch- und Wahlfreiheit und seine Selbstbestimmung gestärkt werden. Er soll das Budget nutzen, um sich die Leistungen zu kaufen, die er selbst für nötig hält, um seine Teilhabe sicherzustellen. Das persönliche Budget kann auch nur trägerübergreifend von einem einzelnen Leistungsträger erbracht werden.

! Voraussetzung für die Bewilligung von Leistungen zur Teilhabe in Form des persönlichen Budgets ist ein Antrag, der bei allen Rehabilitationsträgern gestellt werden kann, wie zum Beispiel dem Träger der Eingliederungshilfe, dem Renten- und Unfallversicherungsträger, aber auch bei weiteren Trägern wie den Kranken- und Pflegekassen oder dem Integrationsamt. Im Rahmen eines Bedarfsfeststellungsverfahrens bei den Leistungsträgern wird dann der jeweilige Hilfebedarf des Antragstellers ermittelt.

3 Hilfen beim Wohnen

Das Wichtigste in Kürze

- **Wohngeld:** Beim Wohngeld können bei der Einkommensanrechnung für jedes schwerbehinderte zu berücksichtigende Haushaltsmitglied mit einem Grad der Behinderung von 100 oder von unter 100 bei Pflegebedürftigkeit und gleichzeitiger häuslicher oder teilstationärer Pflege oder Kurzzeitpflege neben den allgemeinen Abzugsbeträgen zusätzlich 1.800,– € abgezogen werden.
- **Behindertengerechter Umbau von Wohnraum:** Die behindertengerechte Gestaltung und Umgestaltung von Wohnraum wird finanziell in vielfältiger Weise gefördert. In den Bundesländern bestehen entsprechende Förderprogramme und finanzielle Unterstützung erfolgt auch durch verschiedene Rehabilitationsträger (z.B. Wohnungshilfe des Integrationsamts).
- **Sozialwohnung:** Zusätzlich zu den allgemeinen Abzugsbeträgen können bei Sozialwohnungen vom Gesamteinkommen 4.500,– € für jeden schwerbehinderten Menschen mit einem Grad der Behinderung von 100 oder von wenigstens 80 abgezogen werden, wenn der schwerbehinderte Mensch häuslich pflegebedürftig ist. 2.100,– € können für jeden schwerbehinderten Menschen mit einem Grad der Behinderung von unter 80 abgezogen, wenn der schwerbehinderte Mensch häuslich pflegebedürftig ist.
- **Barrierefreie Mietwohnung:** Der Wohnungsmieter kann vom Vermieter die Zustimmung zu baulichen Veränderungen oder sonstigen Einrichtungen verlangen, die für eine behindertengerechte Nutzung oder den Zugang erforderlich sind, es sei denn, dass dem Vermieter die bauliche Veränderung auch unter Würdigung der Interessen des Mieters nicht zugemutet werden kann.

- **Schutz vor Kündigung der Mietwohnung:** Zwar besteht für Menschen mit Behinderungen kein besonderer Kündigungsschutz, eine Behinderung kann jedoch einen Härtefall darstellen, sodass der Mieter vom Vermieter die Fortsetzung des Mietverhältnisses verlangen kann.

Finanzielle Hilfen erfahren behinderte und schwerbehinderte Menschen durch das Wohngeld und die Wohnungsbauförderung. Ferner werden sie beim Bezug einer mit öffentlichen Mitteln geförderten Wohnung (Sozialwohnung) und im Wohnungsmietverhältnis beim behinderungsgerechten Umbau einer Mietwohnung unterstützt. Schließlich kann wegen einer besonderen Härte Widerspruch gegen die Kündigung der Mietwohnung erhoben und die Fortsetzung des Mietverhältnisses verlangt werden.

3.1 Wohngeld

Mit dem Wohngeld leistet der Staat eine Finanzspritze, damit eine angemessene Familienunterkunft gesichert ist. Ob Wohngeld gezahlt wird und wenn ja in welcher Höhe, hängt davon ab, wie viele Familienmitglieder zum Haushalt zählen und wie hoch das Gesamteinkommen ist. Darüber hinaus wird die Höhe der zuschussfähigen Miete oder Belastung berücksichtigt.

3.1.1 Miet- oder Lastenzuschuss

Wohngeld wird in zwei Varianten gezahlt: Als Mietzuschuss erhalten es Personen, die Mieter einer Wohnung oder eines Zimmers sind. Als Lastenzuschuss wird es für Personen gezahlt, die Eigentum an selbst genutztem Wohnraum haben.

Mietzuschuss gibt es insbesondere für

- Mieter von Wohnraum (Wohnung oder Zimmer, egal ob Neu- oder Altbau),
- mietähnliche Nutzungsberechtigte (z.B. Inhaber einer Dienst- oder Werkswohnung),

- Bewohner eines Heims,
- Personen, die in einem eigenen Haus wohnen, das mehr als zwei Wohnungen hat.

Lastenzuschuss gibt es unter anderem für

- Eigentümer eines Eigenheims oder einer Eigentumswohnung und
- Erbbauberechtigte.

Um Anspruch auf Lastenzuschuss zu haben, muss der Eigentümer selbst in diesen Räumen wohnen und auch die Belastungen dafür aufbringen.

3.1.2 Zu berücksichtigende Haushaltsmitglieder

Die Höhe des Wohngelds hängt unter anderem von der Familiengröße ab, wird also auch danach berechnet, wie viele Familienmitglieder mit im Haushalt des Berechtigten leben. Deren Anzahl wiederum bestimmt, welches Gesamteinkommen bei der Wohngeldberechnung zu berücksichtigen ist und die Höhe der zuschussfähigen Miete oder Belastung.

Haushaltsmitglied ist die wohngeldberechtigte Person, wenn der Wohnraum, für den sie Wohngeld beantragt, der Mittelpunkt ihrer Lebensbeziehungen ist. Haushaltsmitglied ist unter anderem auch, wer

- als Ehegatte eines Haushaltsmitgliedes von diesem nicht dauernd getrennt lebt,
- als Lebenspartner eines Haushaltsmitgliedes von diesem nicht dauernd getrennt lebt,
- mit einem Haushaltsmitglied so zusammenlebt, dass nach verständiger Würdigung der wechselseitige Wille anzunehmen ist, Verantwortung füreinander zu tragen und füreinander einzustehen,
- mit einem Haushaltsmitglied in gerader Linie oder 2. oder 3. Grades in der Seitenlinie verwandt oder verschwägert ist

und mit der wohngeldberechtigten Person den Wohnraum, für den Wohngeld beantragt wird, gemeinsam bewohnt, wenn dieser Wohnraum der jeweilige Mittelpunkt der Lebensbeziehungen ist.

Achtung: Bei der Wohngeldberechnung werden nur Familienangehörige berücksichtigt, die auch Anspruch auf Leistung haben. Bezieher von Transferleistungen (z.B. Empfänger von Bürgergeld, Grundsicherung im Alter und bei Erwerbsminderung oder von Hilfe zum Lebensunterhalt) werden daher nicht berücksichtigt, weil deren Mietanteil von anderen Trägern übernommen wird.

» Simon Kaiser wohnt mit seinem Vater, der Bürgergeld bezieht, in einer Wohnung zusammen. Bei der Wohngeldberechnung wird nur Simon Kaiser berücksichtigt. Für den Mietanteil seines Vaters kommt die Agentur für Arbeit auf.

3.1.3 Einkommensgrenzen

Ausgangspunkt für die Berechnung des Wohngelds ist das Gesamteinkommen, also die Summe des Jahreseinkommens der zu berücksichtigenden Haushaltsmitglieder. Bei der Ermittlung des Jahreseinkommens ist das Einkommen zugrunde zu legen, das im Zeitpunkt der Antragstellung im Bewilligungszeitraum zu erwarten ist. Das monatliche Gesamteinkommen ermittelt sich aus dem Jahreseinkommen im Bewilligungszeitraum, indem der Betrag durch zwölf geteilt wird.

Das Jahreseinkommen eines zu berücksichtigenden Haushaltsmitglieds ist die Summe der positiven Einkünfte im Sinne des Einkommensteuergesetzes abzüglich der Abzugsbeträge für Steuern und Sozialversicherungsbeiträge. Dazu gehören unter anderem Arbeitseinkommen, Lohnersatzleistungen (z.B. Arbeitslosengeld, Krankengeld) und sonstige Einnahmen (z.B. Renten, Pensionen, Einkünfte aus Kapitalvermögen und aus Vermietung und Verpachtung).

Von den jeweiligen Einkünften aus nicht selbstständiger Arbeit können insbesondere die Werbungskosten abgezogen werden. Absetzbar sind pauschal mindestens 1.230,– €.

Bei der Ermittlung des Einkommens sind vom Bruttoeinkommen jeweils 10 % abzuziehen, wenn zu erwarten ist, dass im Bewilligungszeitraum die folgenden Steuern und Pflichtbeiträge zu leisten sind:

- Steuern vom Einkommen,
- Pflichtbeiträge zur gesetzlichen Kranken- und Pflegeversicherung,
- Pflichtbeiträge zur gesetzlichen Rentenversicherung.

Maximal können also 30 % abgezogen werden, um das wohngeldrelevante pauschale Nettoeinkommen zu erhalten.

» Rentner können pauschal 10 % abziehen, da sie von ihrer Rente Beiträge zur Krankenversicherung abführen müssen. Beamte können 20 % abziehen, da von ihrem Gehalt Steuern und Beiträge zur Krankenversicherung abgehen. Arbeitnehmer, die sowohl Steuern zahlen als auch Beiträge zur Kranken- und Rentenversicherung leisten, können 30 % abziehen.

! Zusätzlich zu diesen Freibeträgen können vom Haushaltseinkommen 1.800,– € für jedes schwerbehinderte zu berücksichtigende Haushaltsmitglied mit einem Grad der Behinderung von 100 oder von unter 100 bei Pflegebedürftigkeit und gleichzeitiger häuslicher oder teilstationärer Pflege oder Kurzzeitpflege abgezogen werden. Gemäß der Verwaltungsvorschrift zum Wohngeldgesetz soll der Nachweis der Schwerbehinderteneigenschaft und des Grades der Behinderung für zu berücksichtigende Haushaltsmitglieder durch Vorlage eines Ausweises oder eines Feststellungsbescheides geführt werden. Liegen solche Nachweise nicht vor, geht die Wohngeldstelle bei Vorliegen folgender Sachverhalte von einem Anspruch aus (es sei denn, es bestehen konkrete Zweifel):

- In Fällen häuslicher oder teilstationärer Pflege oder Kurzzeitpflege mit Nachweis der Pflegegrade 2 oder 3 wird ohne weitere Prüfung von einem Grad der Behinderung von mindestens 50 ausgegangen.
- Bei pflegebedürftigen zu berücksichtigenden Haushaltsmitgliedern mit Nachweis der Pflegegrade 4 oder 5 wird ohne weitere Prüfung von einem Grad der Behinderung von 100 ausgegangen.

Die nachfolgende Tabelle (Stand 2025) gibt einen Anhaltspunkt dafür, ab welchem Gesamteinkommen noch Wohngeld gezahlt wird. Diese Einkommensgrenzen gelten für Wohnungen in Gemeinden der Mietenstufe VII (vgl. dazu 3.1.4). Bei Gemeinden der Mietenstufen I bis VI oder für andere Wohnungen sind diese Grenzen niedriger. Die rechte Spalte der Tabelle bezeichnet die Beträge, die vor dem jeweils vorzunehmenden pauschalen Abzug (vgl. oben) annähernd den Grenzen des Gesamteinkommens entsprechen.

Zahl der zum Haushalt rechnenden Familien-mitglieder	**Grenze für das monatliche Gesamt-einkommen**	**Bruttoeinkommen (ohne Kindergeld) vor einem pauschalen Abzug von ...**		
		10 %	**20 %**	**30 %**
1	1.443,– €	1.603,– €	1.803,– €	2.061,– €
2	1.953,– €	2.169,– €	2.441,– €	2.789,– €
3	2.453,– €	2.726,– €	3.066,– €	3.504,– €
4	3.324,– €	3.693,– €	4.154,– €	4.748,– €

3.1.4 Zuschussfähige Miete bzw. Belastung

Die Höhe des Wohngeldes richtet sich auch nach der Höhe der zuschussfähigen Miete oder Belastung.

- Miete ist das Entgelt, das dem Vermieter nach dem Mietvertrag für die Überlassung des Wohnraums zu zahlen ist. Zur Miete gehören auch die Kosten für den Wasserverbrauch, für die Abwasser- und Müllbeseitigung sowie die Kosten der Treppenhausbeleuchtung. Nicht zur Miete gehören unter anderem die Heizkosten und die Kosten für die Erwärmung von Wasser.
- Zur Belastung gehören die Ausgaben für den Kapitaldienst (Zinsen, Tilgung usw.) für solche Fremdmittel, die dem Bau, der Verbesserung oder dem Erwerb des Eigentums gedient haben, Instandhaltungs- und Betriebskosten in einer bestimmten Höhe, Grundsteuer sowie die zu entrichtenden Verwaltungskosten.

Wohngeld wird nicht für unangemessen hohe Wohnkosten geleistet. Bis zu welcher Höhe die Miete oder Belastung in die Wohngeldberechnung einfließt, bestimmt eine Höchstbetragstabelle, die als Anlage dem Wohngeldgesetz beigefügt ist (siehe nachfolgender Auszug). Diese Höchstgrenzen richten sich nach dem örtlichen Mietniveau. Jede Gemeinde mit 10.000 und mehr Einwohnern und die Kreise (mit allen Gemeinden unter 10.000 Einwohnern) gehören entsprechend ihrem Mietniveau einer bestimmten Mietenstufe an. Die Stufe I steht für Gemeinden mit relativ niedrigem Mietniveau, die Stufe VII für die teuersten Wohnorte.

In welcher Mietenstufe Ihre Wohngemeinde fällt, können Sie in der Anlage zur Wohngeldverordnung nachlesen. Heidelberg gehört zum Beispiel zur Mietenstufe V, Bochum zur Stufe III, Berlin zur Stufe IV, München zur Stufe VII, Koblenz zur Stufe III.

Höchstbeträge für Miete

Anzahl der zu berücksichtigenden Haushaltsmitglieder	Mietenstufe	Höchstbetrag
1	I	361,– €
	II	408,– €
	III	456,– €
	IV	511,– €
	V	562,– €
	VI	615,– €
	VII	677,– €
2	I	437,– €
	II	493,– €
	III	551,– €
	IV	619,– €
	V	680,– €
	VI	745,– €
	VII	820,– €
3	I	521,– €
	II	587,– €
	III	657,– €
	IV	737,– €
	V	809,– €
	VI	887,– €
	VII	975,– €

» Ein Alleinstehender bewohnt eine Wohnung, die in einer Gemeinde liegt, die der Mietenstufe IV angehört. Er zahlt eine monatliche Brutto-Kaltmiete von 580,– €. Der Höchstbetrag für die zuschussfähige Miete liegt bei 511,– €. Bei der Berechnung des Wohngelds wird demnach nur der Höchstbetrag für die zuschussfähige Miete, nämlich 511,– €, berücksichtigt.

Wenn die Anzahl der zu berücksichtigenden Haushaltsmitglieder, das monatliche Gesamteinkommen und die Mietenstufe der Wohnortgemeinde festgestellt worden sind, kann aus der Wohngeldtabelle abgelesen werden, wie hoch der individuelle Miet- bzw. Lastenzuschuss ist. In der Wohngeldtabelle sind die monatlichen Haushaltseinkommen und die berücksichtigungsfähigen Mieten gegenübergestellt. Liegt das Einkommen über der für die Mietenstufe geltenden

Einkommensgrenze, wird kein Wohngeld gezahlt. Die Wohngeldtabellen können auf der Internetseite des Bundesministeriums für Wohnen, Stadtentwicklung und Bauwesen www.bmwsb.de eingesehen werden. Man kann sich selbstverständlich auch an die örtlichen Wohngeldstellen wenden. Diese sind verpflichtet, Sie über die Rechte und Pflichten aufzuklären.

! Einen Wohngeld-Rechner, mit dem Sie die ungefähre Höhe des Wohngeldanspruchs berechnen können, finden Sie auf der Internetseite des Bundesministeriums für Wohnen, Stadtentwicklung und Bauwesen unter www.bmwsb.de.

3.1.5 Antrag und Verfahren

Wohngeld wird nur auf Antrag gezahlt. Die entsprechenden Formulare gibt es bei der zuständigen Wohngeldstelle der Gemeinde-, Stadt- oder Kreisverwaltungen, die auch die Bearbeitung übernehmen. In der Regel muss der Haushaltsvorstand den Antrag stellen.

Über den Wohngeldanspruch entscheidet die Behörde durch den sogenannten Wohngeldbescheid. Bewilligt wird das Wohngeld im Regelfall für zwölf Monate – und wird monatlich oder für jeweils zwei Monate im Voraus bezahlt. Wohngeld kann ausnahmsweise auch rückwirkend bewilligt werden, wenn die zu berücksichtigende Miete oder Belastung rückwirkend um mehr als 15 % erhöht worden ist.

Wenn ein Anspruch auf Wohngeld dem Grunde nach besteht, jedoch von der Behörde über die Höhe des Wohngelds noch nicht entschieden werden kann (weil z.B. noch bestimmte Unterlagen nicht vorliegen) und die Festlegung voraussichtlich noch länger dauert, kann ein Vorschuss an den Wohngeldempfänger gezahlt werden. Ein solcher Vorschuss kann auch bei der Behörde beantragt werden.

In der Regel bleibt das Wohngeld während des Bewilligungszeitraums unverändert. Es ist auf Antrag neu zu bewilligen, wenn sich im laufenden Bewilligungszeitraum die Anzahl der zu berücksichtigenden Haushaltsmitglieder erhöht, die zu berücksichtigende Miete oder Belastung abzüglich der Beträge zur Entlastung bei den Heizkosten um mehr als 15 % erhöht oder das Gesamteinkommen um mehr als 15 % verringert und sich dadurch das Wohngeld erhöht.

3.2 Finanzielle Hilfen für behindertengerechten Umbau von Wohnraum

Die behindertengerechte Gestaltung und Umgestaltung von Wohnraum wird finanziell in vielfältiger Weise gefördert. In den Bundesländern bestehen entsprechende Förderprogramme und finanzielle Unterstützung erfolgt auch durch verschiedene Rehabilitationsträger.

! Für Fragen im Zusammenhang mit der Wohnungsanpassung sind in den Bundesländern die Wohnberatungsstellen behilflich. Sie informieren über barrierefreies Wohnen und die Wohnungsanpassung sowie über die Möglichkeiten der Finanzierung. Ferner helfen Sie bei der Antragstellung. Die Beratungsstellen sind regional in unterschiedlicher Trägerschaft. Wenn Sie im Internet in die Suchmaschine »Wohnberatung für Menschen mit Behinderung« eingeben, finden Sie die für Ihren Wohnort zuständige Wohnberatungsstelle.

3.2.1 Staatliche Förderprogramme

Im Rahmen der Wohnungsbauförderung bieten die einzelnen Bundesländer eine Vielzahl von Förderprogrammen an. Gefördert werden vor allem der Neubau oder der Kauf von selbst genutztem Wohneigentum, aber auch Maßnahmen zum Abbau von Barrieren in bestehenden Wohnungen oder der energieeffiziente Umbau von Wohnraum. Gefördert wird insbesondere durch Zuschüsse und zinsgünstige Darlehen. Zuständig für die Förderung in den Ländern sind die in der nachfolgenden Übersicht genannten Stellen. Dort werden auch nähere Informationen und Auskünfte über die Förderprogramme erteilt.

Bundesland	**Zuständige Stelle**
Baden-Württemberg	L-Bank www.l-bank.de
Bayern	Bayerische Landesbodenkreditanstalt www.bayernlabo.de
Berlin	Investitionsbank Berlin www.ibb.de
Brandenburg	Investitionsbank des Landes Brandenburg www.ib.de
Bremen	Bremer Aufbaubank www.bab-bremen.de
Hamburg	Hamburgische Investitions- und Förderbank www.ifbhh.de
Hessen	Wirtschafts- und Infrastrukturbank Hessen www.wibank.de
Mecklenburg-Vorpommern	Landesförderinstitut Mecklenburg-Vorpommern www.lfi-mv.de
Niedersachsen	Investitions- und Förderbank Niedersachsen www.nbank.de
Nordrhein-Westfalen	NRW-Bank www.nrwbank.de
Rheinland-Pfalz	Investitions- und Strukturbank Rheinland-Pfalz www.isb.rlp.de
Saarland	Saarländische Investitionskreditbank www.sikb.de
Sachsen	Sächsische Aufbaubank www.sab.sachsen.de
Sachsen-Anhalt	Investitionsbank Sachsen-Anhalt www.ib-sachsen-anhalt.de
Schleswig-Holstein	Investitionsbank Schleswig-Holstein www.ib-sh.de
Thüringen	Thüringer Aufbaubank www.aufbaubank.de

3.2.2 Finanzielle Unterstützung durch Rehabilitationsträger

Für die behindertengerechte (Um-)Gestaltung der Wohnung kann der behinderte oder schwerbehinderte Mensch finanzielle Unterstützung durch verschiedene Rehabilitationsträger in Anspruch nehmen.

Zuschuss für wohnumfeldverbessernde Maßnahmen durch die Pflegeversicherung

Pflegebedürftige haben unabhängig vom Pflegegrad Anspruch auf einen finanziellen Zuschuss für Maßnahmen zur Verbesserung des individuellen Wohnumfeldes des Pflegebedürftigen, wenn dadurch im Einzelfall die häusliche Pflege ermöglicht oder erheblich erleichtert oder eine möglichst selbstständige Lebensführung des Pflegebedürftigen wiederhergestellt wird (vgl. dazu 9.2.2).

Wohnungshilfe des Integrationsamts

Schwerbehinderte Menschen können nach der Schwerbehinderten-Ausgleichsabgabeverordnung vom Integrationsamt der Kommunalverwaltung Leistungen zur Beschaffung von behinderungsgerechtem Wohnraum, zur Anpassung von Wohnraum und seiner Ausstattung an die besonderen behinderungsbedingten Bedürfnisse und zum Umzug in eine behinderungsgerechte oder erheblich verkehrsgünstiger zum Arbeitsplatz gelegene Wohnung erhalten. Die Leistungen können als Zuschüsse, Zinszuschüsse oder Darlehen erbracht werden. Höhe, Tilgung und Verzinsung bestimmen sich nach den Umständen des Einzelfalls.

Voraussetzung für eine Leistung ist das Ziel der Wiedereingliederung in das Arbeitsleben. Bei Hilfen zur Beschaffung von Wohnraum müssen die Fördervoraussetzungen nach dem Wohnraumförderungsgesetz vorliegen. Maßnahmen, die zur persönlichen Lebensführung gehören, eine Verbesserung der Lebensqualität bewirken oder elementaren Grundbedürfnissen entsprechen (wie Bad, Küche, Schlafzimmer), sind nicht förderfähig.

Achtung: Das Integrationsamt kann nur für Selbstständige und für Beamte, für die kein anderer Rehabilitationsträger zuständig ist, Wohnungshilfe gewähren. Für alle anderen schwerbehinderten Menschen ist der Kostenträger der Rehabilitation (z.B. der Renten- oder Unfallversicherung) zuständig.

Wohnungshilfe der gesetzlichen Unfallversicherung

Ist die Behinderung auf einen Arbeitsunfall oder eine Berufskrankheit zurückzuführen, ist für die Rehabilitation des behinderten Menschen die gesetzliche Unfallversicherung (insbesondere die Berufsgenossenschaften) der zuständige Kostenträger. Wohnungshilfe wird erbracht, wenn wegen Art oder Schwere des Gesundheitsschadens nicht nur vorübergehend die behindertengerechte Anpassung vorhandenen oder die Bereitstellung behindertengerechten Wohnraums erforderlich ist, ferner, wenn sie zur Sicherung der beruflichen Eingliederung erforderlich ist. Die Wohnungshilfe umfasst auch Umzugskosten sowie Kosten für die Bereitstellung von Wohnraum für eine Pflegekraft. Sie erfolgt unabhängig vom Einkommen des behinderten Menschen.

Leistungen der Rentenversicherung

Förderbeiträge für den behindertengerechten Um- und Ausbau des Wohnbereichs durch den Rentenversicherungsträger werden nur im Rahmen der beruflichen Rehabilitation behinderter Menschen im Zusammenhang mit der Erlangung und Erhaltung eines Arbeitsplatzes gewährt, wenn es also darum geht, den Arbeitsplatz möglichst barrierefrei und selbstständig zu erreichen. Die Wohnungshilfen der Rentenversicherung erstrecken sich allerdings nur auf den Bereich vor der Haus- bzw. Wohnungstür, weil Maßnahmen innerhalb des Wohnbereichs zur persönlichen Lebensführung gehören.

Leistungen des Sozialhilfeträgers

Wenn kein anderer Kostenträger zuständig ist, können unter Umständen auch Leistungen des Sozialamts für die Beschaffung und Erhaltung von Wohnraum für schwerbehinderte Menschen in Betracht kommen. Die Leistungen des Sozial- und Grundsicherungsamts sind immer abhängig vom Einkommen und Vermögen des Antragstellers und können gegebenenfalls auch nur als Darlehen gewährt werden.

3.3 Berechtigungsschein für Sozialwohnung

Nach dem Wohnungsförderungsgesetz geförderte Mietwohnungen (Sozialwohnungen) dürfen nur an Haushalte mit einem sogenannten Wohnberechtigungsschein vermietet werden. Dieser Nachweis wird unter anderem nur dann erteilt, wenn das Einkommen aller im Haushalt lebenden Personen die geltenden Einkommensgrenzen nicht übersteigt.

Ein Wohnberechtigungsschein kann erteilt werden, wenn das Einkommen eines Haushalts in den vergangenen zwölf Monaten die geltende Einkommensgrenze zum Zeitpunkt der Antragstellung nicht übersteigt. Die Einkommensgrenze beträgt aktuell (2025)

- für einen 1-Personen-Haushalt 12.000,– €,
- für einen 2-Personen-Haushalt 18.000,– €
- zuzüglich für jede weitere zum Haushalt rechnende Person 4.100,– €.

Die Bundesländer haben allerdings unter Berücksichtigung der örtlichen und regionalen wohnwirtschaftlichen Verhältnisse abweichende Einkommensgrenzen für Ein- und Mehr-Personen-Haushalte festgelegt.

Berechnungsgrundlage für den Anspruch auf einen Wohnberechtigungsschein ist das Gesamteinkommen des Haushalts, also die Summe der Jahreseinkommen der Haushaltsangehörigen abzüglich der Frei- und Abzugsbeträge zum Zeitpunkt der Antragstellung.

Zu den Einkünften der Haushaltsangehörigen gehören unter anderem Arbeitseinkommen, Lohnersatzleistungen (z.B. Arbeitslosengeld, Krankengeld) und sonstige Einnahmen (z.B. Renten, Pensionen, Einkünfte aus Kapitalvermögen und aus Vermietung und Verpachtung). Von den jeweiligen Einkünften aus nicht selbstständiger Arbeit sind jeweils 10 % für folgende Leistungen abzuziehen:

- Steuern vom Einkommen,
- Pflichtbeiträge zur gesetzlichen Kranken- und Pflegeversicherung,
- Pflichtbeiträge zur gesetzlichen Rentenversicherung.

Maximal können also 30 % abgezogen werden, um das für die Erteilung des Wohnberechtigungsscheins relevante Einkommen zu erhalten.

! Zusätzlich zu diesen Abzugsbeträgen können vom Gesamteinkommen 4.500,– € für jeden schwerbehinderten Menschen mit einem Grad der Behinderung von 100 oder von wenigstens 80 abgezogen werden, wenn der schwerbehinderte Mensch häuslich pflegebedürftig ist. 2.100,– € können für jeden schwerbehinderten Menschen mit einem Grad der Behinderung von unter 80 abgezogen, wenn er häuslich pflegebedürftig ist.

Der Wohnberechtigungsschein wird auf Antrag des Wohnungssuchenden von der Gemeinde-, Stadt- oder Kreisverwaltung für die Dauer eines Jahres erteilt.

3.4 Recht auf barrierefreie Mietwohnung

Der Mieter einer Wohnung kann verlangen, dass ihm der Vermieter bauliche Veränderungen der Mietsache erlaubt, die dem Gebrauch durch Menschen mit Behinderungen dienen. Der Anspruch besteht nicht, wenn die bauliche Veränderung dem Vermieter auch unter Würdigung der Interessen des Mieters nicht zugemutet werden kann. Der Mieter kann sich im Zusammenhang mit der baulichen Veränderung zur Leistung einer besonderen Sicherheit verpflichten (§ 554 Abs. 1 BGB).

3.4.1 Barrierereduzierung

Der Umbau der Wohnung durch den Mieter kann insbesondere dann notwendig sein, wenn der Mieter wegen Altersbeschwerden oder einer Behinderung auf eine behindertengerechte Nutzung seiner vier Wände angewiesen ist. Kraft Gesetzes kann deshalb der Mieter vom Vermieter die Zustimmung zu baulichen Veränderungen oder sonstigen Einrichtungen verlangen, die für eine behindertengerechte Nutzung oder den Zugang zu ihr erforderlich sind, es sei denn, dass dem Vermieter die bauliche Veränderung auch unter Würdigung der Interessen des Mieters nicht zugemutet werden kann. Der Vermieter kann seine Zustimmung also nur verweigern, wenn sein Interesse an der unveränderten Erhaltung der Mietsache oder des Gebäudes das Interesse des Mieters an einer behindertengerechten Nutzung der Wohnung überwiegt. Dabei sind auch die Interessen anderer Mieter in dem Gebäude zu berücksichtigen.

» Bauliche Maßnahmen zur behindertengerechten Nutzung der Wohnung sind unter anderem die Verbreiterung von Türen, eine behindertengerechte Nasszelle, die Montage von Gehhilfen oder die Installation einer Notrufeinrichtung.

Der Begriff »Behinderung« umfasst sämtliche erheblichen bzw. dauerhaften Einschränkungen der Bewegungsfähigkeit des Mieters. Dabei kommt es nicht darauf an, ob diese bereits bei Beginn des Mietverhältnisses vorhanden sind oder erst im Laufe des Mietverhältnisses entstehen. Den Anspruch auf Durchführung von baulichen Maßnahmen zur behindertengerechten Nutzung der Mietwohnung können deshalb auch alte Menschen geltend machen, die durch eine altersgerechte Umgestaltung ihrer Wohnung einen Umzug ins Pflegeheim vermeiden können.

! Durch die gesetzliche Regelung wird nicht nur der Mieter begünstigt. Ein Anspruch besteht auch in den Fällen, in denen ein in der Wohnung des Mieters lebender Angehöriger oder Lebensgefährte in seiner Bewegungsfähigkeit eingeschränkt wird.

Geschützt sind damit alle Personen, die der Mieter berechtigterweise in seiner Wohnung aufgenommen hat. Gleichgültig ist, ob die Person Partei des Mietvertrags ist oder nicht.

3.4.2 Verweigerung der Zustimmung des Vermieters

Der Anspruch auf Durchführung von baulichen Maßnahmen zur behindertengerechten Nutzung der Mietwohnung besteht nicht, wenn die bauliche Veränderung dem Vermieter auch unter Würdigung der Interessen des Mieters nicht zugemutet werden kann. Verlangt wird also eine Abwägung der nachteiligen Folgen der baulichen Veränderung für den Vermieter mit dem Interesse des Mieters an der Ausführung der Baumaßnahme.

Interessen des Vermieters

Auf Seiten des Vermieters ist zunächst sein sogenanntes Konservierungsinteresse zu berücksichtigen. Dieses besteht darin, dass nicht durch eine bauliche Veränderung in die Substanz der Mietsache eingegriffen wird. Dieses Interesse ist typischerweise umso gewichtiger, je umfangreicher der beabsichtigte Eingriff ist. Ebenfalls zu beachten ist das Interesse des Vermieters daran, dass die bauliche Veränderung keine negativen Auswirkungen auf seine Rechtsbeziehungen zu Dritten hat, etwa zu anderen Mietern oder seinem Grundstücksnachbarn. Besteht die berechtigte Befürchtung, dass diese gegen den Vermieter wegen der baulichen Veränderung Rechte geltend machen könnten – etwa in Form einer Mietminderung, weil durch die bauliche Veränderung in das Gebrauchsrecht der übrigen Mieter eingegriffen wird – so ist dies über das Vermieterinteresse bei der Interessenabwägung zu berücksichtigen.

Zugunsten des Vermieters ist auch ein etwaiges Rückbaurisiko zu berücksichtigen. Zwar ist der Mieter nach allgemeinen Vorschriften bei Vertragsende zum Rückbau der baulichen Veränderung verpflichtet, kommt der Mieter dem aber nicht nach und will der Vermieter die bauliche Veränderung zurückbauen, so muss er den Rückbau auf eigene Kosten ausführen und den Mieter auf Kostenersatz in Anspruch nehmen.

Interessen des Mieters

Auf Seiten des Mieters ist sein Interesse an der Ausführung der baulichen Veränderung zu berücksichtigen. Für den Abwägungsvorgang bedeutet dies, dass es nicht zulässig ist, den Anspruch des Mieters mit dem Argument zurückzuweisen, an der begehrten baulichen Veränderung bestehe schon grundsätzlich kein anerkennenswertes Interesse. Es ist hingegen Aufgabe des Abwägungsprozesses, das Gewicht des Veränderungsinteresses mit dem Gewicht der gegenläufigen Interessen des Vermieters zu vergleichen. Dabei ist es auch denkbar, bei einem im Einzelfall vergleichbaren Konservierungsinteresse des Vermieters das Bedürfnis eines gehbehinderten Mieters am Einbau eines Treppenliftes stärker zu gewichten als das eines Mieters am Einbau einer einbruchshemmenden Haustür.

Bei der Barrierereduzierung ist im Rahmen des Veränderungsinteresses auch das allgemeine Interesse angemessen zu berücksichtigen, Benachteiligung von Menschen mit Behinderungen zu beseitigen sowie ihre gleichberechtigte Teilhabe am Leben in der Gesellschaft zu gewährleisten und ihnen eine selbstbestimmte Lebensführung zu ermöglichen.

Achtung: Ist eine Eigentumswohnung vermietet, so ist eine bauliche Veränderung erst nach einer entsprechenden Beschlussfassung der Wohnungseigentümer zulässig. Dies ist bei der Interessenabwägung zu berücksichtigen. Wird dem vermietenden Wohnungseigentümer die vom Mieter begehrte bauliche Veränderung durch Beschluss der Wohnungseigentümer gestattet, entfällt dieser Einwand.

3.4.3 Zusätzliche Mietsicherheit

Der Mieter kann sich im Zusammenhang mit der baulichen Veränderung zur Leistung einer besonderen Sicherheit verpflichten. Durch die zusätzliche Mietkaution wird das Risiko des Vermieters berücksichtigt, dass der Mieter seiner Rückbauverpflichtung nach Beendigung des Mietverhältnisses nicht nachkommt und der Vermieter somit die bauliche Veränderung selbst beseitigen muss. Der Vermieter kann diese Sicherheit neben der schon vereinbarten und gezahlten Mietkaution verlangen. Die Höhe der Sicherheit hängt vom Umfang der Umbaumaßnahmen und den zu erwartenden Rückbaumaßnahmen ab. Grundlage kann insoweit ein Kostenvoranschlag sein.

3.4.4 Rückbaupflicht des Mieters

Grundsätzlich muss der Mieter bei Beendigung des Mietverhältnisses die Mietsache so hinterlassen, wie er sie übernommen hat. Das bedeutet im Regelfall, dass vom Mieter veranlasste Einbauten wieder entfernt werden müssen. Er hat also beispielsweise die von ihm montierten Gehhilfen auf seine Kosten zu entfernen. Für Schäden, die dabei verursacht werden, haftet der Mieter. Kommt der Mieter seiner Verpflichtung zum Rückbau nicht nach, macht er sich schadenersatzpflichtig.

Achtung: Haben Vermieter und Mieter keine anderweitige Vereinbarung getroffen, kann der Vermieter auch dann die Beseitigung der Mietereinbauten verlangen, wenn er dem Einbau zugestimmt hat. Dies gilt nicht, wenn der Vermieter aufwendigen Investitionen vorbehaltlos zugestimmt hat.

3.5 Schutz vor Kündigung der Mietwohnung

Der Vermieter darf dem vertragstreuen Mieter grundsätzlich nur dann kündigen, wenn er ein berechtigtes Interesse an der Beendigung des Mietverhältnisses hat. Das ist unter anderem der Fall, wenn der Vermieter Eigenbedarf geltend macht oder er durch die Fortsetzung des Mietverhältnisses an einer angemessenen wirtschaftlichen Verwertung des Hauses oder der Eigentumswohnung gehindert wird und ihm dadurch erhebliche Nachteile entstehen. Selbst wenn dieses berechtigte Interesse gegeben ist, hat der Mieter die Möglichkeit, der Kündigung des Vermieters zu widersprechen, wenn ein sogenannter Härtefall vorliegt. Zulässig ist der Widerspruch, wenn die Kündigung für den Mieter, seine Familie oder einen anderen Angehörigen seines Haushalts eine nicht zu rechtfertigende Härte bedeuten würde. In diesem Fall kann der Mieter die Fortsetzung des Mietverhältnisses verlangen (§ 574 BGB).

Achtung: Das Widerspruchsrecht des Mieters kann nicht im Mietvertrag ausgeschlossen oder erschwert werden. Eine entsprechende Regelung ist unwirksam.

3.5.1 Härtegründe für den Mieter

Voraussetzung für den Widerspruch ist, dass die Beendigung des Mietverhältnisses für den Mieter, seine Familie oder einen anderen Angehörigen seines Haushalts eine ungerechtfertigte Härte bedeutet. Eine solche Härte kann vorübergehender oder dauernder Natur sein. Bei mehreren Mietern reicht eine Härte in der Person eines Mieters aus.

Härtegründe können darin liegen, dass der Mieter alt, krank oder aufgrund der langen Mietzeit mit dem Wohnumfeld besonders verwurzelt ist. Eine Härte liegt auch vor, wenn angemessener Ersatzwohnraum zu zumutbaren Bedingungen nicht beschafft werden kann. Allerdings muss der Mieter alle zumutbaren Anstrengungen unternehmen, um eine entsprechende Ersatzwohnung zu erlangen. Dies muss der Mieter im Streitfall beweisen.

Urteile

- *Ist der Mieter wegen einer körperlichen oder geistigen Krankheit an der Räumung gehindert, stellt dieser Umstand einen Härtegrund dar, der die Eigenbedarfskündigung des Vermieters unwirksam machen kann. Das ist der Fall, wenn der Mieter aufgrund seines Zustandes nicht in der Lage ist, eine Ersatzwohnung zu finden und dorthin umzuziehen oder wenn der Gesundheitszustand oder die allgemeine Lebenssituation des Mieters durch den Umzug erheblich verschlechtert werden würde.*

  LG Lübeck, Az. 1 S 43/14
- *Die Fortsetzung des Mietverhältnisses nach einer Eigenbedarfskündigung des Vermieters aufgrund eines Härtefalls ist auch wegen des Alters des Mieters und dessen Demenzerkrankung gerechtfertigt.*

  BGH, Az. VZ 180/18
- *Ebenso kann die Pflege eines Angehörigen in der näheren Umgebung ein Härtegrund darstellen.*

  AG Lübeck, Az. 27 C 1621/02.
- *Lässt der gesundheitliche Zustand des Mieters einen Umzug nicht zu oder besteht im Falle eines Wohnungswechsels zumindest die ernsthafte Gefahr einer erheblichen Verschlechterung der gesundheitlichen Situation des erkrankten Mieters, kann allein dies einen Härtegrund darstellen.*

  BGH, Az. VIII ZR 68/19
- *Ein Mieter, der aufgrund seiner Krebserkrankung (vorübergehend) nicht sprechen kann, ist aufgrund seines körperlichen Zustands nicht in der Lage, eine Ersatzwohnung zu finden und dorthin umzuziehen. Die erschwerte Wohnungssuche stellt eine unangemessene Härte dar und steht der Eigenbedarfskündigung entgegen.*

  AG Berlin-Mitte, Az. 116 C 190/16

3.5.2 Interessen des Vermieters

Gegenüber den Härtegründen für den Mieter sind die berechtigten Interessen des Vermieters an der Beendigung des Mietverhältnisses durch Kündigung zu berücksichtigen. Zu den berechtigten Interessen des Vermieters, das Mietverhältnis zu beenden, gehören unter anderem

- die erhebliche und schuldhafte Verletzung von Pflichten durch den Mieter, zum Beispiel unbefugte Untervermietung, ständige Störung des Hausfriedens oder Verzug mit Mietzahlungen,
- dringender Eigenbedarf des Vermieters an der Wohnung,
- Vermeidung erheblicher Nachteile, weil der Vermieter an einer angemessenen wirtschaftlichen Verwertung des Grundstücks gehindert wird (z.B. Abbruch des Gebäudes).

! Als Gründe für ein berechtigtes Interesse des Vermieters werden nur solche berücksichtigt, die im Kündigungsschreiben des Vermieters angegeben worden sind, es sei denn, dass sie nachträglich entstanden sind (§ 574 Abs. 3 BGB).

3.5.3 Abwägung der Interessen des Vermieters und des Mieters

Die im konkreten Fall bestehenden Härtegründe des Mieters sind gegen die berechtigten Interessen des Vermieters an der Beendigung des Mietverhältnisses abzuwägen. Voraussetzung für einen erfolgreichen Widerspruch des Mieters ist, dass bei der erforderlichen Abwägung die Härtegründe des Mieters die Interessen des Vermieters überwiegen. Der Widerspruch hat keinen Erfolg, wenn die Interessen des Vermieters überwiegen oder wenn sich die Interessen des Vermieters und die Härtegründe auf Seiten des Mieters gleichgewichtig gegenüberstehen.

Urteil

Gerichte dürfen sich bei Prüfung gesundheitlicher Härtefallgründe nicht nur ein oberflächliches Bild der Situation verschaffen. Gerade bei drohenden schwerwiegenden Gesundheitsbeeinträchtigungen oder Lebensgefahr sind die Gerichte gehalten, ihre Entscheidung auf eine tragfähige Grundlage zu stellen, Beweisangeboten besonders sorgfältig nachzugehen sowie den daraus resultierenden Gefahren bei der Abwägung der widerstreitenden Interessen hinreichend Rechnung zu tragen. Macht ein Mieter derart schwerwiegende gesundheitliche Auswirkungen eines erzwungenen Wohnungswechsels geltend, müssen sich die Gerichte bei Fehlen eigener Sachkunde mittels sachverständiger Hilfe ein genaues und nicht nur an der Oberfläche haftendes Bild davon verschaffen, welche gesundheitlichen Folgen im Einzelnen für den Mieter mit einem Umzug verbunden sind, insbesondere welchen Schweregrad zu erwartende Gesundheitsbeeinträchtigungen erreichen können und mit welcher Wahrscheinlichkeit dies eintreten kann. Erst dies versetzt die Gerichte in einem solchen Fall in die Lage, die Konsequenzen, die für den Mieter mit dem Umzug verbunden sind, im Rahmen notwendigen Abwägung sachgerecht zu gewichten.

BGH, Az. VIII ZR 270/15

3.5.4 Widerspruch des Mieters

Der Widerspruch muss vom Mieter, bei mehreren Mietern (z.B. Eheleuten, Wohngemeinschaften) von allen erhoben werden. Stellvertretung ist zulässig; es reicht auch eine Vollmachtsklausel im Mietvertrag aus.

Der Widerspruch gegen die Kündigung muss in Textform erklärt werden (z.B. schriftlich per E-Mail oder Fax). Eine Begründung des Widerspruchs ist grundsätzlich nicht erforderlich. Der Widerspruch gegen die Kündigung ist also auch ohne Angabe von Gründen zulässig. Allerdings soll der Mieter auf Verlangen des Vermieters über die Gründe des Widerspruchs unverzüglich (regelmäßig innerhalb von zwei Wochen) Auskunft geben (§ 574b Abs. 1 BGB). Unterlässt der Mieter gleichwohl die Begründung, kann dies zu Kostennachteilen im Räumungsprozess führen.

Im Widerspruchsschreiben muss der Mieter die Worte »Widerspruch« oder »Fortsetzung des Mietverhältnisses« nicht ausdrücklich nennen. Es genügt, wenn eindeutig zum Ausdruck kommt, dass er die Kündigung des Mietverhältnisses nicht hinnehmen will. Der Mieter muss auch nicht zum Ausdruck bringen, für welchen Zeitraum er die Fortsetzung des Mietverhältnisses begehrt.

Der Widerspruch muss dem Vermieter spätestens zwei Monate, bevor das Mietverhältnis aufgrund der Kündigung enden soll, zugehen; anderenfalls kann der Vermieter den Widerspruch ohne Rücksicht auf die sachliche Begründetheit zurückweisen. Dies gilt jedoch nur, wenn der Vermieter in seinem Kündigungsschreiben den Mieter auf die Form und die Frist des Widerspruchs rechtzeitig hingewiesen hat. Ohne diesen Hinweis ist die Kündigung zwar wirksam, der Mieter kann dann jedoch der Kündigung auch noch im ersten Termin des Räumungsrechtsstreits widersprechen (§ 574b Abs. 2 BGB).

Achtung: Dass gegen die Kündigung des Vermieters form- und fristgerecht Widerspruch erhoben wurde, muss gegebenenfalls der Mieter beweisen.

3.5.5 Fortsetzung des Mietverhältnisses nach Widerspruch

Der Widerspruch des Mieters gegen die Kündigung hat nicht zur Folge, dass das Mietverhältnis automatisch fortgesetzt wird. Vielmehr ist eine Einigung zwischen dem Vermieter und dem Mieter erforderlich. Der Mieter kann verlangen, dass das Mietverhältnis so lange fortgesetzt wird, wie dies unter Berücksichtigung aller Umstände angemessen ist. Ist dem Vermieter nicht zuzumuten, das Mietverhältnis zu den bisherigen Vertragsbedingungen fortzusetzen, so kann der Mieter nur verlangen, dass es unter einer angemessenen Änderung der Bedingungen fortgesetzt wird (§ 574a Abs. 1 BGB).

Können sich Vermieter und Mieter nach dem Widerspruch des Mieters gegen die Kündigung nicht gütlich einigen, entscheidet das Gericht über die Fortsetzung des Mietverhältnisses. Erkennt das Gericht den Widerspruch des Mieters gegen die Kündigung an, entscheidet es sowohl über die Dauer der Fortsetzung des Mietverhältnisses als auch über die Bedingungen, nach denen es fortgesetzt wird (§ 574a Abs. 2 Satz 1 BGB).

Grundsätzlich kommt nur eine Fortsetzung des Mietverhältnisses auf bestimmte Zeit in Betracht, wenn abzusehen ist, bis zu welchem Zeitpunkt der Härtefall weggefallen sein wird. Im Regelfall wird das Mietverhältnis zwischen sechs Monaten und drei Jahren fortgesetzt. Eine weitere Fortsetzung des Mietverhältnisses kann der Mieter dann aufgrund der Härteklausel nur verlangen, wenn dies durch wesentliche Änderung der Umstände neuer nicht vorgesehener Tatsachen gerechtfertigt ist. Gleiches gilt, wenn Umstände nicht eingetreten sind, deren vorgesehener Eintritt für die Zeitdauer der Fortsetzung bestimmend gewesen war, wenn also beispielsweise die Ersatzwohnung ohne Verschulden des Mieters nicht termingerecht bezugsfertig wurde.

Nur wenn ungewiss ist, wann voraussichtlich der Härtegrund wegfallen wird, kann das Gericht bestimmen, dass das Mietverhältnis auf unbestimmte Zeit fortgesetzt wird (§ 574a Abs. 2 Satz 2 BGB). Als solche Gründe kommen zum Beispiel die nicht absehbare Dauer der Erkrankung des Mieters oder altersbedingte Schwierigkeiten, Ersatzwohnraum zu beschaffen, in Betracht.

4 Hilfen bei Mobilität und Reisen

Das Wichtigste in Kürze

- **Parkerleichterungen:** Schwerbehinderte Menschen erhalten unter bestimmten Voraussetzungen die Erlaubnis, im öffentlichen Straßenverkehr an Stellen zu parken, an denen das üblicherweise nicht erlaubt ist. Berechtigte können die Parkerleichterungen auch als Beifahrer nutzen.
- **Befreiung von der Gurtpflicht:** Ist das Anlegen von Sicherheitsgurten aus gesundheitlichen Gründen nicht möglich, kann auf Antrag eine Ausnahme erteilt werden.
- **Beförderungspflicht für Luft- und Reiseunternehmen:** Für Luft- und Reiseunternehmen besteht eine Beförderungspflicht. Fluggesellschaften und Reiseveranstalter sind zu besonderen Unterstützungs- und Informationsleistungen, die die Vorbereitung und die Flugreise erleichtern, verpflichtet. Bei Flügen, die in der EU beginnen, müssen die Luftfahrtunternehmen bestimmte Hilfeleistungen auch an Bord kostenlos anbieten (z.B. die Beförderung von bis zu zwei Mobilitätshilfen pro Person mit eingeschränkter Mobilität).
- **Unentgeltliche Beförderung im Personennahverkehr:** Schwerbehinderte Menschen, die in ihrer Bewegungsfähigkeit im Straßenverkehr erheblich beeinträchtigt oder hilflos oder gehörlos sind, haben Anspruch darauf, im öffentlichen Personennahverkehr unentgeltlich befördert zu werden. Freifahrtberechtigt sind gehbehinderte, außergewöhnlich gehbehinderte, hilflose, gehörlose und blinde Menschen (Merkzeichen G, aG, H, Gl und Bl im Schwerbehindertenausweis).
- **Vergünstigungen im Fernverkehr der Bahn:** Bei der Deutschen Bahn gelten auch im Fernverkehr verschiedene Erleichterungen und Vergünstigungen (z.B. gebührenfreie Platzreservierung, vergünstigte BahnCards, Ermäßigung beim Gepäckservice).

- **Kraftfahrzeughilfe:** Menschen, die wegen einer Behinderung für die Fahrt zur Arbeit oder zum Ausbildungsort ein eigenes Kraftfahrzeug brauchen, können einkommensabhängig eine Förderung zur Beschaffung eines Fahrzeuges, zur Erlangung einer Fahrerlaubnis oder alternativ Beförderungskosten erhalten.
- **Sonstige Hilfen und Vergünstigungen:** Über diese Hilfen hinaus, können Menschen mit Behinderungen im Zusammenhang mit der Mobilität auf weitere finanzielle Vergünstigungen zurückgreifen. So gewähren Versicherungen Menschen mit Schwerbehinderung einen Sozialrabatt bei der Kfz-Versicherung und Rollstühle können prämienfrei in der Privathaftpflichtversicherung mitversichert werden. Beim TÜV oder bei der Straßenverkehrsbehörde können behinderungsbedingte zusätzliche Gebühren (z.B. Kosten für Sonderabnahmen oder Prüfungen beim TÜV oder Fahrzeug- oder Führerscheineinträge) ermäßigt werden oder vollständig entfallen.

Mobilität ist eine wichtige Voraussetzung zur Inklusion und Teilhabe an der Gemeinschaft. Sie beeinflusst unseren Alltag und den Wunsch, ein selbstbestimmtes Leben unabhängig von der Unterstützung und Fahrdiensten anderer führen zu können. Deshalb betreffen zahlreiche Hilfen und Vergünstigungen für Menschen mit Behinderung deren Mobilität. Dabei geht es um Erleichterungen im Straßen- und Flugverkehr, die unentgeltliche Beförderung im öffentlichen Personennahverkehr, um Vergünstigungen im Fernverkehr der Deutschen Bahn AG, nicht zuletzt unter anderem aber auch um Rabatte bei Versicherungen und Gebührenermäßigungen beim TÜV und bei den Straßenverkehrsbehörden.

4.1 Erleichterungen im Straßenverkehr

Vergünstigungen für Menschen mit Behinderung betreffen insbesondere Parkerleichterungen im Straßenverkehr. Unter bestimmten Voraussetzungen ist für das Fahren in einer Umweltzone keine Umweltplakette erforderlich. Und unter Umständen besteht eine Befreiung von der Gurtpflicht.

4.1.1 Parkerleichterungen

Schwerbehinderte Menschen erhalten unter bestimmten Voraussetzungen die Erlaubnis, im öffentlichen Straßenverkehr an Stellen zu parken, an denen das üblicherweise nicht erlaubt ist. Berechtigte können die Parkerleichterungen auch als Beifahrer nutzen. Eine eigene Fahrerlaubnis ist nicht erforderlich.

Als Varianten des Parkausweises gibt es den blauen, den orangefarbenen und in einigen Bundesländern den gelben Parkausweis. Der blaue und der orangefarbene Parkausweis unterscheiden sich nicht zuletzt in ihrer Gültigkeit: Der blaue Parkausweis ist international gültig, der orangefarbene nur in Deutschland. Parken auf einem Behindertenparkplatz ist nur mit dem blauen EU-Parkausweis erlaubt.

Der Ausweis kann bei der für den Wohnort des behinderten Menschen zuständigen Straßenverkehrsbehörde (z.B. dem Landratsamt) beantragt werden. Die Ausnahmegenehmigung soll in der Regel für fünf Jahre erteilt werden. Bei Antragstellern mit nicht besserungsfähigen gesundheitlichen Einschränkungen kann die Ausnahmegenehmigung für die Dauer der Gültigkeit des Schwerbehindertenausweises unbefristet erteilt werden. Parkausweise für Menschen mit Schwerbehinderung sind in der Regel gebührenfrei. Allein mit dem Schwerbehindertenausweis sind keine Parkerleichterungen verbunden. Es muss immer der Parkausweis (blau, orange oder gelb) sichtbar im Auto liegen. Kommt es auf die Dauer der Parkzeit an, muss zudem durch eine Parkscheibe die Anfangszeit nachgewiesen werden.

Urteil

Parken auf einem Behindertenparkplatz kann teuer werden, wenn man den Parkausweis nicht richtig ins Auto legt. Ein Mann hatte sein Auto auf einem Parkplatz für Menschen mit Behinderung abgestellt. Er bekam ein Knöllchen. Der Betroffene argumentierte, er habe einen Bekannten befördert, der im Rollstuhl sitzt. Dieser besitze einen entsprechenden Parkausweis, der im Auto auf der Mittelkonsole auf Höhe der Sitze gelegen habe. Das Amtsgericht ging von einem Parkverstoß aus. Die Parkerlaubnis gelte nur, wenn der Parkausweis gut lesbar ausgelegt oder angebracht sei – er müsse sich ohne Schwierigkeiten lesen lassen. Das sei beim Ablegen auf der Mittelkonsole in Höhe der Sitzflächen nicht der Fall, so das Gericht. Außerdem sei auf einem Foto, mit dem der Betroffene seine Sichtweise untermauern wollte, der Ausweis zur Hälfte verdeckt gewesen.

AG Schwerin, Az. OWi 83/23

Achtung: Der Parkausweis darf nur auf Fahrten verwendet werden, an denen die behinderte Person selbst teilnimmt. Auf anderen Fahrten nicht – selbst wenn das Fahrzeug auf den Behinderten zugelassen ist oder wenn auf der Fahrt Besorgungen für die behinderte Person erledigt werden. Verstöße dagegen können als Missbrauch von Ausweispapieren strafrechtlich geahndet werden.

Orangefarbener Parkausweis

Den orangefarbenen Parkausweis können beantragen

- Menschen mit Schwerbehinderung mit den Merkzeichen G und B und einem Grad der Behinderung von wenigstens 80 allein für Funktionsstörungen an den unteren Gliedmaßen und der Lendenwirbelsäule, soweit sich diese auf das Gehvermögen auswirken,
- Menschen mit Schwerbehinderung mit den Merkzeichen G und B und einem Grad der Behinderung von wenigstens 70 allein für Funktionsstörungen an den unteren Gliedmaßen und der Lendenwirbelsäule, soweit sich diese auf das Gehvermögen auswirken und gleichzeitig einem Grad der Behinderung von wenigstens 50 für Funktionsstörungen des Herzens und der Atmungsorgane,

- Menschen mit Schwerbehinderung, die an Morbus Crohn oder Colitis ulcerosa erkrankt sind, wenn hierfür ein Grad der Behinderung von wenigstens 60 vorliegt;
- Menschen mit Schwerbehinderung mit künstlichem Darmausgang und zugleich künstlicher Harnableitung, wenn hierfür ein Grad der Behinderung von wenigstens 70 vorliegt.

Der orangefarbene Parkausweis erlaubt

- im eingeschränkten Halteverbot mit Parkscheibe bis zu drei Stunden zu parken,
- im Zonenhalteverbot über die zugelassene Zeit hinaus zu parken,
- an Stellen, die als Parkplatz ausgeschildert sind, über die zugelassene Zeit hinaus zu parken,
- in Fußgängerzonen während der freigegebenen Ladezeit zu parken,
- in verkehrsberuhigten Bereichen außerhalb der gekennzeichneten Flächen zu parken, ohne jedoch den durchgehenden Verkehr zu behindern,
- an Parkuhren und bei Parkscheinautomaten ohne Gebühr und zeitliche Begrenzung zu parken,
- auf Parkplätzen für Bewohner bis zu drei Stunden zu parken,

sofern in zumutbarer Entfernung keine andere Parkmöglichkeit besteht.

Achtung: Der orangefarbene Parkausweis ist nur in Deutschland gültig. Er berechtigt nicht zum Parken auf Behindertenparkplätzen.

Blauer EU-Parkausweis

Der blaue EU-Parkausweises wird nur Personen mit einem Schwerbehindertenausweis mit den Merkzeichen aG (außergewöhnliche Gehbehinderung) oder Bl (blind) erteilt. Daneben können ihn auch

Contergangeschädigte (beidseitige Amelie oder Phokomelie) und Menschen mit vergleichbaren Beeinträchtigungen (z.B. Amputation beider Arme) erhalten.

! Der EU-einheitliche blaue Parkausweis gilt in der Europäischen Union und einigen anderen Ländern (z.B. Schweiz und Norwegen). Inhaber dürfen an den gleichen Stellen parken wie Inhaber des orangefarbenen Parkausweises. Darüber hinaus berechtigt er zum Parken auf den sogenannten Behindertenparkplätzen, die mit dem Zusatzschild »Rollstuhlfahrersymbol« besonders gekennzeichnet sind. Voraussetzung ist allerdings, dass in zumutbarer Entfernung keine andere Parkmöglichkeit besteht.

Achtung: Nicht jeder Behindertenparkplatz ist für sämtliche Inhaber eines Behindertenparkausweises freigegeben. Denn manchmal kann ein Zusatzschild kennzeichnen, dass außerdem eine ganz bestimmte Ausweisnummer vorliegen muss, damit der Betroffene sein Auto dort parken darf. Bei einer solchen Markierung kann der Behindertenparkplatz demnach nur von einem ganz bestimmten Verkehrsteilnehmer genutzt werden. Meistens handelt es sich dabei um einen Parkplatz in unmittelbarer Nähe des Wohnhauses oder der Arbeitsstelle der behinderten Person.

Gelber Parkausweis

Der gelbe Parkausweis gilt nur in einigen Bundesländern (z.B. in Mecklenburg-Vorpommern, Rheinland-Pfalz, Sachsen, Schleswig-Holstein). Ausnahmegenehmigungen mit einem gelben Parkausweis können erteilt werden:

- schwerbehinderten Menschen, denen ein GdB von wenigstens 80 allein infolge von Funktionsstörungen der unteren Gliedmaßen und/oder der Lendenwirbelsäule sowie das Merkzeichen G bescheinigt wurden,

- schwerbehinderten Menschen, denen ein GdB von wenigstens 70 allein infolge von Funktionsstörungen der unteren Gliedmaßen und/oder der Lendenwirbelsäule und gleichzeitig ein GdB von wenigstens 50 allein infolge von Funktionsstörungen des Herzens oder der Lunge sowie das Merkzeichen G bescheinigt wurden,
- schwerbehinderten Menschen mit künstlichem Darmausgang, künstlicher Harnableitung oder einem Tracheostoma (einfache Stomaträger), wenn allein hierfür ein GdB von wenigstens 70 vorliegt;
- Gehbehinderten und in ihrer Mobilität beeinträchtigten Personen mit noch nicht abgeschlossenem Feststellungsverfahren der Versorgungsverwaltung, sofern sie sich nur in einem höchstmöglichen Aktionsradius von ca. 100 m bewegen können sowie
- Personen, die aufgrund eines Unfalles, einer Operation oder einer Krankheit (z.B. länger andauernde akute rheumatische oder Multiple Sklerose-Schübe) in ihrer Mobilität vorübergehend erheblich eingeschränkt sind (höchstmöglicher Aktionsradius ca. 100 m).

! Den Berechtigten stehen die gleichen Parkerleichterungen wie Inhaber des orangefarbenen Parkausweises zu. Der Ausweis berechtigt nicht zum Parken auf Behindertenparkplätzen.

4.1.2 Fahren in Umweltzonen

In vielen Städten und Regionen sind zum Schutz der Umwelt und zur Reduzierung der Belastungen sogenannte Umweltzonen eingerichtet. In diesen Umweltzonen dürfen nur Kraftfahrzeuge fahren, welche mit einer entsprechenden Feinstaubplakette ausgestattet sind.

Keine Plakette brauchen behinderte Menschen, wenn sie Merkzeichen aG (außergewöhnlich gehbehindert), Merkzeichen H (hilflos) oder Merkzeichen Bl (bind) in ihrem Schwerbehindertenausweis haben. Das Fahrzeug muss nicht selbst von der schwerbehinderten Person geführt werden und es muss auch nicht auf diese zugelassen sein.

! Die Fahrberechtigung kann durch den Schwerbehindertenausweis oder einen Parkausweis nachgewiesen werden. Es muss also keine Ausnahmegenehmigung beantragt werden.

4.1.3 Befreiung von der Gurtpflicht

Ist das Anlegen von Sicherheitsgurten aus gesundheitlichen Gründen nicht möglich, kann auf Antrag eine Ausnahme erteilt werden. Die Voraussetzungen von der Befreiung müssen durch eine ärztliche Bescheinigung nachgewiesen werden, in der ausdrücklich zu bestätigen ist, dass der Antragsteller aufgrund des ärztlichen Befundes von der Gurtanlegepflicht befreit werden muss. Die Diagnose braucht aus der Bescheinigung nicht hervorzugehen.

Soweit aus der ärztlichen Bescheinigung keine kürzere Dauer hervorgeht, wird die Ausnahmegenehmigung in der Regel auf ein Jahr befristet. Wenn es sich um einen attestierten nichtbesserungsfähigen Dauerzustand handelt, wird eine unbefristete Ausnahmegenehmigung erteilt.

4.2 Erleichterungen im Flugverkehr

Die EU-Verordnung Nr. 1107/2006 enthält Vorschriften für den Schutz und die Hilfeleistung für Flugreisende mit Behinderung oder eingeschränkter Mobilität, die diese Personen vor Diskriminierung schützen und sicherstellen sollen, dass sie Hilfe erhalten. Die Verordnung gilt für behinderte Menschen und Personen mit eingeschränkter Mobilität, die gewerbliche Passagierflugdienste nutzen oder zu nutzen beabsichtigen und von einem Flughafen, der in dem unter den Vertrag fallenden Hoheitsgebiet eines Mitgliedstaates liegt, abfliegen, auf einem solchen ankommen oder einen solchen im Transit benutzen. »Behinderter Mensch« oder »Person mit eingeschränkter Mobilität« ist eine Person, deren Mobilität bei der Benutzung von Beförderungsmitteln wegen einer körperlichen (sensorischen oder motorischen, dauerhaften oder zeitweiligen) Behinderung, einer geistigen Behinderung oder Beeinträchtigung, wegen anderer

Behinderungen oder aufgrund des Alters eingeschränkt ist und deren Zustand angemessene Unterstützung und eine Anpassung der für alle Fluggäste bereitgestellten Dienstleistungen an die besonderen Bedürfnisse dieser Person erfordert.

4.2.1 Beförderungspflicht

Für Luft- und Reiseunternehmen besteht eine Beförderungspflicht. Sie dürfen sich nicht aus Gründen der Behinderung oder der eingeschränkten Mobilität des Fluggastes weigern, eine Buchung für einen Flug ab oder zu einem Flughafen zu akzeptieren, und einen behinderten Menschen oder eine Person mit eingeschränkter Mobilität an Bord zu nehmen, sofern die betreffende Person über einen gültigen Flugschein und eine gültige Buchung verfügt. Ein Beförderungsanspruch besteht nur dann nicht, wenn Sicherheitsvorschriften entgegenstehen oder wenn wegen der Größe des Luftfahrzeugs oder seiner Türen die Anbordnahme oder die Beförderung dieses behinderten Menschen oder dieser Person mit eingeschränkter Mobilität physisch unmöglich ist (z.B. weil die Tür des Flugzeugs nicht groß genug ist).

4.2.2 Serviceleistungen bei der Vorbereitung der Flugreise

Fluggesellschaften und Reiseveranstalter sind zu besonderen Unterstützungs- und Informationsleistungen, die die Vorbereitung und die Flugreise erleichtern, verpflichtet. Diese Serviceleistungen müssen ohne zusätzliche Kosten erbracht werden. Sie erstrecken sich unter anderem darauf, dass behinderte Menschen und Personen mit eingeschränkter Mobilität an den Abfertigungsschalter gelangen, die Abfertigung erledigen und das Gepäck aufgeben und gegebenenfalls mithilfe von Lifts, Rollstühlen oder sonstigen benötigten Hilfen an Bord des Flugzeugs gelangen können. Der Hilfebedarf muss allerdings 48 Stunden vor der für den Flug veröffentlichten Abflugzeit gemeldet werden. Zudem muss sich die behinderte Person bzw. die

Person mit eingeschränkter Mobilität zum vorgegebenen Zeitpunkt am Flughafen an den dort ausgewiesenen Kontaktpunkten (z.B. Infoschalter) melden.

4.2.3 Kostenlose Hilfen an Bord

Bei Flügen, die in der EU beginnen, müssen die Luftfahrtunternehmen bestimmte Hilfeleistungen auch an Bord kostenlos anbieten. Hierzu gehört unter anderem die Beförderung von bis zu zwei Mobilitätshilfen pro Person mit eingeschränkter Mobilität, inklusive elektrischer Rollstühle bei vorheriger Anmeldung.

! Auskünfte und Informationen erteilt der Bürgerservice des Luftfahrt-Bundesamts (Tel. 0531/2355115). Beschwerden sollten im Interesse einer raschen und außergerichtlichen Beilegung von Streitigkeiten zunächst an den Flughafen bzw. an die Fluggesellschaft gerichtet werden. Sollte eine einvernehmliche Einigung scheitern, sollte die Beschwerdestelle des Luftfahrt-Bundesamts eingeschaltet werden (Bürger-Service-Center, 38144 Braunschweig, E-Mail: fluggastrechte@lba.de). Die Durchsetzung zivilrechtlicher Ansprüche (z.B. Zahlungsansprüche wegen Pflichtverletzung), obliegt dem Luftfahrt-Bundesamt jedoch nicht. Etwaige Ansprüche können durch den Fluggast gegebenenfalls im Wege der grundsätzlich kostenfreien Schlichtung geltend gemacht werden (E-Mail: kontakt@soep-online.de).

4.3 Unentgeltliche Beförderung im öffentlichen Personennahverkehr

Schwerbehinderte Menschen, die in ihrer Bewegungsfähigkeit im Straßenverkehr erheblich beeinträchtigt, hilflos oder gehörlos sind, haben Anspruch darauf, im öffentlichen Personennahverkehr unentgeltlich befördert zu werden (§ 228 SGB XI). Die unentgeltliche Beförderung dient der Mobilität vor Ort und somit zur Teilnahme am öffentlichen Leben.

Achtung: Verkehrsunternehmen sind verpflichtet, freifahrtberechtigte schwerbehinderte Menschen kostenfrei zu befördern. Die Beförderungspflicht erstreckt sich auf das Reisegepäck sowie auf Rollstühle und andere orthopädische Hilfsmittel. Nur im Ausnahmefall kann die Beförderung abgelehnt werden, beispielsweise wenn das Fahrzeug nicht zur Beförderung geeignet ist.

4.3.1 Freifahrtberechtigter Personenkreis

Freifahrtberechtigt sind gehbehinderte, außergewöhnlich gehbehinderte, hilflose, gehörlose und blinde Menschen (Merkzeichen G, aG, H, Gl und Bl im Schwerbehindertenausweis).

In seiner Bewegungsfähigkeit im Straßenverkehr erheblich beeinträchtigt ist, wer infolge einer Einschränkung des Gehvermögens (auch durch innere Leiden oder infolge von Anfällen oder von Störungen der Orientierungsfähigkeit) nicht ohne erhebliche Schwierigkeiten oder nicht ohne Gefahren für sich oder andere Wegstrecken im Ortsverkehr zurückzulegen vermag, die üblicherweise noch zu Fuß zurückgelegt werden.

Schwerbehinderte Menschen mit außergewöhnlicher Gehbehinderung sind Personen mit einer erheblichen mobilitätsbezogenen Teilhabebeeinträchtigung, die einem Grad der Behinderung von mindestens 80 entspricht. Eine erhebliche mobilitätsbezogene Teilhabebeeinträchtigung liegt vor, wenn sich die schwerbehinderten Menschen wegen der Schwere ihrer Beeinträchtigung dauernd nur mit fremder Hilfe oder mit großer Anstrengung außerhalb ihres Kraftfahrzeuges bewegen können. Hierzu zählen insbesondere schwerbehinderte Menschen, die aufgrund der Beeinträchtigung der Gehfähigkeit und Fortbewegung – dauerhaft auch für sehr kurze Entfernungen – aus medizinischer Notwendigkeit auf die Verwendung eines Rollstuhls angewiesen sind. Verschiedenste Gesundheitsstörungen (insbesondere Störungen bewegungsbezogener, neuromuskulärer oder mentaler Funktionen, Störungen des kardiovaskulären oder Atmungssystems) können die Gehfähigkeit erheblich beeinträchtigen.

Ob diese Voraussetzungen für Freifahrten im Personennahverkehr vorliegen, wird vom Versorgungsamt bei der Feststellung einer Behinderung geprüft. Schwerbehinderte, die freifahrtberechtigt sind, erhalten einen Schwerbehindertenausweis in grün-orange.

Achtung: Außergewöhnlich Gehbehinderte, Hilflose und Blinde sind von der Kfz-Steuer befreit. Dies schließt nicht ihren gleichzeitigen Anspruch auf unentgeltliche Beförderung im öffentlichen Personennahverkehr aus. Hingegen können in ihrer Bewegungsfähigkeit im Straßenverkehr beeinträchtigte schwerbehinderte Menschen sowie Gehörlose Kfz-Steuerermäßigung beanspruchen. In diesem Fall ist ausgeschlossen, dass beide Vergünstigungen in Anspruch genommen werden. Diese Personen müssen also wählen, ob sie das Recht zur unentgeltlichen Beförderung oder die Steuerermäßigung um 50 % in Anspruch nehmen wollen.

4.3.2 Öffentlicher Nahverkehr

Die Verpflichtung zur unentgeltlichen Beförderung besteht für Unternehmen, die öffentlichen Personenverkehr im Nahverkehr betreiben. Dazu gehören unter anderem Straßenbahnen und Omnibusse, Kraftfahrzeuge im Linienverkehr, S-Bahnen (2. Klasse), Nahverkehrszüge der Eisenbahnen (2. Klasse) und unter Umständen auch Fährverbindungen, die der Beförderung von Personen im Orts- und Nachbarschaftsbereich dienen.

4.3.3 Wertmarke

Voraussetzung für die unentgeltliche Beförderung ist, dass der Ausweis mit einer gültigen Wertmarke versehen ist. Diese wird gegen

Entrichtung eines Betrags von 104,– € für ein Jahr oder 53,– € für ein halbes Jahr ausgegeben. Wird die für ein Jahr ausgegebene Wertmarke vor Ablauf eines halben Jahres zurückgegeben, wird auf Antrag die Hälfte der Gebühr erstattet.

! Auf Antrag wird eine für ein Jahr ausgegebene Wertmarke ohne Entrichtung des Entgelts von 80,– € an bestimmte Gruppen schwerbehinderter Menschen ausgegeben. Dazu gehören unter anderem blinde oder hilflose Menschen und an Empfänger bestimmter Sozialleistungen (z.B. Bürgergeld, Sozialhilfe, Grundsicherung im Alter und bei Erwerbsminderung).

4.3.4 Beförderung einer Begleitperson

Schwerbehinderte Menschen selbst haben nur Anspruch auf unentgeltliche Beförderung im öffentlichen Nahverkehr. Dagegen können Begleitpersonen sowohl im Nah- als auch im Fernverkehr unentgeltlich befördert werden. Der Ausweis des schwerbehinderten Menschen muss nicht mit einer gültigen Wertmarke versehen sein. Allerdings muss die Berechtigung zur Mitnahme einer Begleitperson nachgewiesen und dies im Ausweis des schwerbehinderten Menschen eingetragen sein (Merkzeichen B).

4.4 Vergünstigungen im Fernverkehr der Deutschen Bahn

Die Kostenbefreiung ist für schwerbehinderte Menschen auf den Personennahverkehr beschränkt (vgl. dazu 4.3). Fahrten im Fernverkehr sind dagegen kostenpflichtig. Allerdings gelten bei der Deutschen Bahn auch im Fernverkehr verschiedene Erleichterungen und Vergünstigungen.

- **Gebührenfreie Platzreservierung:** Schwerbehinderte Menschen mit Merkzeichen B können in IC-, ICE-, EC- und IR-Zügen kostenfrei in Service- bzw. Großraumwagen der 2. Klasse für sich und ihre Begleitung Plätze reservieren.

- **Kostenfreie Mitnahme orthopädischer Hilfsmittel:** Ein mitgeführter Rollstuhl oder andere orthopädische Hilfsmittel werden in allen Zügen des Nah- und Fernverkehrs und auf Omnibuslinien im Nah- und Fernverkehr, soweit die Beschaffenheit der Busse das zulässt, auch ohne Beiblatt zum Schwerbehindertenausweis und Wertmarke unentgeltlich befördert
- **Vergünstigte BahnCards:** Die ermäßigte BahnCard 25/BahnCard 50 erhalten Personen, die wegen voller Erwerbsminderung eine Rente beziehen und schwerbehinderte Menschen mit einem Grad der Behinderung von mindestens 70.
- **Reisen in der 1. Wagenklasse:** Mit dem Schwerbehindertenausweis, in den das Merkzeichen 1 Kl eingetragen ist, kann der Bahnreisende mit einer Fahrkarte der 2. Klasse in allen Zügen der DB in der 1. Klasse fahren.
- **Ermäßigung beim Gepäckservice:** Die Bahn bietet Bahnreisenden innerhalb Deutschlands einen Haus-zu-Haus-Service für Koffer und Sondergepäck wie Fahrräder, Sportgeräte und Krankenfahrstühle an. Bei Vorlage des Schwerbehindertenausweises gewährt die DB auf den Kofferversand Ermäßigung. Krankenfahrstühle, Gehhilfen und andere orthopädische Hilfsmittel mit vergleichbaren Abmessungen werden gegen Vorlage des Ausweises mit Merkzeichen G und aG kostenfrei befördert.

4.5 Kraftfahrzeughilfe

Menschen, die wegen einer Behinderung für die Fahrt zur Arbeit oder zum Ausbildungsort ein eigenes Kraftfahrzeug brauchen, können einkommensabhängig eine Förderung zur Beschaffung eines Fahrzeuges, zur Erlangung einer Fahrerlaubnis oder alternativ Beförderungskosten erhalten. Darüber hinaus können Zusatzausstattungen bezahlt werden, wenn sie wegen einer Behinderung notwendig sind.

4.5.1 Voraussetzungen

Die Kraftfahrzeughilfe setzt voraus, dass die antragstellende Person aufgrund ihrer Behinderung nicht nur vorübergehend auf ein Kraftfahrzeug angewiesen ist, um den Arbeits- oder Ausbildungsort zu erreichen. Weiterhin muss die antragstellende Person in der Lage sein, ein Kraftfahrzeug zu führen oder sicherstellen, dass ein Dritter (z.B. die Eltern) das Kraftfahrzeug für ihn führt. Ist der behinderte Mensch zur Berufsausübung im Rahmen eines Arbeitsverhältnisses nicht nur vorübergehend auf ein Kraftfahrzeug angewiesen, wird Kraftfahrzeughilfe geleistet, wenn wegen seiner Behinderung nur auf diese Weise die Teilhabe am Arbeitsleben dauerhaft gesichert werden kann und die Übernahme der Kosten durch den Arbeitgeber nicht üblich oder nicht zumutbar ist.

4.5.2 Zuschuss

Kraftfahrzeughilfe wird gewährt für

- die Beschaffung eines Kraftfahrzeugs,
- eine behinderungsrechte Zusatzausstattung,
- zur Erlangung eines Führerscheins.

Kauf eines Kraftfahrzeugs

Die Beschaffung eines Kraftfahrzeugs wird grundsätzlich bis zu einem Betrag in Höhe des Kaufpreises, höchstens jedoch bis zu einem Betrag von 22.000,– € gefördert. Das Einkommen des behinderten Menschen wird auf die Leistung angerechnet. Die Höhe des Zuschusses ist vom Nettoeinkommen des Antragsstellers abhängig und richtet sich nach der monatlichen Bezugsgröße. Liegt das Nettoeinkommen über 75 % der monatlichen Bezugsgröße (2025: 3.745,– €), wird kein Zuschuss gewährt.

Bei der Ermittlung des Zuschusses werden vom Einkommen des Antragstellers für jeden vom Versicherten unterhaltenen Familienangehörigen 12 % der monatlichen Bezugsgröße abgezogen.

Achtung: Das Kraftfahrzeug muss nach Größe und Ausstattung den Anforderungen entsprechen, die sich im Einzelfall aus der Behinderung ergeben und, soweit erforderlich, eine behinderungsbedingte Zusatzausstattung ohne unverhältnismäßigen Mehraufwand ermöglichen.

Behindertengerechte Zusatzausstattung

Für eine Zusatzausstattung, die wegen der Behinderung erforderlich ist, ihren Einbau, ihre technische Überprüfung und die Wiederherstellung ihrer technischen Funktionsfähigkeit werden die Kosten in vollem Umfang übernommen. Dies gilt auch für eine Zusatzausstattung, die wegen der Behinderung eines Dritten erforderlich ist, der für den behinderten Menschen das Kraftfahrzeug führt.

» Um behindertengerechte Zusatzausstattungen handelt es sich beispielsweise beim Einbau einer Lenkhilfe, speziellen Sitzen oder eines Automatikgetriebes.

Zuschuss zum Führerschein

Zu den Kosten, die für die Erlangung einer Fahrerlaubnis notwendig sind, wird ein Zuschuss geleistet. Er beläuft sich bei behinderten Menschen mit einem Einkommen

- bis 40 % der monatlichen Bezugsgröße (vgl. dazu oben) auf die volle Höhe,
- bis zu 55 % der monatlichen Bezugsgröße auf zwei Drittel,
- bis zu 75 % der monatlichen Bezugsgröße auf ein Drittel der entstehenden notwendigen Kosten.

Antrag

Der Antrag auf Kraftfahrzeughilfe muss beim zuständigen Kostenträger (z.B. Rentenversicherung, Unfallversicherung, Agentur für Arbeit) gestellt werden. Leistungen sollen vor dem Abschluss des Kaufvertrags über das Kraftfahrzeug und die behinderungsbedingte Zusatzausstattung sowie vor Anmeldung zur Schulung für die Erlangung der Fahrerlaubnis beantragt werden. Leistungen zur technischen Überprüfung und Wiederherstellung der technischen Funktionsfähigkeit einer behinderungsbedingten Zusatzausstattung müssen spätestens innerhalb eines Monats nach Rechnungstellung beantragt werden.

4.6 Sonstige Hilfen und Vergünstigungen

Über die oben aufgeführten Hilfen hinaus, können Menschen mit Behinderungen im Zusammenhang mit der Mobilität auf weitere finanzielle Vergünstigungen zurückgreifen:

- **Sozialrabatt bei der Kfz-Versicherung:** Bis 1994 waren alle deutschen Versicherer verpflichtet, den Schwerbehindertenrabatt jedem Schwerbehinderten zu gewähren, der diese Behinderung nachweisen konnte. Heute ist es den Versicherungsgesellschaften freigestellt, ob sie den Schwerbehindertenrabatt gewähren. Informationen darüber, ob eine Rabattgewährung möglich ist, müssen im Einzelfall beim entsprechenden Versicherungsunternehmen eingeholt werden.
- **Mitversicherung von Rollstühlen in der Privathaftpflichtversicherung:** Viele Versicherer schließen Schäden an Rollstühlen mit einer Geschwindigkeit bis ca. 6 km je Stunde prämienfrei in den Risikoschutz einer Privathaftpflichtversicherung ein. Sofern die Mitversicherung nicht in den allgemeinen Versicherungsbedingungen vorgesehen ist, sollten sich Rollstuhlfahrer bei Abschluss des Versicherungsvertrages schriftlich bestätigen lassen, dass dieses Risiko prämienfrei abgedeckt ist.

- **Gebührenermäßigung beim TÜV bzw. der Straßenverkehrsbehörde:** Beim TÜV oder bei der Straßenverkehrsbehörde können behinderungsbedingte zusätzliche Gebühren entstehen, beispielsweise Kosten für Sonderabnahmen, Prüfungen beim TÜV oder Fahrzeug- oder Führerscheineinträge. Soweit dafür kein anderer Kostenträger aufkommt, können diese Gebühren ermäßigt werden oder entfallen sogar ganz. Nicht mit der Behinderung im Zusammenhang stehende Gebühren (z.B. für die regelmäßige Überprüfung des Fahrzeugs) müssen ungekürzt gezahlt werden.
- **Inanspruchnahme von Fahrdiensten:** Viele Städte und Gemeinden bieten Menschen mit Behinderung kostenlose Fahrdienste an. Regelmäßig kann der Fahrdienst von einem behinderten Menschen in Anspruch genommen werden, wenn er einen Schwerbehindertenausweis mit dem Merkzeichen aG (außergewöhnliche Gehbehinderung) hat und kein eigenes Fahrzeug besitzt. Fahrdienste vor Ort werden vor allem von den Wohlfahrtsverbänden (z.B. Caritas, Arbeiterwohlfahrt, Deutsches Rotes Kreuz) angeboten). Die Voraussetzungen und die Kosten für Fahrdienste sind regional unterschiedlich. Auskünfte erteilt die Stadt- oder Gemeindeverwaltung.
- **Beitragsermäßigungen in Autoclubs:** Automobilclubs bieten bis zu 50 % Beitragsermäßigung auf den jährlichen Mitgliedsbeitrag an. Eine Mitgliedschaft kann sinnvoll sein, wenn dadurch weitere Angebote des Clubs in Anspruch genommen werden können, beispielsweise eine Reiserückholversicherung.
- **Rabatte beim Neuwagenkauf:** Viele Fahrzeughersteller bieten Sondernachlässe beim Neuwagenkauf auf Basis der »Unverbindlichen Preisempfehlung« (Listenpreis) für schwerbehinderte Menschen an. Den Rabatt gibt es dann über den Händler, der in der Regel eine Rückvergütung über den Hersteller erhält.

5 Hilfen bei der Kommunikation

Das Wichtigste in Kürze

- **Kommunikationshilfen bei Behörden und Gerichten:** Behörden und Gerichte sollen nach dem Behindertengleichstellungsgesetz mit Menschen mit geistigen Behinderungen und Menschen mit seelischen Behinderungen in einfacher Sprache kommunizieren. Auf Verlangen sollen sie ihnen insbesondere Bescheide und Vordrucke in verständlicher Weise erläutern.
- **Befreiung bzw. Ermäßigung der Rundfunkbeiträge:** Menschen mit Behinderung können sich unter Umständen vom Rundfunkbeitrag befreien lassen oder müssen nur einen ermäßigten Beitrag zahlen.
- **Telefon-Sozialtarife:** Die Telekom bietet unter bestimmten Voraussetzungen verschiedene Vergünstigungen an. Sie werden auf die Verbindungsentgelte angerechnet, aber nicht auf die monatlichen Grundpreise. Die Vergünstigung gilt nur für Privatkunden mit Festnetzanschluss der T-Com.
- **Ermäßigte Tarife für Mobilfunk:** Verschiedene Mobilfunkanbieter bieten für Menschen mit Schwerbehinderung von einem GdB von mindestens 50 die Möglichkeit, ermäßigte Tarifangebote zu nutzen.
- **Postversand von Blindensendungen:** Blindensendungen werden innerhalb Deutschlands von der Deutschen Post AG entgeltfrei befördert.

Kommunikation ist für Menschen mit Behinderungen oder von Behinderung bedrohter Menschen im Rahmen der Teilhabe am Leben in der Gemeinschaft besonders wichtig. Auch in diesem Zusammenhang bestehen eine Reihe von Hilfen und Vergünstigungen. Sie betreffen Kommunikationshilfen bei Behördengängen und finanzielle Hilfen, unter anderem in Form der Befreiung oder Ermäßigung der Rundfunkbeiträge.

5.1 Kommunikationshilfen bei Behörden und Gerichten

Behörden und Gerichte sollen nach dem Behindertengleichstellungsgesetz mit Menschen mit geistigen Behinderungen und Menschen mit seelischen Behinderungen in einfacher Sprache kommunizieren. Auf Verlangen sollen sie ihnen insbesondere Bescheide, Allgemeinverfügungen, öffentlich-rechtliche Verträge und Vordrucke in verständlicher Weise erläutern. Kosten für Erläuterungen im notwendigen Umfang sind von der Behörde bzw. vom Gericht zu tragen. Der notwendige Umfang bestimmt sich nach dem individuellen Bedarf der Berechtigten.

Menschen mit Hörbehinderungen und Menschen mit Sprachbehinderungen haben das Recht, bei der Ausführung von Sozialleistungen, insbesondere auch bei ärztlichen Untersuchungen und Behandlungen, in Gebärdensprache, mit lautsprachbegleitenden Gebärden oder über andere geeignete Kommunikationshilfen zu kommunizieren. Die für die Sozialleistung zuständigen Leistungsträger sind verpflichtet, die durch die Verwendung der Kommunikationshilfen entstehenden Kosten zu tragen. Die Berechtigten haben ein Wahlrecht hinsichtlich der zu benutzenden Kommunikationshilfe. Dies umfasst auch das Recht, eine geeignete Kommunikationshilfe selbst bereitzustellen. Die Berechtigten haben der Behörde bzw. dem Gericht rechtzeitig mitzuteilen, inwieweit sie von ihrem Wahlrecht Gebrauch machen. Geeignete Kommunikationshilfen werden kostenfrei bereitgestellt, es sei denn, die Berechtigten machen von ihrem Wahlrecht Gebrauch. Als Kommunikationshilfen kommen in Betracht:

- Gebärdensprachdolmetscher,
- Kommunikationshelfer (z.B. Schriftdolmetscher, Simultanschriftdolmetscher),
- Kommunikationsmethoden (z.B. Lormen und taktil wahrnehmbare Gebärden) sowie
- Kommunikationsmittel (akustisch-technische Hilfen oder grafische Symbol-Systeme).

5.2 Befreiung bzw. Ermäßigung der Rundfunkbeiträge

Menschen mit Behinderung können sich unter Umständen vom Rundfunkbeitrag befreien lassen oder müssen nur einen ermäßigten Beitrag zahlen.

5.2.1 Ermäßigung vom Rundfunkbeitrag

Eine Ermäßigung von Rundfunkbeiträgen können beantragen

- behinderte Menschen, deren Grad der Behinderung nicht nur vorübergehend wenigstens 80 beträgt und die wegen ihres Leidens an öffentlichen Veranstaltungen ständig nicht teilnehmen können und denen das Merkzeichen RF zuerkannt wurde,
- blinde oder nicht nur vorübergehend wesentlich sehbehinderte Menschen mit einem Grad der Behinderung von wenigstens 60 allein wegen der Sehbehinderung und denen das Merkzeichen RF zuerkannt wurde,
- hörgeschädigte Menschen, die gehörlos sind oder denen eine ausreichende Verständigung über das Gehör auch mit Hörhilfen nicht möglich ist und denen das Merkzeichen RF zuerkannt wurde.

Dem Antrag muss eine Kopie der Bescheinigung der Behörde über die Zuerkennung des Merkzeichens RF oder eine Kopie des Schwerbehindertenausweises (Vorder- und Rückseite) mit dem Merkzeichen RF beigelegt werden.

Der ermäßigte Beitrag beträgt aktuell (2025) 6,12 € monatlich.

5.2.2 Befreiung vom Rundfunkbeitrag

Anspruch auf Befreiung vom Rundfunkbeitrag haben unter anderem:

- taubblinde Menschen, bei denen auf dem besseren Ohr eine an Taubheit grenzende Schwerhörigkeit und auf dem besseren Auge eine hochgradige Sehbehinderung gegeben ist und Empfänger von Blindenhilfe.

Für eine Befreiung von der Rundfunkbeitragspflicht müssen folgende Nachweise erbracht bzw. Unterlagen vorgelegt werden:

- bei Taubblindheit:
  - ärztliche Bescheinigung über die Taubblindheit
  - Schwerbehindertenausweis (Vorder- und Rückseite) mit dem Merkzeichen TBl (taubblind)
  - Schwerbehindertenausweis (Vorder- und Rückseite) mit dem Merkzeichen Bl (blind) und Gl (gehörlos)
  - Schwerbehindertenausweis (Vorder- und Rückseite) mit dem Merkzeichen Bl (blind) oder Gl (gehörlos) zusammen mit einer ärztlichen Bescheinigung über die jeweils andere Behinderung
  - Bescheinigung des Versorgungsamtes über den Grad der Hör- und Sehbehinderung
- bei Empfängern von Blindenhilfe
  - Bescheinigung der Behörde
  - Bewilligungsbescheid (Folgende Angaben müssen ersichtlich sein: Welche Leistung gewährt wird, der Name des Leistungsempfängers und der Leistungszeitraum)

5.2.3 Antrag

Der Antrag auf Befreiung oder Ermäßigung muss schriftlich gestellt werden. Niemand ist automatisch befreit. **Anträge liegen in Stadt- und Gemeindeverwaltungen aus.** Alle Formulare können auch online unter www.rundfunkbeitrag.de ausgefüllt und ausgedruckt werden.

Die Befreiung oder die Ermäßigung gelten ab dem Zeitpunkt der Antragstellung. Kann durchgehend ein Grund für die Befreiung nachgewiesen werden, ist diese rückwirkend für bis zu drei Jahre möglich. Auch bereits gezahlte Beiträge können gegebenenfalls zurückgefordert werden.

5.3 Telefon-Sozialtarife

Die Telekom bietet unter bestimmten Voraussetzungen verschiedene Vergünstigungen an. Sie werden auf die Verbindungsentgelte angerechnet, aber nicht auf die monatlichen Grundpreise. Die Vergünstigung gilt nur für Privatkunden mit Festnetzanschluss der T-Com.

- Wer von der Zahlung des Rundfunkbeitrags befreit ist (vgl. dazu 5.2.2), bekommt ein monatliches Gesprächsguthaben von 6,94 € (netto).
- Gehörlose, seh- oder sprachbehinderte Menschen mit einem Grad der Behinderung von mindestens 90 % erhalten im Rahmen des Sozialtarifs 2 eine Monatsgutschrift von 8,72 €.

Achtung: Der Rabatt gilt nicht für Verbindungen zu anderen Anbietern im Rahmen des Call-by-Call oder bei Voreinstellung des Telefonanschlusses auf einen alternativen Anbieter (Preselection) oder bestimmten Spezialtarifen der Telekom. Ebenso gibt es keine Vergünstigung für die Grundgebühr oder für Anrufe zu Sonderrufnummern und in Mobilfunknetze. Zu beachten ist auch, dass ein Flatrate-Tarif bei der Telekom oder einem anderen Anbieter günstiger sein kann als ein Telefonvertrag bei der Telekom mit Sozialtarif. Das gilt besonders dann, wenn viel telefoniert wird.

! Auskünfte sowie Anträge sind in allen T-Punkt-Läden der Deutschen Telekom-AG erhältlich. Weiterhin können unter der Servicenummer 0800/330100-0 kostenlose Auskünfte zu den aktuellen Tarifen der Telekom erfragt werden.

5.4 Ermäßigte Tarife für Mobilfunk

Verschiedene Mobilfunkanbieter bieten für Menschen mit Schwerbehinderung von einem GdB von mindestens 50 die Möglichkeit, ermäßigte Tarifangebote zu nutzen. Bei Vorliegen einer entsprechenden Behinderung ist es also sinnvoll, sich vor Abschluss eines Vertrages nach den Konditionen zu erkundigen.

5.5 Postversand von Blindensendungen

Blindensendungen werden innerhalb Deutschlands von der Deutschen Post AG entgeltfrei befördert. So können Sehbehinderte Informationen mit Freunden, Bekannten oder Blindeneinrichtungen austauschen.

Als Blindensendung können versandt werden

- Schriftstücke in Blindenschrift (Braille-Schrift),
- für Blinde bestimmte Tonaufzeichnungen oder sonstige Magnetträger, deren Absender oder Empfänger eine amtlich anerkannte Blindenanstalt ist oder in deren Auftrag der Versand erfolgt,
- Papiere für die Aufnahme von Blindenschrift, wenn sie von einer anerkannten Blindenanstalt an Blinde versandt werden.

Die Umhüllung bzw. Verpackung darf grundsätzlich nicht verschlossen und muss oberhalb der Anschrift mit dem Vermerk »Blindensendung« gekennzeichnet sein. Die Einlieferung erfolgt über den Briefkasten oder bei größeren Formaten über die Postfilialen.

! Auf der Webseite der Deutschen Post (www.deutschepost.de/de/b/blindensendung.html) sind Angaben zu Größe und Gewicht der kostenfreien Sendungen zu finden. Nähere Informationen erteilt auch jede Postfiliale.

6 Hilfe- und Unterstützungsleistungen in der Aus- und Weiterbildung

Das Wichtigste in Kürze

- **Ausbildungsgeld:** Menschen mit Behinderungen haben unter Umständen Anspruch auf Ausbildungsgeld.
- **Nachteilsausgleich bei Abschluss- und Gesellenprüfung:** Belange Behinderter müssen durch besondere Organisation und Gestaltung der Prüfung sowie Zulassung spezieller Hilfen berücksichtigt werden (z.B. durch Zeitverlängerung, angemessene Pausen, Änderung der Prüfungsformen oder zusätzliche Erläuterung der Prüfungsaufgaben).
- **Überschreiten der Altersgrenze bei Studienbeginn:** Die Altersgrenze für die Ausbildungsförderung kann überschritten werden, wenn eine Behinderung oder Krankheit ein Studium notwendig werden lassen oder eine Behinderung oder Krankheit eine rechtzeitige Studienaufnahme verhindern.
- **Ausbildungsförderung über Höchstdauer hinaus:** Über die Förderungshöchstdauer hinaus wird für eine angemessene Zeit Ausbildungsförderung geleistet, wenn sie wegen einer Behinderung überschritten worden und die Ausbildungsverzögerung ursächlich auf die Behinderung zurückzuführen ist.
- **Zusätzlicher Härtefreibetrag bei Einkommensermittlung:** Bei der Einkommensermittlung im Rahmen der Ausbildungsförderung kann ein zusätzlicher Härtefreibetrag berücksichtigt werden, wenn außergewöhnliche Zusatzaufwendungen belegt werden können, die durch eine Behinderung bedingt sind.
- **Prüfungserleichterungen beim Studium:** Die Prüfungsordnungen sehen verschiedene Prüfungserleichterungen für Studierende mit Behinderungen vor (z.B. Verlängerung der Schreibzeit und der Vorbereitungszeiten bei mündlichen Prüfungen).

- **Darlehensrückzahlung bei Ausbildungsförderung:** Bei der Darlehensrückzahlung im Rahmen der Ausbildungsförderung können Studierende mit Behinderungen einen Zahlungsaufschub beantragen, wenn ihr Einkommen bestimmte monatliche Sätze nicht übersteigt. Außerdem können sie die Berücksichtigung behinderungsbedingter erhöhter Aufwendungen als zusätzlichen Härtefreibetrag geltend machen. Dadurch erhöht sich der Freibetrag, bis zu dem man von der Rückzahlung freigestellt werden kann.
- **Eingliederungshilfe:** Leistungen zur Teilhabe an Bildung umfassen auch Hilfen zur hochschulischen Ausbildung oder Weiterbildung für einen Beruf. Hochschulhilfen werden als Hilfe zur hochschulischen (Erst-)Ausbildung oder hochschulischen beruflichen Weiterbildung nach abgeschlossener beruflicher oder (hoch)schulischer Erstausbildung erbracht.

Für Menschen mit Behinderungen oder gesundheitlichen Einschränkungen gibt es spezielle Hilfen rund um die Aus- und Weiterbildung. Dabei handelt es sich einerseits um Hilfen durch Beratung und Unterstützung, andererseits durch Zuschüsse und Vergünstigungen an den behinderten Menschen und den Arbeitgeber bzw. Ausbildungsbetrieb.

6.1 Beratung und Vermittlung durch die Arbeitsagentur

Die Agentur für Arbeit begleitet Menschen mit Behinderungen vor und während des Berufslebens mit vielen Beratungs- und Unterstützungsangeboten. Sie bietet jungen Menschen und Erwachsenen, die am Arbeitsleben teilnehmen oder teilnehmen wollen, Berufsberatung, einschließlich einer Weiterbildungsberatung, und Arbeitgebern Arbeitsmarktberatung, einschließlich einer Qualifizierungsberatung, an. Art und Umfang der Beratung richten sich nach dem Beratungsbedarf des Ratsuchenden. Die Agentur für Arbeit muss dabei die Neigung, Eignung und Leistungsfähigkeit des Ausbildungs- und Arbeitsplatzsuchenden sowie die Anforderungen der angebotenen Stellen berücksichtigen.

! Wichtig ist ein persönliches Gespräch bei der Arbeitsagentur oder dem Jobcenter. Telefonisch können Sie Ansprechpartner erfragen und einen Beratungstermin vereinbaren (Tel. 0800/455550-0).

Der Agentur für Arbeit obliegt die Berufsberatung sowie die Ausbildungs- und Arbeitsvermittlung schwerbehinderter Menschen einschließlich der Vermittlung von in Werkstätten für behinderte Menschen Beschäftigten, auf den allgemeinen Arbeitsmarkt. Sie hat Arbeitgeber bei der Besetzung von Ausbildungs- und Arbeitsplätzen mit schwerbehinderten Menschen zu beraten. Zusätzlich erfüllt sie die Aufgabe, die Teilhabe schwerbehinderter Menschen auf dem Arbeitsmarkt zu fördern. Dies gilt insbesondere für schwerbehinderte Menschen, die wegen Art und Schwere ihrer Behinderung oder sonstiger Umstände im Arbeitsleben besonders betroffen sind. Zu dieser Gruppe zählen auch Menschen mit Behinderung, die langzeitarbeitslos sind oder die im Anschluss an eine Beschäftigung in einer anerkannten Werkstatt für behinderte Menschen, bei einem anderen Leistungsanbieter oder einem Inklusionsbetrieb zur Aus- oder Weiterbildung angestellt werden. Auch im Rahmen von Arbeitsbeschaffungsmaßnahmen hat die Agentur für Arbeit schwerbehinderte Menschen besonders zu fördern. Ferner hat sie Auszubildende auch zur Festigung des Ausbildungsverhältnisses nach Beginn einer Berufsausbildung zu beraten.

6.2 Zuschuss zur Ausbildungsvergütung

Arbeitgeber können für die betriebliche Aus- oder Weiterbildung von Menschen mit Behinderungen und schwerbehinderten Menschen durch Zuschüsse zur Ausbildungsvergütung oder zu einer vergleichbaren Vergütung gefördert werden, wenn die Aus- oder Weiterbildung sonst nicht zu erreichen ist (§ 73 SGB III). Betriebliche

Aus- oder Weiterbildungen sind nicht ausschließlich betriebliche Ausbildungen im Sinne des Berufsbildungsgesetzes, der Handwerksordnung und des Altenpflegegesetzes. Alle betrieblichen Maßnahmen, die eine berufliche Ausbildung oder Qualifikation des Menschen mit Behinderungen bzw. schwerbehinderten Menschen zum Inhalt und auch Schwerpunkt haben, können gefördert werden. Voraussetzung ist lediglich, dass ein entsprechender Vertrag mit dem Arbeitgeber vorliegt und eine Ausbildungsvergütung oder vergleichbare Vergütung gezahlt wird. Eine betriebliche Ausbildung ist auch eine Berufsausbildung im Rahmen eines ausbildungsintegrierten dualen Studiums.

Der Zuschuss zur Ausbildungsvergütung oder einer vergleichbaren Vergütung ist in der Regel für die gesamte Dauer der betrieblichen Ausbildung oder Weiterbildung zu bewilligen.

Die monatlichen Zuschüsse sollen regelmäßig 60 %, bei schwerbehinderten Menschen 80 % der monatlichen Ausbildungsvergütung für das letzte Ausbildungsjahr oder der vergleichbaren Vergütung einschließlich des darauf entfallenden pauschalierten Arbeitgeberanteils am Gesamtsozialversicherungsbeitrag nicht übersteigen. In begründeten Ausnahmefällen können Zuschüsse jeweils bis zur Höhe der Ausbildungsvergütung für das letzte Ausbildungsjahr erbracht werden.

! Der Zuschuss für die betriebliche Aus- oder Weiterbildung von Menschen mit Behinderungen und schwerbehinderten Menschen muss bei der Agentur für Arbeit beantragt werden. Dort müssen unter anderem der unterschriebene Aus- und Weiterbildungsvertrag und der Eintrag in das Verzeichnis der Ausbildungsverhältnisse vorgelegt werden.

6.3 Ausbildungsgeld für Azubis mit Behinderung

Ausbildungsgeld ist eine unterhaltssichernde Leistung. Menschen mit Behinderungen haben Anspruch auf Ausbildungsgeld während

- einer Berufsausbildung oder berufsvorbereitenden Bildungsmaßnahme einschließlich einer Grundausbildung,
- einer individuellen betrieblichen Qualifizierung im Rahmen der Unterstützten Beschäftigung und
- einer Maßnahme im Eingangsverfahren oder Berufsbildungsbereich einer Werkstatt für behinderte Menschen oder bei einem anderen Leistungsanbieter,

wenn Übergangsgeld nicht gezahlt werden kann (§ 122 SGB III).

Achtung: Nur wenn von der Agentur für Arbeit kein Übergangsgeld gezahlt werden kann, besteht Anspruch auf Ausbildungsgeld. Anspruch auf Übergangsgeld haben Menschen mit Behinderungen, wenn die Voraussetzung der Vorbeschäftigungszeit für das Übergangsgeld erfüllt ist. Zusätzlich müssen sie an einer Maßnahme der Berufsausbildung, der Berufsvorbereitung einschließlich einer wegen der Behinderung erforderlichen Grundausbildung, der individuellen betrieblichen Qualifizierung im Rahmen der Unterstützen Beschäftigung oder einer Maßnahme im Eingangsverfahren teilnehmen. Zulässig ist auch der Berufsbildungsbereich einer Werkstatt für behinderte Menschen oder bei einem anderen Leistungsanbieter oder eine Maßnahme der beruflichen Weiterbildung, für die besondere Leistungen erbracht werden (vgl. dazu 7.1.7).

Die Höhe des Ausbildungsgeldes hängt vom Bedarf und dem anzurechnenden Einkommen ab. Dabei spielen auch die Ausbildungsart bzw. Maßnahme sowie die Unterbringung des Antragstellers eine Rolle. Bei einer Berufsausbildung etwa entspricht der monatliche Bedarf bei Unterbringung im Haushalt der Eltern oder eines Elternteils dem Bedarf für Studierende zuzüglich des jeweils geltenden Bedarfs für die Unterkunft. Bei Unterbringung in einem Wohnheim, einem Internat oder einer besonderen Einrichtung für Menschen mit Behinderungen wird ein Bedarf von 133,– € monatlich zugrunde gelegt, wenn die Kosten für Unterbringung und Verpflegung von der Agentur für Arbeit oder einem anderen Leistungsträger übernommen werden. Unter Umständen wird noch Einkommen, das ein Mensch mit Behinderung erzielt, auf den Bedarf angerechnet. Allerdings bestehen bei Einkommen aus Waisenrenten und aus Einkommen der Eltern und des Ehegatten bestimmte Freibeträge.

Ausbildungsgeld wird ab dem Beginn der Teilnahme und längstens bis zum letzten Tag der Teilnahme an einer der oben genannten Maßnahmen gewährt (längstens jedoch für 18 Monate). Während Ferien- und Ausbildungszeiten besteht der Anspruch grundsätzlich weiter.

! Der Antrag auf Ausbildungsgeld ist bei der für den Wohnort des Menschen mit Behinderung zuständigen Agentur für Arbeit zu stellen. Der Antrag muss immer rechtzeitig vor Beginn einer Maßnahme gestellt werden.

6.4 Zuschüsse zu den Gebühren bei der Berufsausbildung besonders betroffener Jugendlicher und junger Erwachsener mit Schwerbehinderung

Arbeitgeber, die ohne Beschäftigungspflicht (vgl. dazu 8.2) besonders betroffene schwerbehinderte Menschen zur Berufsausbildung einstellen, können Zuschüsse zu den Gebühren der Handwerkskammern und Industrie- und Handelskammern, insbesondere Prüfungsgebühren bei der Berufsausbildung, erhalten (§ 26a Schwerbehinderten-Ausgleichsabgabeverordnung).

Zu den »besonders betroffenen« schwerbehinderten Menschen gehören solche

- die zur Ausübung der Beschäftigung wegen ihrer Behinderung nicht nur vorübergehend einer besonderen Hilfskraft bedürfen,
- deren Beschäftigung wegen ihrer Behinderung nicht nur vorübergehend mit außergewöhnlichen Aufwendungen für den Arbeitgeber verbunden ist,
- die wegen ihrer Behinderung nicht nur vorübergehend offensichtlich nur eine wesentlich verminderte Arbeitsleistung erbringen können,
- bei denen ein Grad der Behinderung von wenigstens 50 allein wegen geistiger oder seelischer Behinderung oder eines Anfallsleidens vorliegt oder
- die wegen Art oder Schwere der Behinderung keine abgeschlossene Berufsbildung haben.

Zu den zuschussfähigen Gebühren gehören unter anderem Abschluss- und Eintragungsgebühren, Prüfungsgebühren für Zwischen- und Abschlussprüfungen, Betreuungsgebühren für Auszubildende und Kosten für außerbetriebliche Ausbildungsabschnitte. Die Zuschüsse werden Arbeitgebern gewährt, die nicht der Beschäftigungspflicht unterliegen und besonders betroffene Jugendliche und junge Erwachsene mit Schwerbehinderung zur Berufsausbildung einstellen, die das 27. Lebensjahr noch nicht vollendet haben.

Die Höhe des Zuschusses richtet sich nach dem Einzelfall und kann bis zur vollen Höhe der nachgewiesenen Gebühren erbracht werden. Auch die Dauer der Bezuschussung ist einzelfallabhängig.

! Der Antrag auf den Zuschuss ist beim örtlich zuständigen Integrationsamt zu stellen.

6.5 Prämien und Zuschüsse zu den Kosten der Berufsausbildung Jugendlicher und junger Erwachsener mit Behinderung

Arbeitgeber können Prämien und Zuschüsse zu den Kosten der Berufsausbildung behinderter Jugendlicher und junger Erwachsener erhalten, die für die Zeit der Berufsausbildung schwerbehinderten Menschen gleichgestellt sind (§ 26b Schwerbehinderten-Ausgleichsabgabeverordnung). Gleichgestellt sind auch behinderte Jugendliche und junge Erwachsene, wenn der Grad der Behinderung weniger als 30 beträgt oder ein Grad der Behinderung nicht festgestellt ist. Der Nachweis der Behinderung wird durch eine Stellungnahme der Agentur für Arbeit oder durch einen Bescheid über Leistungen zur Teilhabe am Arbeitsleben erbracht.

Zu den Kosten einer Berufsausbildung gehören insbesondere

- Personalkosten der Ausbilder,
- Lehr- und Lernmaterial,
- Gebühren der Handwerkskammer bzw. der Industrie- und Handelskammer,
- Berufs- und Schutzkleidung,
- externe Ausbildung.

Die Leistungen zu den Kosten der Berufsausbildung sind unabhängig von den Zuschüssen, die die Agentur für Arbeit zu den Personalkosten des Auszubildenden gewährt (vgl. dazu 6.2). Die Höhe des Zuschusses zu den Kosten der Berufsausbildung richtet sich nach dem Einzelfall. Auch die Dauer der Bezuschussung ist einzelfallabhängig.

! Der Antrag auf den Zuschuss ist beim örtlich zuständigen Integrationsamt zu stellen.

6.6 Nachteilsausgleich bei Abschluss- und Gesellenprüfung

Prüfungsordnungen sollen die besonderen Verhältnisse behinderter Menschen berücksichtigen. Dies gilt insbesondere für die zeitliche und sachliche Gliederung der Ausbildung, die Dauer von Prüfungszeiten, die Zulassung von Hilfsmitteln und die Inanspruchnahme von Hilfeleistungen Dritter wie Gebärdensprachdolmetscher für hörbehinderte Menschen (§ 65 Berufsbildungsgesetz).

Nach den Empfehlungen des Hauptausschusses des Bundesinstituts für Berufsbildung können die Belange von Menschen mit Behinderung durch besondere Organisation und Gestaltung der Prüfung sowie Zulassung spezieller Hilfen berücksichtigt werden.

- Eine besondere Organisation der Prüfung kann dadurch erfolgen, dass die Prüfung ganz oder teilweise am eigenen Ausbildungsplatz stattfindet.
- Eine besondere Gestaltung der Prüfung kann durch Zeitverlängerung, angemessene Pausen, Änderung der Prüfungsformen oder zusätzliche Erläuterung der Prüfungsaufgaben erfolgen.
- Unter Zulassung spezieller Hilfen wird beispielsweise die Verwendung größerer Schriftbilder, die Anwesenheit einer Vertrauensperson, die Zulassung besonders konstruierter Apparaturen oder die Einschaltung eines Gebärdensprachdolmetschers verstanden.
- Ein Verzicht auf Pausenzeiten zwischen Prüfungsarbeiten ist nicht möglich.

! Der Prüfungsteilnehmer muss den Nachteilsausgleich im Zusammenhang mit der Prüfungsanmeldung beim Prüfungsausschuss beantragen. Dabei müssen die Behinderung und die daraus resultierende Beeinträchtigung konkret benannt und durch ein Attest eines Facharztes belegt werden. Durch den Facharzt wird oftmals eine Handlungsempfehlung für eine geeignete

Ausgleichsmaßnahme gegeben, ist aber nicht zwingend erforderlich. Der Prüfungsausschuss überprüft die Antragsunterlagen und teilt seine Entscheidung dem Teilnehmer vor Beginn des Prüfungsverfahrens schriftlich mit, ob und in welcher Form die individuelle Ausgleichsmaßnahme gewährt wird.

6.7 Nachteilsausgleiche für Studierende mit Behinderung

Studierende mit Behinderungen haben ein Recht darauf, diskriminierungsfrei und chancengleich zu studieren. Deshalb gibt es zahlreiche Nachteilsausgleiche, die den Studienverlauf, Prüfungen und die Finanzierung des Studiums betreffen.

6.7.1 Überschreiten der Altersgrenze bei Studienbeginn

Ausbildungsförderung nach dem Berufsausbildungsförderungsgesetz wird nicht geleistet, wenn Auszubildende des Ausbildungsabschnitts, für den sie Ausbildungsförderung beantragen, das 45. Lebensjahr vollendet haben (§ 10 BAföG). Die Altersgrenze kann überschritten werden, wenn eine Behinderung oder Krankheit ein Studium notwendig werden lassen oder eine Behinderung oder Krankheit eine rechtzeitige Studienaufnahme verhindern. Anspruch auf BAföG haben Studierende aber nur dann, wenn sie das Studium unverzüglich nach dem Wegfall der Hinderungsgründe oder dem Eintritt der Bedürftigkeit aufnehmen.

! Ob bei Ihnen eine Ausnahme von der Altersgrenze möglich ist, können Sie durch einen Antrag auf Vorabentscheidung rechtzeitig vor Aufnahme der Ausbildung klären lassen. Zuständig ist das Amt für Ausbildungsförderung, bei dem auch der BAföG-Antrag gestellt wurde.

6.7.2 Förderung über Förderungshöchstdauer hinaus

Ausbildungsförderung an Hochschulen wird grundsätzlich nur bis zum Ende der Förderungshöchstdauer geleistet. Diese entspricht der Regelstudienzeit. Über die Förderungshöchstdauer hinaus wird für eine angemessene Zeit Ausbildungsförderung geleistet, wenn sie wegen einer Behinderung überschritten worden und die Ausbildungsverzögerung ursächlich auf die Behinderung zurückzuführen ist (§ 15 Abs. 3 Nr. 5 BAföG).

! Der Verlängerungs-Antrag muss unverzüglich beim Amt für Ausbildungsförderung gestellt werden, und zwar vor Ende des aktuellen Bewilligungszeitraums. Als Nachweis der Behinderung kann der Schwerbehindertenausweis oder ein anderer geeigneter Nachweis (z.B. ein fachärztliches Gutachten, aus dem hervorgeht, dass eine Behinderung vorliegt) vorgelegt werden. Wird ein Antrag auf Förderung über die Förderungshöchstdauer wegen Behinderung oder Krankheit hinaus bewilligt, wird diese Förderung als Vollzuschuss gezahlt, muss also nicht zurückgezahlt werden.

6.7.3 Zusätzlicher Härtefreibetrag bei Einkommensermittlung

Für die Höhe der Ausbildungsförderung maßgebend sind nicht die dem Auszubildenden tatsächlich und individuell anfallenden konkreten Kosten, sondern ein abstrakter Bedarf, den ein Auszubildender nach der Vorstellung des Gesetzgebers typischerweise für Lebensunterhalt und Ausbildung benötigt. In diesem Zusammenhang kann das Einkommen des Ehegatten oder der Eltern des Auszubildenden den BAföG-Anspruch senken. Bei der Ermittlung des Einkommens dieser Personen kann ein zusätzlicher Härtefreibetrag berücksichtigt werden, wenn außergewöhnliche Zusatzaufwendungen belegt werden können, die durch eine Behinderung bedingt sind. Dadurch kann sich die Freibetragsgrenze unter Umständen erheblich zugunsten der Antragstellenden verschieben. Berücksichtigt werden nicht nur die Behinderungen der antragstellenden Studierenden, sondern auch die eines Elternteils oder eines anderen unterhaltsberechtigten Familienmitglieds. Trifft das auf mehrere Familienmitglieder zu, erhöht sich der Freibetrag entsprechend § 25 BAföG).

! Die Berücksichtigung außergewöhnlicher Belastungen aufgrund von Aufwendungen für Familienmitglieder mit Behinderungen muss beim Amt für Ausbildungsförderung beantragt und nachgewiesen werden. Der Antrag muss vor dem Ende des laufenden Bewilligungszeitraums gestellt werden.

6.7.4 Zusätzlicher Vermögensfreibetrag

Dem Auszubildenden wird neben seinem Einkommen auch sein Vermögen angerechnet. Maßgeblich ist das Vermögen zum Zeitpunkt des Antrags auf BAföG. Nicht angerechnet wird das Vermögen des Ehegatten und der Eltern des Auszubildenden.

Auch beim Vermögen gibt es anrechnungsfreie Beträge: Anrechnungsfrei bleiben (§ 29 BAföG)

- für Auszubildende, die das 30. Lebensjahr noch nicht vollendet haben, 15.000,– €, für Auszubildende, die das 30. Lebensjahr vollendet haben, 45.000,– €,
- für den Ehegatten oder Lebenspartner des Auszubildenden 2.300,– €,
- für jedes Kind des Auszubildenden 2.300,– €.

! Zur Vermeidung unbilliger Härten kann ein weiterer Teil des Vermögens anrechnungsfrei gestellt werden. Das ist der Fall, soweit das Vermögen zur Milderung der Folgen einer körperlichen oder seelischen Behinderung bestimmt ist. Ein Härtefall kann auch vorliegen, wenn ein angemessenes Kraftfahrzeug, das behindertengerecht umgebaut wurde, erforderlich ist, um das Studium durchführen zu können.

6.7.5 Prüfungserleichterungen

Besonders wichtig sind Nachteilsausgleiche in Prüfungssituationen. Der Vorsitzende des Prüfungsausschusses hat dafür zu sorgen, dass durch die Gestaltung der Prüfungsbedingungen eine Benachteiligung für Menschen mit Behinderung und chronisch Erkrankte ausgeglichen wird. Deshalb sind in den Prüfungsordnungen verschiedene Prüfungserleichterungen vorgesehen. Als Nachteilsausgleiche kommen insbesondere in Betracht

- Verlängerung der Schreibzeit und Verlängerung der Vorbereitungszeiten bei mündlichen Prüfungen,
- Prüfung in separaten Räumen mit eigener Aufsicht,
- Verlängerung der Bearbeitungsfristen von Haus- und Abschlussarbeiten,
- Änderung der Prüfungsform (z.B. Umwandlung von Hausarbeiten in Referate),
- Erlaubnis der Nutzung von technischen Hilfsmitteln und personeller Assistenz,
- Aufteilung von Studienleistungen in Einzelabschnitte,
- Einfluss des Studierenden auf Prüfungstermin (z.B. in Bezug auf Tageszeiten oder Wochentage, Ort, Sitzplatz),
- Entzerrung von Prüfungsballungen.

! Prüfungserleichterungen müssen rechtzeitig (am besten zu Beginn eines Semesters) beim Prüfungsausschuss bzw. beim Prüfungsamt beantragt werden. Vom Prüfungsausschuss können entsprechende Atteste und Nachweise verlangt werden.

6.7.6 Studiengangwechsel aus unabweisbarem Grund

Wer erst nach dem 4. Fachsemester das Studienfach wechseln will, muss zwingende Gründe vorbringen, um wie im Erststudium gefördert zu werden. Ein wichtiger Grund für einen Fachrichtungswechsel ist beispielsweise die mangelnde psychische oder körperliche Eignung.

! Ob eine andere Ausbildung dem Grunde nach überhaupt förderungsfähig ist, kann auch schon vor Beginn der Ausbildung durch Beantragung einer sogenannten Vorabentscheidung geklärt werden. Eine positive Entscheidung verschafft Auszubildenden dann eine gesicherte Rechtsposition, da die Entscheidung für den gesamten Ausbildungsabschnitt gilt.

6.7.7 Berücksichtigung der Behinderung bei der Darlehensrückzahlung

Bei dem Besuch von Höheren Fachschulen, Akademien und Hochschulen sowie bei der Teilnahme an einem Praktikum, das im Zusammenhang mit dem Besuch dieser Ausbildungsstätten steht, wird der monatliche Förderungsbetrag grundsätzlich zur Hälfte als Darlehen geleistet. Auch bei der Darlehensrückzahlung können Studierende mit Behinderungen und chronischen Krankheiten von Nachteilsausgleichen profitieren:

- Sie können einen Zahlungsaufschub beantragen, wenn ihr Einkommen bestimmte monatliche Sätze nicht übersteigt.
- Außerdem können sie die Berücksichtigung behinderungsbedingter erhöhter Aufwendungen als zusätzlichen Härtefreibetrag geltend machen. Dadurch erhöht sich der Freibetrag, bis zu dem man von der Rückzahlung freigestellt werden kann. Der Freistellungszeitraum liegt in der Regel bei einem Jahr und kann für maximal vier Monate auch rückwirkend beantragt werden.

6.8 Berufsausbildungshilfe

Berufsausbildungsbeihilfe von der Agentur für Arbeit können Auszubildende bekommen, wenn die berufliche Ausbildung oder die berufsvorbereitende Bildungsmaßnahme förderfähig ist. Darüber hinaus müssen sie zum förderfähigen Personenkreis gehören und die sonstigen persönlichen Fördervoraussetzungen erfüllen. Außerdem dürfen ihnen die erforderlichen Mittel zur Deckung des Lebensunterhalts, der Fahrtkosten, der sonstigen Aufwendungen sowie der Lehrgangskosten nicht anderweitig zur Verfügung stehen (§ 56 SGB III).

! Für Menschen mit Behinderung steht mit dem Ausbildungsgeld eine vergleichbare, in den Förderkonditionen aber verbesserte Unterstützungsleistung zur Verfügung (vgl. dazu 6.3).

6.8.1 Berechtigte

Anspruch auf Berufsausbildungshilfe bei einer betrieblichen oder außerbetrieblichen Berufsausbildung besteht, wenn der Auszubildende während der Berufsausbildung nicht bei seinen Eltern wohnen kann, weil der Ausbildungsbetrieb vom Elternhaus zu weit entfernt ist. Ist der Auszubildende über 18 Jahre alt oder verheiratet (oder war er dies) oder hat er mindestens ein Kind, kann er auch Berufsausbildungshilfe erhalten, wenn er in erreichbarer Nähe zum Elternhaus lebt (§ 60 SGB III).

Gefördert werden deutsche Staatsangehörige. Aber auch Ausländer können unter bestimmten Voraussetzungen Leistungen erhalten.

6.8.2 Förderfähige Ausbildung

Förderfähig sind eine betriebliche oder außerbetriebliche Ausbildung in einem anerkannten Ausbildungsberuf. Für die Ausbildung muss ein Ausbildungsvertrag abgeschlossen worden sein. Schulische Ausbildungen sowie berufliche Ausbildungen in Verbindung mit einem Studium sind nicht förderfähig. Unter bestimmten Bedingungen ist die Förderung von Bildungsmaßnahmen zum nachträglichen Erwerb eines Hauptschulabschlusses möglich.

Berufsausbildungsbeihilfe wird grundsätzlich nur für die erste Berufsausbildung geleistet. Eine zweite Berufsausbildung kann ausnahmsweise gefördert werden, wenn zu erwarten ist, dass eine berufliche Eingliederung dauerhaft auf andere Weise nicht erreicht werden kann und durch die zweite Berufsausbildung die berufliche Eingliederung erreicht wird (§ 57 BAföG).

6.8.3 Höhe

Die Höhe der Berufsausbildungsbeihilfe hängt ab

- vom Gesamtbedarf für die Ausbildung oder die berufsvorbereitende Bildungsmaßnahme und
- dem anzurechnenden Einkommen, wenn es sich um eine berufliche Ausbildung handelt.

Auch bei der Berufsausbildungsbeihilfe gelten die Bedarfssätze des BAföG. Außerdem werden Fahrtkosten und Pauschalen für Teilnahmegebühren an einem Fernunterricht berücksichtigt. Es werden das eigene Einkommen, das Einkommen der Eltern und das Einkommen des nicht dauernd getrennt lebenden Ehegatten angerechnet, soweit es die Freibeträge übersteigt. Die Regelungen sind mit den Anrechnungsvorschriften des BAföG weitgehend vergleichbar.

! Wer schnell und einfach prüfen will, ob und in welcher Höhe ihm eine Berufsausbildungsbeihilfe zusteht, kann den Rechner im Internet unter www.babrechner.arbeitsagentur.de nutzen.

6.8.4 Dauer der Leistungen

Anspruch auf Berufsausbildungsbeihilfe besteht solange, wie die Ausbildung oder die berufsvorbereitende Maßnahme dauert. Über den Anspruch wird in der Regel nicht für die gesamte Dauer, sondern in Bewilligungszeiträumen entschieden; das sind bei beruflicher Ausbildung 18 Monate, in anderen Fällen ein Jahr.

6.8.5 Antrag

Berufsausbildungsbeihilfe muss bei der örtlich zuständigen Agentur für Arbeit beantragt werden. Wichtig ist, den Antrag rechtzeitig und am besten vor Beginn der Ausbildung zu stellen. Wird die Berufsausbildungsbeihilfe erst nach Beginn der Ausbildung beantragt, wird sie rückwirkend längstens vom Beginn des Monats an geleistet, in dem die Leistungen beantragt worden sind.

6.9 Eingliederungshilfe für Menschen mit Behinderung zum Besuch einer Hochschule

Leistungen zur Teilhabe an Bildung umfassen auch Hilfen zur hochschulischen Ausbildung oder Weiterbildung für einen Beruf (§ 112 SGB IX). Die Hochschulförderung soll Menschen mit Behinderung helfen, eine ihren Fähigkeiten und Leistungen entsprechende hochschulische Aus- und Weiterbildung für einen Beruf zur Förderung ihrer Teilhabe am Leben in der Gesellschaft zu erlangen, indem Kosten für persönliche Hilfen und Sachmittel bezuschusst werden.

Achtung: Leistungen der Eingliederungshilfe zum Besuch einer Hochschule werden nur dann gewährt, wenn kein anderer Träger (z.B. die Agentur für Arbeit oder der Rentenversicherungsträger) zuständig ist und die Einkommensgrenzen der Eingliederungshilfe nicht überschritten werden.

Hochschulhilfen können als Hilfe zur hochschulischen (Erst-)Ausbildung oder hochschulischen beruflichen Weiterbildung nach abgeschlossener beruflicher oder (hoch)schulischer Erstausbildung erbracht werden. Leistungen für eine hochschulische berufliche Weiterbildung werden nur erbracht, wenn

- die Weiterbildung in einem zeitlichen Zusammenhang an eine duale, schulische oder hochschulische Erstausbildung anschließt,
- in dieselbe Fachrichtung weiterführt und
- sie dem Leistungsberechtigten ermöglicht, das von ihm angestrebte Berufsziel zu erreichen.

Hilfen für ein Masterstudium werden auch erbracht, wenn das Masterstudium auf ein zuvor abgeschlossenes Bachelorstudium aufbaut und dieses interdisziplinär ergänzt, ohne in dieselbe Fachrichtung weiterzuführen. Die Förderung einer hochschulischen Zweitausbildung ist möglich, wenn diese aus behinderungsbedingten Gründen erforderlich ist.

Dauer und Umfang der Förderung richten sich nach dem Einzelfall, insbesondere auch nach der Art und Ausprägung der jeweiligen Behinderung, dem gewählten Studiengang sowie dem Standort und der Ausstattung der Hochschule. Gefördert werden können beispielsweise die Unterbringung in einem Wohnheim, die Versorgung mit erforderlichen Hilfsmitteln, Fahrtkosten und Studienhelfer.

6.10 Ausbildung in einem Berufsbildungswerk

Eine Ausbildung kann in einem Berufsbildungswerk als besondere Einrichtung, die speziell auf die Bedürfnisse von Menschen mit Behinderung ausgerichtet ist, absolviert werden, soweit Art und Schwere der Behinderung oder die Sicherung des Erfolgs die besonderen Hilfen dieser Einrichtungen erforderlich machen (§ 51 SGB IX). Art und Schwere der Behinderung können Hilfen durch ein Berufsbildungswerk insbesondere erforderlich machen, wenn im Betrieb das für eine erfolgreiche Bildung behinderter Menschen notwendige Fachpersonal nicht vorhanden ist oder die betrieblichen Abläufe es nicht gestatten, Leistungen der Teilhabe dort mit hinreichenden Erfolgsaussichten zu erbringen.

Berufsbildungswerke sind als Einrichtungen der beruflichen Rehabilitation für die Berufsvorbereitung und erstmalige Berufsausbildung insbesondere junger Menschen mit Behinderung zuständig. Zu diesem Zweck bieten die Berufsbildungswerke spezielle berufsvorbereitende Maßnahmen an, die die persönliche und fachliche Eignung der Menschen mit Behinderung ermitteln, fördern und verbessern können. Hauptziel ist die Eingliederung der behinderten Jugendlichen in den allgemeinen Arbeitsmarkt. Weitere Ziele sind die persönliche, soziale und gesellschaftliche Integration. Getragen werden die Berufsbildungswerke in der Regel von gemeinnützigen Organisationen (z.B. Caritas, Diakonisches Werk). Die Kosten der Ausbildung trägt bei Vorliegen der Voraussetzungen die Agentur für Arbeit (vgl. dazu 6.3).

7 Leistungen im Berufs- und Arbeitsleben

Das Wichtigste in Kürze

- **Arbeitsassistenz:** Schwerbehinderte Menschen haben Anspruch auf Übernahme der Kosten einer notwendigen Arbeitsassistenz, damit sie ihre arbeitsvertraglichen Verpflichtungen erfüllen können.
- **Technische Arbeitshilfen:** Für die Beschaffung technischer Arbeitshilfen, ihre Wartung, Instandsetzung und die Ausbildung des schwerbehinderten Menschen im Gebrauch können die Kosten bis zur vollen Höhe übernommen werden.
- **Hilfen zur Qualifizierung:** Schwerbehinderte Menschen, die an inner- oder außerbetrieblichen Maßnahmen der beruflichen Bildung zur Erhaltung und Erweiterung ihrer beruflichen Kenntnisse und Fertigkeiten oder zur Anpassung an die technische Entwicklung teilnehmen, vor allem an besonderen Fortbildungs- und Anpassungsmaßnahmen, die nach Art, Umfang und Dauer den Bedürfnissen dieser schwerbehinderten Menschen entsprechen, können Zuschüsse bis zur Höhe der ihnen durch die Teilnahme an diesen Maßnahmen entstehenden Aufwendungen erhalten.
- **Hilfen zur Gründung und Erhaltung einer beruflichen Existenz:** Schwerbehinderte Menschen können Darlehen oder Zinszuschüsse zur Gründung und zur Erhaltung einer selbständigen beruflichen Existenz erhalten, wenn sie die erforderlichen persönlichen und fachlichen Voraussetzungen für die Ausübung der Tätigkeit erfüllen und sie ihren Lebensunterhalt durch die Tätigkeit voraussichtlich auf Dauer im Wesentlichen sicherstellen können.
- **Hilfen zum Erreichen des Arbeitsplatzes:** Das Integrationsamt kann Leistungen zum Erreichen des Arbeitsplatzes als begleitende Hilfe im Arbeitsleben aus den zur Verfügung stehenden Mitteln der Ausgleichsabgabe an schwerbehinderte Menschen und gleichgestellte behinderte Menschen erbringen.

- **Hilfen zur Beschaffung, Ausstattung und Erhaltung einer behinderungsgerechten Wohnung:** Schwerbehinderte Menschen können Leistungen zur Beschaffung von behinderungsgerechtem Wohnraum, zur Anpassung von Wohnraum und seiner Ausstattung an die besonderen behinderungsbedingten Bedürfnisse und zum Umzug in eine behinderungsgerechte oder erheblich verkehrsgünstiger zum Arbeitsplatz gelegene Wohnung erhalten. Leistungen können als Zuschüsse, Zinszuschüsse oder Darlehen erbracht werden.
- **Übergangsgeld:** Menschen mit Behinderung haben bei der Teilnahme an bestimmten Maßnahmen (z.B. Berufsausbildung, Berufsvorbereitung einschließlich einer wegen der Behinderung erforderlichen Grundausbildung) unter Umständen Anspruch auf Übergangsgeld.
- **Unterstütze Beschäftigung:** Die unterstützte Beschäftigung ist eine Alternative zur Arbeit in einer Werkstatt für Menschen mit Behinderung. Sie umfasst eine individuelle betriebliche Qualifizierung und bei Bedarf Berufsbegleitung.
- **Jobcoaching:** Durch das sogenannte Jobcoaching als Leistung zur Teilhabe am Arbeitsleben werden Menschen mit Schwerbehinderung in Betrieben des allgemeinen Arbeitsmarkts individuell und unmittelbar unterstützt. Es werden relevante arbeitsbezogene Kenntnisse und Fähigkeiten und die damit verbundenen Schlüsselqualifikationen trainiert, um einen Arbeitsplatz zu erhalten oder zu sichern.

Neben den Nachteilsausgleichen (vgl. dazu 8.) haben Menschen mit Behinderungen Anspruch auf eine Reihe von Leistungen des Integrationsamts, die ihre Teilhabe am Berufs- und Arbeitsleben stärken sollen. Die Hilfen betreffen insbesondere die Unterstützung am Arbeitsplatz und finanzielle Leistungen. Unterstützung im Arbeits- und Berufsleben erfahren neben den Menschen mit Behinderungen auch Arbeitgeber.

Leistungen zur Teilhabe am Arbeitsleben werden auch von Rehabilitationsträgern erbracht. Unter Umständen sind die Leistungen des Integrationsamts gegenüber denen der Rehabilitationsträger nachrangig.

- Die **Rentenversicherungsträger** sind zuständig für schwerbehinderte Menschen, die zum Zeitpunkt der Antragstellung bereits 180 Beitragsmonate erbracht haben bzw. eine Rente wegen verminderter Erwerbsfähigkeit beziehen. Leistungen zur Teilhabe am Arbeitsleben werden an Versicherte auch erbracht, wenn ohne diese Leistungen Rente wegen verminderter Erwerbsfähigkeit zu leisten wäre oder wenn sie für eine voraussichtlich erfolgreiche Rehabilitation unmittelbar im Anschluss an eine medizinische Rehabilitationsmaßnahme erforderlich sind.
- Die **Agentur für Arbeit** ist für Leistungen zur Teilhabe am Arbeitsleben von Menschen mit Behinderungen, schwerbehinderten Menschen oder diesen Gleichgestellten zuständig, deren Eingliederungsaussichten wegen Art und Schwere der Behinderung nicht nur vorübergehend wesentlich gemindert sind und die deshalb Hilfen zur Teilhabe am Arbeitsleben benötigen. Die Agentur für Arbeit ist auch Rehabilitationsträger für die Leistungen zur Teilhabe am Arbeitsleben für erwerbsfähige Leistungsberechtigte mit Behinderungen. Voraussetzung für Leistungsberechtigte beider Rechtskreise ist, dass kein anderer Rehabilitations- bzw. Leistungsträger zuständig ist.
- Die **gesetzliche Unfallversicherung** erbringt bei Zuständigkeit alle Leistungen der medizinischen Rehabilitation und der beruflichen und sozialen Teilhabe. Nach einem Versicherungsfall (Arbeitsunfall, Berufskrankheit, drohenden Berufskrankheit) haben Versicherte unter anderem Anspruch auf Leistungen zur Teilhabe am Arbeitsleben.

Bei allen Fragen rund um die Beschäftigung von schwerbehinderten Menschen steht der Integrationsfachdienst als Ansprechpartner zur Verfügung. Zu den Aufgaben des Integrationsfachdienstes gehört es,

- die Fähigkeiten der zugewiesenen schwerbehinderten Menschen zu bewerten und einzuschätzen und dabei ein individuelles Fähigkeits-, Leistungs- und Interessenprofil zur Vorbereitung auf den allgemeinen Arbeitsmarkt in enger Kooperation mit den schwerbehinderten Menschen, dem Auftraggeber und der abgebenden Einrichtung der schulischen oder beruflichen Bildung oder Rehabilitation zu erarbeiten,
- die betriebliche Ausbildung schwerbehinderter, insbesondere seelisch und lernbehinderter Jugendlicher zu begleiten,
- die schwerbehinderten Menschen auf die vorgesehenen Arbeitsplätze vorzubereiten,
- die schwerbehinderten Menschen, solange erforderlich, am Arbeitsplatz oder beim Training der berufspraktischen Fähigkeiten am konkreten Arbeitsplatz zu begleiten,
- mit Zustimmung des schwerbehinderten Menschen die Mitarbeiter im Betrieb oder in der Dienststelle über Art und Auswirkungen der Behinderung und über entsprechende Verhaltensregeln zu informieren und zu beraten, in Zusammenarbeit mit den Rehabilitationsträgern und den Integrationsämtern die für den schwerbehinderten Menschen benötigten Leistungen zu klären und bei der Beantragung zu unterstützen.

> **!** Den zuständigen Integrationsfachdienst vor Ort finden Sie unter www.bih.de/integrationsaemter/kontakt/.

7.1 Leistungen an Menschen mit Behinderungen

Menschen mit Behinderungen in das Arbeitsleben einzugliedern, ist die Hauptaufgabe der Inklusions- und Integrationsämter.

7.1.1 Arbeitsassistenz

Schwerbehinderte Menschen haben einen Rechtsanspruch auf Übernahme der Kosten einer notwendigen Arbeitsassistenz, damit sie ihre arbeitsvertraglichen Verpflichtungen erfüllen können (§ 185 Abs. 5 SGB IX). Die Arbeitsassistenz soll Menschen, die aufgrund ihrer Behinderung eine Hilfestellung bei der Ausführung der Arbeiten benötigen, ansonsten aber in der Lage sind, ihre arbeitsvertraglichen Pflichten zu erfüllen, die Teilhabe am Arbeitsleben ermöglichen. Der schwerbehinderte Mensch muss also selbst über die am Arbeitsplatz geforderten fachlichen Qualifikationen verfügen. Die Arbeitsassistenz übernimmt nicht die Hauptinhalte der von dem schwerbehinderten Menschen zu erbringenden Arbeitsleistung. Sie kommt in Betracht, wenn eine nicht nur gelegentliche, regelmäßige Unterstützung bei der Arbeitsausführung notwendig ist.

Voraussetzung für eine Arbeitsassistenz ist, dass

- eine Schwerbehinderung oder eine Gleichstellung mit Menschen mit Schwerbehinderung vorliegt,
- regelmäßiger und dauerhafter Unterstützungsbedarf in erheblichem Umfang besteht,
- die Kerntätigkeiten vom schwerbehinderten Arbeitnehmer selbst erbracht werden können und von der Arbeitsassistenz lediglich Hilfstätigkeiten erbracht werden müssen (z.B. Vorlesen, Botengänge),
- weder die behindertengerechte Arbeitsgestaltung (z.B. mit technischen Hilfsmitteln) noch eine vom Arbeitgeber bereitgestellte Assistenz (z.B. Hilfe durch einen Kollegen) ausreichen, damit der schwerbehinderte Arbeitnehmer seine Tätigkeit ausführen kann,
- die Beschäftigung mindestens 15 Wochenstunden bzw. in Inklusionsbetrieben mindestens zwölf Wochenstunden umfasst.

Arbeitsassistenz kann auf zwei verschiedene Arten realisiert werden:

- **Arbeitgebermodell:** In diesem Fall sucht sich der schwerbehinderte Mensch seine Assistenz selbst aus, beschäftigt sie und wird somit zum Arbeitgeber.
- **Dienstleistungsmodell:** Der Assistenznehmer beauftragt einen Anbieter von Assistenzdienstleistungen, bezahlt aber auch dann die Arbeitsassistenz selbst.

! Die Kostenübernahme für eine Arbeitsassistenz muss beim örtlich zuständigen Integrationsamt beantragt werden. Liegen die gesetzlichen Voraussetzungen vor, besteht ein Rechtsanspruch auf Arbeitsassistenz. Leistungen können in dem Umfang erbracht werden, der zur Finanzierung des notwendigen Bedarfs an Arbeitsassistenz erforderlich ist.

7.1.2 Technische Arbeitshilfen

Für die Beschaffung technischer Arbeitshilfen, ihre Wartung, Instandsetzung und die Ausbildung des schwerbehinderten Menschen im Gebrauch können die Kosten bis zur vollen Höhe übernommen werden. Gleiches gilt für die Ersatzbeschaffung und die Beschaffung zur Anpassung an die technische Weiterentwicklung (§ 19 Schwerbehinderten-Ausgleichsabgabenverordnung).

Technische Arbeitshilfen sind Vorrichtungen und Geräte, die einen Arbeitsplatz behinderungsgerecht ausstatten, um behinderungsbedingte Nachteile auszugleichen. In Betracht kommen **persönliche Hilfsmittel** (z.B. orthopädische Sicherheitsschuhe) oder **mobile technische Arbeitshilfen** (z.B. Sitzhilfen), die Menschen mit Behinderungen als Leistung zur Teilhabe oder im Rahmen der Begleitenden Hilfe im Arbeitsleben benötigen, um eine dauerhafte Eingliederung zu erreichen und zu sichern. Technische Arbeitshilfen werden am Arbeitsplatz installiert, ausschließlich dort benutzt und sind auf die persönlichen Bedürfnisse der behinderten Beschäftigten zugeschnitten.

Die Kostenübernahme setzt voraus, dass die technischen Arbeitsmittel ausschließlich zur Berufsausübung am Arbeitsplatz benötigt werden. Zur Berufsausübung gehören auch die berufliche Ausbildung und die berufliche Weiterbildung. Die Hilfen müssen aufgrund gesundheitlicher Beeinträchtigungen erforderlich sein und dabei die Folgeerscheinungen einer Behinderung ausschließlich für die Verrichtung bestimmter beruflicher Tätigkeiten oder die Durchführung anderer Leistungen zur Teilhabe am Arbeitsleben ausgleichen.

Für eine ergonomisch zeitgemäße Ausstattung des Arbeitsplatzes ist der Arbeitgeber aufgrund der Arbeitsschutzbestimmungen verantwortlich. Eine Leistungsverpflichtung durch einen Rehabilitationsträger besteht insoweit nicht. Nur für eine – über die Arbeitgeberverpflichtung hinausgehende – behinderungsbedingte individuelle Arbeitsplatzausstattung kann das Integrationsamt oder ein Rehabilitationsträger bei Vorliegen der übrigen Voraussetzungen zuständig sein. Die Förderung kommt mithin nicht in Betracht, wenn hierfür von vornherein eine Verpflichtung des Arbeitgebers besteht (z.B. bei einer Bildschirmarbeitsbrille).

! Für die Beschaffung technischer Arbeitshilfen sind vorrangig die Rehabilitationsträger (z.B. Agentur für Arbeit, Krankenversicherung, Rentenversicherung) zuständig. Das Integrationsamt kann im Rahmen der begleitenden Hilfe im Arbeitsleben finanzielle Leistungen aus der Ausgleichsabgabe gewähren. Die Bezuschussung erfolgt je nach Einzelfall entweder an den Menschen mit Schwerbehinderung selbst oder an seinen Arbeitgeber.

7.1.3 Hilfen zur Teilnahme an Maßnahmen zur Erhaltung und Erweiterung beruflicher Kenntnisse und Fertigkeiten (Qualifizierung)

Schwerbehinderte Menschen, die an inner- oder außerbetrieblichen Maßnahmen der beruflichen Bildung zur Erhaltung und Erweiterung ihrer beruflichen Kenntnisse und Fertigkeiten oder zur Anpassung an die technische Entwicklung teilnehmen, können Zuschüsse bis zur Höhe der ihnen durch die Teilnahme an diesen Maßnahmen entstehenden Aufwendungen erhalten. Dies gilt vor allem bei besonderen Fortbildungs- und Anpassungsmaßnahmen, die nach Art, Umfang und Dauer den Bedürfnissen dieser schwerbehinderten Menschen entsprechen. Hilfen können auch zum beruflichen Aufstieg erbracht werden (§ 24 Schwerbehinderten-Ausgleichsabgabenverordnung).

Förderfähig sind Maßnahmen zur berufs- bzw. tätigkeitsbegleitenden Anpassungsfortbildung. Es handelt sich um Qualifizierungsmaßnahmen, die durch eine Veränderung oder Erweiterung der betrieblichen oder dienstlichen Anforderungen an den schwerbehinderten Beschäftigten erforderlich werden. Hilfen können auch zum beruflichen Aufstieg erbracht werden. Leistungen sind auch an schwerbehinderte Menschen möglich, die eine selbstständige Tätigkeit ausüben oder aufzunehmen beabsichtigen. In jedem Fall ist Voraussetzung für die Leistung, dass der schwerbehinderte Mensch für die mit der fraglichen beruflichen Qualifizierungsmaßnahme angestrebte bzw. zu sichernde Tätigkeit grundsätzlich geeignet ist und voraussichtlich mit Erfolg an der zu fördernden Maßnahme teilzunehmen vermag. Nicht förderfähig sind Maßnahmen der Erstausbildung und Maßnahmen der beruflichen Umschulung sowie Zweitausbildungen. Hier liegt die Zuständigkeit in der Regel beim Rehabilitationsträger (z.B. der Agentur für Arbeit).

Förderfähig sind insbesondere behinderungsbedingte Aufwendungen. Dabei handelt es sich um Veranstaltungen, die nach Art, Umfang und Dauer in besonderer Weise den Bedürfnissen schwerbehinderter Menschen entsprechen, weil sie für eine bestimmte Gruppe schwerbehinderter Menschen (z.B. gehörlose oder blinde Menschen) konzipiert sind. Zu den behinderungsbedingten Aufwendungen gehören insbesondere:

- Dolmetscherkosten
- Sachkosten (z.B. Unterrichtsmaterial), sofern sie wegen der Behinderung zusätzlich anfallen,
- Fahrtkosten und Kosten der Unterkunft, sofern aufgrund der Behinderung keine näher gelegene Fortbildungsmöglichkeit besteht und
- Kosten einer behinderungsbedingt erforderlichen Begleitperson.

Neben den behinderungsbedingten Aufwendungen können bei Veranstaltungen, die für eine bestimmte Gruppe schwerbehinderter Menschen konzipiert sind, auch die allgemeinen Teilnahmegebühren bzw. Lehrgangskosten übernommen werden.

Die Leistung wird als Zuschuss erbracht. Der Zuschuss kann bis zur Höhe der durch die Teilnahme an einer Maßnahme entstehenden Aufwendungen erfolgen. Er bestimmt sich nach Art und Notwendigkeit der Maßnahme.

Achtung: Die Förderung durch das Integrationsamt kommt nur in Betracht, soweit Leistungen für denselben Zweck nicht von einem Rehabilitationsträger (z.B. Deutsche Rentenversicherung, Agentur für Arbeit) oder vom Arbeitgeber erbracht werden. Schwerbehinderte Beschäftigte sind vom Arbeitgeber in alle Qualifizierungsmaßnahmen einzubeziehen, die er seinen Beschäftigten anbietet. Die Kosten sind von ihm auch für die schwerbehinderten Beschäftigten zu tragen. Behinderungsbedingte Mehraufwendungen können erstattet werden.

! Zuschüsse für Qualifizierungsmaßnahmen müssen beim örtlich zuständigen Integrationsamt beantragt werden. Der Antrag muss grundsätzlich vor Beginn der Maßnahme gestellt werden.

7.1.4 Hilfen zur Gründung und Erhaltung einer selbstständigen beruflichen Existenz

Schwerbehinderte Menschen können Darlehen oder Zinszuschüsse zur Gründung und zur Erhaltung einer selbstständigen beruflichen Existenz erhalten, wenn

- sie die erforderlichen persönlichen und fachlichen Voraussetzungen für die Ausübung der Tätigkeit erfüllen,
- sie ihren Lebensunterhalt durch die Tätigkeit voraussichtlich auf Dauer im Wesentlichen sicherstellen können und
- die Tätigkeit unter Berücksichtigung von Lage und Entwicklung des Arbeitsmarkts zweckmäßig ist (§ 21 Schwerbehinderten-Ausgleichsabgabenverordnung).

Leistungen zur Deckung der laufenden Betriebskosten oder der Lebenshaltung werden nicht gewährt.

Für die Existenzgründung werden zinsfreie Darlehen angeboten. Diese müssen mit mindestens 10 % jährlich getilgt werden. Im Jahr der Auszahlung und dem darauffolgenden Jahr kann von der Tilgung absehen werden. Zur Sicherung der Darlehensrückzahlung können grundbuchrechtliche Sicherheiten, Verpfändungen, Sicherungsübereignungen oder Bürgschaften verlangt werden. Als Alternative zum Darlehen können Existenzgründer einen Zinszuschuss für ein erhalten.

Darlehen und Zinszuschüsse im Rahmen der Gründung einer selbstständigen beruflichen Existenz müssen beim örtlich zuständigen Integrationsamt beantragt werden. Der Antrag muss vor Beginn der Maßnahme gestellt werden.

! Über Darlehen und Zinszuschüsse können Existenzgründer weitere Leistungen als begleitende Hilfen erhalten, beispielsweise technische Arbeitshilfen, eine Arbeitsassistenz. Qualifizierungsmaßnahmen, Wohnungshilfen und Kraftfahrzeughilfe.

7.1.5 Hilfen zum Erreichen des Arbeitsplatzes

Das Integrationsamt kann auf der Grundlage der Kraftfahrzeughilfe-Verordnung Leistungen zum Erreichen des Arbeitsplatzes als begleitende Hilfe im Arbeitsleben aus den zur Verfügung stehenden Mitteln der Ausgleichsabgabe an schwerbehinderte Menschen und gleichgestellte behinderte Menschen erbringen (§ 20 Schwerbehinderten-Ausgleichsabgabenverordnung). Kraftfahrzeughilfe wird gewährt für

- die Beschaffung eines Kraftfahrzeugs,
- eine behinderungsgerechte Zusatzausstattung,
- zur Erlangung eines Führerscheins.

Leistungen der Kraftfahrzeughilfe setzen voraus, dass der schwerbehinderte Mensch wegen seiner Behinderung nicht nur vorübergehend auf die Benutzung eines Kraftfahrzeuges angewiesen ist, um seinen Arbeits- oder Ausbildungsort oder den Ort einer sonstigen

Maßnahme der beruflichen Bildung zu erreichen und er ein Kraftfahrzeug führen kann oder gewährleistet ist, dass ein Dritter das Kraftfahrzeug für ihn führt. Wegen der Einzelheiten vgl. 4.5.

Achtung: Das Integrationsamt ist sachlich nur für schwerbehinderte Beamte und selbstständig tätige schwerbehinderte Menschen zuständig, sofern diese keinen Anspruch gegen einen vorrangig verpflichteten Leistungsträger (z.B. Agentur für Arbeit, gesetzliche Rentenversicherung, Berufsgenossenschaft, berufsständische Versorgungswerke) erworben haben (vgl. dazu 2.).

» Der selbstständig tätige schwerbehinderte Simon Kaiser hat bei Erfüllung der persönlichen Voraussetzungen unabhängig von der Erfüllung der Wartezeit von 15 Jahren Anspruch auf Leistungen zur Teilhabe am Arbeitsleben gegen die Deutsche Rentenversicherung unmittelbar im Anschluss an eine medizinische Reha-Maßnahme. Leistungen des Integrationsamts sind damit ausgeschlossen.

7.1.6 Hilfen zur Beschaffung, Ausstattung und Erhaltung einer behinderungsgerechten Wohnung

Schwerbehinderte Menschen können Leistungen erhalten

- zur Beschaffung von behinderungsgerechtem Wohnraum,
- zur Anpassung von Wohnraum und seiner Ausstattung an die besonderen behinderungsbedingten Bedürfnisse und
- zum Umzug in eine behinderungsgerechte oder erheblich verkehrsgünstiger zum Arbeitsplatz gelegene Wohnung (§ 22 Schwerbehinderten-Ausgleichsabgabenverordnung).

Leistungen können als Zuschüsse, Zinszuschüsse oder Darlehen erbracht werden. Höhe, Tilgung und Verzinsung bestimmen sich nach den Umständen des Einzelfalls. Zinslose Darlehen können gewährt werden für den Bau oder Erwerb von Eigenheimen oder Eigentumswohnungen, wenn Größe und Ausstattung den Wohnbauförderungsvoraussetzungen entsprechen und Zugang, bauliche Gestaltung, Ausstattung und Lage behinderungsgerecht sind. Die Förderung der Anpassung von Wohnraum an die besonderen behinderungsbedingten Bedürfnisse setzt voraus, dass dadurch der schwerbehinderte Mensch in die Lage versetzt wird, seinen Arbeitsplatz ohne fremde Hilfe zu erreichen. Für den Umzug in eine behinderungsgerechte oder erheblich verkehrsgünstiger zum Arbeitsplatz gelegene Wohnung kann ein Zuschuss bis zur Höhe der entstehenden notwendigen Kosten geleistet werden.

Achtung: Wohnungshilfen werden auf Antrag einer Person mit Schwerbehinderung erbracht. Der Antrag muss vor Beginn der Maßnahme bzw. vor Vertragsabschluss gestellt werden. Eine nachträgliche Bewilligung ist nicht möglich. Das Integrationsamt kann nur für Selbstständige und für Beamte, für die kein anderer Rehabilitationsträger zuständig ist, Wohnungshilfe gewähren. Für alle anderen schwerbehinderten Menschen ist der Kostenträger der Rehabilitation (z.B. der Renten- oder Unfallversicherung) zuständig. Wegen der Einzelheiten vgl. 3.2.2.

7.1.7 Übergangsgeld

Übergangsgeld wird als besondere Leistung zur Förderung der beruflichen Eingliederung von Menschen mit Behinderungen nachrangig gegenüber den allgemeinen Leistungen erbracht. Es ist eine Leistung der aktiven Arbeitsförderung.

! Übergangsgeld muss bei der örtlich zuständigen Agentur für Arbeit beantragt werden.

Voraussetzungen

Menschen mit Behinderung haben Anspruch auf Übergangsgeld, wenn die Vorbeschäftigungszeit für das Übergangsgeld erfüllt ist und sie an einer der folgenden Maßnahmen teilnehmen:

- Berufsausbildung,
- Berufsvorbereitung einschließlich einer wegen der Behinderung erforderlichen Grundausbildung,
- individuelle betriebliche Qualifizierung im Rahmen der unterstützten Beschäftigung,
- Maßnahmen im Eingangsverfahren oder Berufsbildungsbereich von Werkstätten für behinderte Menschen oder bei einem anderen Leistungsanbieter oder
- berufliche Weiterbildung (§ 119 SGB III).

Die Voraussetzung der Vorbeschäftigungszeit für das Übergangsgeld ist erfüllt, wenn der Mensch mit Behinderung innerhalb der letzten drei Jahre vor Beginn der Teilnahme mindestens zwölf Monate in einem Versicherungspflichtverhältnis gestanden hat oder die Voraussetzungen für einen Anspruch auf Arbeitslosengeld erfüllt und Leistungen beantragt hat. Der Zeitraum von drei Jahren gilt nicht für Berufsrückkehrende mit Behinderungen (§ 120 SGB III).

Ohne Vorbeschäftigungszeit kann ein Mensch mit Behinderungen nur in Ausnahmefällen Übergangsgeld erhalten.

Höhe

Menschen mit Behinderungen, die nur allgemeine Leistungen erhalten und während der Teilnahme an einer der oben genannten Maßnahmen keinen Anspruch auf Arbeitslosengeld bei beruflicher Weiterbildung haben, erhalten Übergangsgeld in Höhe des Arbeitslosengeldes.

Dauer des Anspruchs

Übergangsgeld wird für die Dauer der vorgesehenen Maßnahme bzw. konkret für die Zeit der Teilnahme gewährt. Die Teilnahme beginnt mit der tatsächlichen Durchführung der Maßnahme, das heißt mit ihrem Antritt. Eine Maßnahme bzw. die Teilnahme endet mit dem Tag der Bekanntgabe des Prüfungsergebnisses. Findet keine Abschlussprüfung statt, endet die Maßnahme mit dem letzten Tag der Unterweisung.

7.1.8 Persönliches Budget

Mit dem »Persönlichen Budget« werden Leistungen zur Teilhabe in Form von Geldleistungen und in eigener Verantwortung erbracht, um Menschen mit Behinderung ein selbstbestimmtes Leben zu ermöglichen. Das »Persönliche Budget« wird von den beteiligten Leistungsträgern trägerübergreifend in einem einzigen Budget erbracht. Als Leistungsträger kommen die Krankenkasse, Pflegekasse, der Rentenversicherungs-, Unfallversicherungs-, Jugendhilfe- und Sozialhilfeträger, das Integrationsamt und die Agentur für Arbeit in Betracht. Der behinderte Mensch kann durch das »Persönliche Budget« entscheiden, wie er das Budget zur Deckung seines Bedarfs einsetzt. Vgl. dazu auch 2.7.

Budgetfähige Leistungen des Integrationsamts sind Leistungen

- für eine Arbeitsassistenz, die mit Handreichungen am Arbeitsplatz die Beschäftigung unterstützt,
- für technische Arbeitshilfen (z.B. eine Braillezeile für einen blinden Menschen),
- zur beruflichen Weiterbildung (z.B. berufsbegleitende Qualifizierungsmaßnahmen, die sich über einen längeren Zeitraum erstrecken),
- für Einarbeitungshilfen (z.B. in Form eines Arbeitstrainings durch externe Fachkräfte).

Achtung: Nicht budgetfähig sind vor allem einmalige Leistungen, die in die Organisations- und Eigentumsrechte des Arbeitgebers eingreifen, beispielsweise die behinderungsgerechte Gestaltung von Arbeitsräumen durch den Bau einer Rampe oder eine besondere Arbeitsplatzausstattung durch eine spezielle Maschine.

7.1.9 Unterstützte Beschäftigung

Die unterstützte Beschäftigung ist eine Alternative zur Arbeit in einer Werkstatt für Menschen mit Behinderung. Sie dient der individuellen betrieblichen Qualifizierung, Einarbeitung und Begleitung in einem sozialversicherungspflichtigen Beschäftigungsverhältnis des allgemeinen Arbeitsmarkts (§ 55 SGB IX). Mehr Menschen mit Behinderung sollen die Möglichkeit haben, außerhalb von Werkstätten für behinderte Menschen zu arbeiten.

Unterstützte Beschäftigung umfasst eine individuelle betriebliche Qualifizierung und bei Bedarf Berufsbegleitung.

Individuelle berufliche Qualifizierung

Begonnen wird mit einer individuellen betrieblichen Qualifizierung. Diese findet in Betrieben oder Dienststellen des allgemeinen Arbeitsmarktes statt. Leistungen zur individuellen betrieblichen Qualifizierung erhalten Menschen mit Behinderungen insbesondere, um sie für geeignete betriebliche Tätigkeiten zu erproben, auf ein sozialversicherungspflichtiges Beschäftigungsverhältnis vorzubereiten und bei der Einarbeitung und Qualifizierung auf einem betrieblichen Arbeitsplatz zu unterstützen.

Die individuelle berufliche Qualifizierung umfasst drei Phasen:

- **Einstiegsphase:** Es erfolgt eine berufliche Orientierung und Erprobung und es werden Qualifizierungsplätze gesucht.
- **Qualifizierungsphase:** Es erfolgen eine unterstützte Einarbeitung und Qualifizierung im Betrieb, damit ein passender Arbeitsplatz geschaffen werden kann.

- **Stabilisierungsphase:** Die Kompetenzen und Fertigkeiten im betrieblichen Alltag werden zur Realisierung einer dauerhaften Beschäftigung im Betrieb gefestigt.

Die Leistungen werden vom zuständigen Rehabilitationsträger (Agentur für Arbeit, Träger der gesetzlichen Unfallversicherung, Träger der gesetzlichen Rentenversicherung) für bis zu zwei Jahre erbracht, soweit sie wegen Art oder Schwere der Behinderung erforderlich sind. Sie können bis zu einer Dauer von weiteren zwölf Monaten verlängert werden, wenn aufgrund der Art oder Schwere der Behinderung der gewünschte nachhaltige Qualifizierungserfolg im Einzelfall nicht anders erreicht werden kann und hinreichend gewährleistet ist, dass eine weitere Qualifizierung zur Aufnahme einer sozialversicherungspflichtigen Beschäftigung führt.

Leistungen der Berufsbegleitung

Ist ein sozialversicherungspflichtiges Beschäftigungsverhältnis erreicht, aber gleichzeitig eine weitergehende Unterstützung erforderlich, wird diese in Form der Berufsbegleitung erbracht. Dafür ist in der Regel das Integrationsamt zuständig. Die Dauer dieser Leistung richtet sich nach den individuellen Bedürfnissen des Menschen mit Behinderung. Es gibt grundsätzlich keine zeitliche Beschränkung.

Zielgruppen der unterstützten Beschäftigung

Unterstützte Beschäftigung richtet sich an Menschen mit Schwerbehinderung, die einen besonderen Unterstützungsbedarf haben, aber nicht das besondere Angebot einer Werkstatt für Menschen mit Behinderung benötigen. Zur Zielgruppe zählen insbesondere

- Schulabgänger aus Förder- oder Sonderschulen mit Behinderung,
- Erwachsene, die im Lauf ihres (Erwerbs-)Lebens zum Beispiel eine seelische Behinderung erworben haben, die so schwer ist, dass die Eingliederung in eine Werkstatt für Menschen mit Behinderung erwogen wird,
- Beschäftigte aus der Werkstatt für Menschen mit Behinderung, die auf den allgemeinen Arbeitsmarkt wechseln wollen.

7.1.10 Jobcoaching

Durch das sogenannte Jobcoaching als Leistung zur Teilhabe am Arbeitsleben werden Menschen mit Schwerbehinderung in Betrieben des allgemeinen Arbeitsmarkts individuell und unmittelbar unterstützt. Jobcoaching wird in direktem Kontakt mit betrieblichen Vorgesetzten und Arbeitskollegen durchgeführt. Es werden relevante arbeitsbezogene Kenntnisse und Fähigkeiten und die damit verbundenen Schlüsselqualifikationen trainiert, um einen Arbeitsplatz zu erhalten oder zu sichern. Jobcaching kommt als Leistung in Betracht, wenn die standardmäßige Einarbeitung durch den Arbeitgeber und die Unterstützungsleistungen des Integrationsfachdienstes nicht ausreichen, um ein Arbeitsverhältnis zu begründen oder zu erhalten.

Jobcoaching kann bei behinderungsbedingten Problemen in Betracht kommen, wenn

- nach längerer Arbeitsunfähigkeit ein Wiedereinstieg geplant ist,
- bei der behinderungsgerechten Einarbeitung eine Unterstützung sinnvoll ist,
- in einem bestehenden Arbeitsverhältnis neue Aufgaben erlernt werden müssen,
- eine innerbetriebliche Umsetzung angedacht ist,
- die Arbeitsfähigkeiten behinderungsbedingt nachlassen,
- ein Wechsel aus einer Werkstatt für behinderte Menschen oder aus der Schule auf den allgemeinen Arbeitsmarkt geplant ist.

7.2 Leistungen an Arbeitgeber

Die Förderung der Teilhabe am Arbeitsleben beschränkt sich nicht auf Leistungen an Menschen mit Behinderungen oder ihnen gleichgestellte behinderte Menschen. Auch Arbeitgeber können Hilfen erhalten.

7.2.1 Eingliederungszuschuss

Arbeitgeber können Zuschüsse zum Arbeitsentgelt erhalten, wenn sie Arbeitssuchende einstellen, deren Vermittlung erschwert und die Förderung zu deren beruflicher Eingliederung erforderlich ist. Die Zuschüsse sollen Einschränkungen der Arbeitsleistung ausgleichen, die unter anderem aufgrund einer Behinderung bestehen können (§ 88 SGB III). Der Gesetzgeber hat so die Möglichkeit eines finanziellen Nachteilsausgleichs für den Arbeitgeber geschaffen, wenn ein Arbeitnehmer zu Beginn der Beschäftigung den jeweiligen Anforderungen des Arbeitsplatzes (noch) nicht entspricht.

Achtung: Für Menschen mit Behinderungen wird ein Eingliederungszuschuss durch die Agentur für Arbeit nicht erbracht, wenn ein anderer Rehabilitationsträger zuständig ist. Grundsätzlich kommen als vorrangige Träger für Leistungen zur Teilhabe am Arbeitsleben neben der Agentur für Arbeit vor allem die Träger der Unfallversicherung und der Rentenversicherung in Betracht. Die Gewährung eines Eingliederungszuschusses für Menschen mit Behinderungen ist damit ausgeschlossen, wenn sie zum Beispiel aufgrund eines Arbeitsunfalls oder einer Berufskrankheit gleichartige Leistungen der Berufsgenossenschaft erhalten können.

Höhe und Dauer der Förderung richten sich danach, welche Minderleistung bei der oder dem Arbeitsuchenden unter Berücksichtigung der Einschränkung der Arbeitsleistung und den jeweiligen Anforderungen des Arbeitsplatzes im Einzelfall zu erwarten ist. Für Menschen mit Behinderungen und schwerbehinderte Menschen kann der Eingliederungszuschuss bis zu 70 % des zu berücksichtigenden Arbeitsentgelts und die Förderdauer bis zu 24 Monate betragen. Für schwerbehinderte Menschen und ihnen gleichgestellte behinderte Menschen, deren Vermittlung wegen in ihrer Person liegender Gründe erschwert ist (besonders betroffene schwerbehinderte Menschen), kann der Eingliederungszuschuss bis zu 70 % des zu berücksichtigenden Arbeitsentgelts und die Förderdauer bis zu 60 Monate betragen. Die Förderdauer kann bei besonders betroffenen schwerbehinderten Menschen, die das 55. Lebensjahr vollendet haben, bis zu 96 Monate betragen.

Bei der Entscheidung über Höhe und Dauer der Förderung von schwerbehinderten und besonders betroffenen schwerbehinderten Menschen ist zu berücksichtigen, ob der schwerbehinderte Mensch ohne gesetzliche Verpflichtung oder über die Beschäftigungspflicht hinaus eingestellt und beschäftigt wird (vgl. dazu 8.2.2). Nach Ablauf von zwölf Monaten ist die Höhe des Eingliederungszuschusses um 10 % jährlich zu vermindern. Sie darf 30 % des zu berücksichtigenden Arbeitsentgelts nicht unterschreiten. Der Eingliederungszuschuss für besonders betroffene schwerbehinderte Menschen ist erst nach Ablauf von 24 Monaten zu vermindern (§ 90 SGB III).

! Der Eingliederungszuschuss muss bei der Agentur für Arbeit beantragt werden. Er ist eine Ermessensleistung. Dabei ist im Rahmen einer Interessenabwägung in erster Linie die Zweckbestimmung der Förderleistung zu berücksichtigen. Der Eingliederungszuschuss soll die berufliche Eingliederung von Personen fördern, die arbeitsuchend gemeldet und aus persönlichen Gründen schwer zu vermitteln sind.

7.2.2 Förderung der behinderungsgerechten Schaffung von Arbeitsplätzen für schwerbehinderte Menschen

Die Neueinstellung eines Menschen mit Schwerbehinderung kann vom Integrationsamt durch einen Zuschuss zu den Investitionskosten, die für den neu geschaffenen Arbeitsplatz entstehen, gefördert werden, wenn folgende Voraussetzungen vorliegen (§ 15 Schwerbehinderten-Ausgleichsabgabenverordnung):

- die Einstellung des schwerbehinderten Menschen muss ohne gesetzliche Verpflichtung oder einer Überfüllung der Beschäftigungsquote erfolgen (vgl. dazu 8.2.2),

- die Einstellung erfolgt im Rahmen der Erfüllung der besonderen Beschäftigungspflicht gegenüber im Arbeits- und Berufsleben besonders betroffenen schwerbehinderten Menschen,
- die Beschäftigung erfolgt nach einer längerfristigen Arbeitslosigkeit von mehr als zwölf Monaten,
- die Einstellung erfolgt im Anschluss an eine Beschäftigung in einer anerkannten Werkstatt für behinderte Menschen.

Die Förderung setzt voraus, dass auf dem Arbeitsplatz ein Mensch mit Schwerbehinderung für eine bestimmte Zeit beschäftigt wird. Art und Höhe der Leistung bestimmen sich nach den Umständen des Einzelfalles. Darlehen sollen mit jährlich 10 % getilgt werden; von der Tilgung kann im Jahr der Auszahlung und dem darauf folgenden Kalenderjahr abgesehen werden. Das gilt auch für die Verzinsung. Der Arbeitgeber muss sich in angemessenem Umfang an den Gesamtkosten beteiligen.

Achtung: Der Antrag auf Investitionshilfen muss vom Arbeitgeber vor Beginn der Maßnahme beim Integrationsamt gestellt und die Genehmigung abgewartet werden, bevor die Beschäftigung des Menschen mit Schwerbehinderung erfolgt.

7.2.3 Förderung der behinderungsgerechten Gestaltung von Arbeitsstätten und Arbeitsplätzen

Arbeitgeber können Darlehen oder Zuschüsse bis zur vollen Höhe der entstehenden notwendigen Kosten für folgende Maßnahmen erhalten:

- die behinderungsgerechte Einrichtung und Unterhaltung der Arbeitsstätten einschließlich der Betriebsanlagen, Maschinen und Geräte,
- die Einrichtung von Teilzeitarbeitsplätzen für schwerbehinderte Menschen, insbesondere wenn eine Teilzeitbeschäftigung mit

einer Dauer auch von weniger als 18 Stunden, wenigstens aber 15 Stunden wöchentlich wegen Art oder Schwere der Behinderung notwendig ist,

- die Ausstattung von Arbeits- oder Ausbildungsplätzen mit notwendigen technischen Arbeitshilfen, deren Wartung und Instandsetzung sowie die Ausbildung des schwerbehinderten Menschen im Gebrauch der geförderten Gegenstände,
- sonstige Maßnahmen, durch die eine möglichst dauerhafte behinderungsgerechte Beschäftigung schwerbehinderter Menschen in Betrieben oder Dienststellen ermöglicht, erleichtert oder gesichert werden kann (§ 26 Schwerbehinderten-Ausgleichsabgabenverordnung).

Bei der Förderung der behinderungsgerechten Gestaltung von Arbeitsplätzen entscheidet das Integrationsamt nach pflichtgemäßem Ermessen. In diesem Zusammenhang sind auch die Beschäftigungspflicht und die Erfüllung der Beschäftigungsquote (vgl. dazu 8.2.2), die Fürsorgepflicht des Arbeitgebers (z.B. Betriebszugehörigkeit, Verpflichtungen gemäß Arbeitsstättenverordnung), eigene Maßnahmen des Arbeitgebers zum behinderungsgerechten Einsatz, die wirtschaftliche Situation des Arbeitgebers, die Gefährdung des Arbeitsverhältnisses und ein besonderes Engagement des Arbeitgebers für schwerbehinderte Menschen zu berücksichtigen.

Art und Höhe der Leistung bestimmen sich nach den Umständen des Einzelfalls. Es können prozentuale und absolute Höchstgrenzen und Untergrenzen für die Förderung festgelegt werden. Das Integrationsamt kann eine Bindungsfrist mit einer Rückzahlungsverpflichtung bei Nichterfüllung festlegen und eine der Zuschusshöhe angemessene Sicherheit anfordern.

Achtung: Die Förderung des Integrationsamts ist gegenüber den Leistungen der Rehabilitationsträger (z.B. der Agentur der Arbeit oder der Berufsgenossenschaft) nachrangig.

7.2.4 Zuschuss zur befristeten Probebeschäftigung von Menschen mit Behinderung

Arbeitgebern können die Kosten für eine befristete Probebeschäftigung von Menschen mit Behinderungen sowie schwerbehinderter und ihnen gleichgestellter Menschen bis zu einer Dauer von drei Monaten erstattet werden, wenn dadurch die Möglichkeit einer Teilhabe am Arbeitsleben verbessert wird oder eine vollständige und dauerhafte Teilhabe am Arbeitsleben zu erreichen ist (§ 46 Abs. 1 SGB III).

Zuschüsse für eine befristete Probebeschäftigung von Menschen mit Behinderungen sowie schwerbehinderter und ihnen gleichgestellter behinderter Menschen können gewährt werden, wenn – insbesondere bei Zweifeln an der Eignung für den vorgesehenen Arbeitsplatz wegen behinderungsbedingten Einschränkungen – Einstellungsvorbehalte bestehen. Förderungsfähige Kosten für die Probebeschäftigung sind alle üblicherweise mit einem Arbeitsverhältnis zusammenhängenden Kosten wie beispielsweise Lohn-/Gehaltskosten einschließlich der Arbeitgeberanteile zur Sozialversicherung sowie sonstige Leistungen aufgrund gesetzlicher oder tarifvertraglicher Regelungen. Zu den förderungsfähigen Kosten zählen auch Umlagen sowie Beiträge zur Berufsgenossenschaft.

! Der Antrag auf Leistungen muss bei der Agentur für Arbeit vor der Aufnahme der befristeten Probebeschäftigung gestellt werden.

7.2.5 Leistungen bei außergewöhnlichen Belastungen

Arbeitgeber können Zuschüsse zur Abgeltung außergewöhnlicher Belastungen erhalten, die mit der Beschäftigung eines schwerbehinderten Menschen verbunden sind, der nach Art oder Schwere seiner Behinderung im Arbeits- und Berufsleben besonders betroffen ist oder im Anschluss an eine Beschäftigung in einer anerkannten Werkstatt für behinderte Menschen oder bei einem anderen

Leistungsanbieter oder in Teilzeit beschäftigt wird, vor allem, wenn ohne diese Leistungen das Beschäftigungsverhältnis gefährdet würde (§ 27 Schwerbehinderten-Ausgleichsabgabenverordnung).

Voraussetzungen

Außergewöhnliche Belastungen sind überdurchschnittlich hohe finanzielle Aufwendungen oder sonstige Belastungen, die einem Arbeitgeber bei der Beschäftigung eines schwerbehinderten Menschen auch nach Ausschöpfung aller Möglichkeiten entstehen und für die die Kosten zu tragen für den Arbeitgeber nach Art oder Höhe unzumutbar ist. Diese werden insbesondere hervorgerufen durch

- eine gegenüber der im Betrieb üblichen Normalleistung auf einem vergleichbaren Arbeitsplatz nicht nur vorübergehend wesentlich verminderte Arbeitsleistung des schwerbehinderten Menschen, die zu einem Ungleichgewicht zwischen der tatsächlichen Arbeitsleistung und dem gezahlten Leistungsentgelt führt; eine solche Leistungseinschränkung ist insbesondere gegeben bei im Vergleich überdurchschnittlich verlangsamter Arbeitsweise oder verlangsamter Bewegungen, zusätzlichen Pausen und Ruhezeiten, umständlicheres Arbeiten, kurze aber häufige Leerlauf- und Wartezeiten (also persönliche, nicht betrieblich veranlasste Arbeitsunterbrechungen), im Vergleich überdurchschnittlich hoher Fehlerquote oder erheblichen Motivationsdefiziten;
- eine erforderliche Unterstützung durch andere Beschäftigte des Arbeitgebers im Zusammenhang mit der Arbeitsausführung des schwerbehinderten Menschen oder durch Übernahme von Aufgaben des schwerbehinderten Menschen durch (zusätzliches) Personal des Arbeitgebers.

Diese Aufwendungen sowie sonstige Belastungen müssen im Zusammenhang mit den behinderungsbedingten Funktionseinschränkungen und deren Auswirkungen bei den konkreten Arbeitsplatzanforderungen stehen. Maßgeblich ist allein die anerkannte Behinderung.

Voraussetzung für eine Förderung ist auch, dass die Möglichkeiten, die den Menschen mit Schwerbehinderung zu einer von fremder Unterstützung unabhängigen Arbeitsleistung befähigen, ausgeschöpft sind. Dazu gehören insbesondere

- die dem Fähigkeitsprofil des schwerbehinderten Menschen entsprechende Auswahl bzw. Anpassung des Arbeitsplatzes,
- die behinderungsgerechte Einrichtung und Ausstattung des Arbeitsplatzes,
- die auf die Fähigkeiten abgestimmte berufliche Bildung und Einarbeitung einschließlich innerbetrieblicher Maßnahmen zur beruflichen Qualifizierung,
- andere Veränderungen der Arbeitszeitgestaltung und der Arbeitsorganisation,
- gegebenenfalls die Versetzung auf einen anderen, angemessenen und zumutbaren Arbeitsplatz, auf dem weder eine Leistungseinschränkung besteht noch eine personelle Unterstützung erforderlich ist, auch wenn dies für den schwerbehinderten Menschen selbst mit einer Verringerung des Arbeitsentgeltes verbunden ist.

Schließlich muss die Übernahme der Kosten der behinderungsbedingten außergewöhnlichen finanziellen Aufwendungen sowie sonstiger Belastungen für den Arbeitgeber unzumutbar sein. Das Maß der Unzumutbarkeit orientiert sich insbesondere an der Erfüllung der Beschäftigungspflicht (vgl. dazu 8.2.2).

Personelle Unterstützung

Beschäftigte mit Schwerbehinderung benötigen in manchen Fällen Hilfe durch andere Personen, um ihre arbeitsvertraglichen Verpflichtungen zu erfüllen. Die Unterstützung erfolgt durch andere Beschäftigte oder Vorgesetzte aus dem Arbeitsumfeld. Als Unterstützungsleistungen können etwa längere oder regelmäßig wiederkehrende fachliche oder arbeitspädagogische Unterweisungen, regelmäßig erforderliche tätigkeitsbezogenen Handreichungen und Hilfestellungen (z.B. Heben und Tragen, Wege im Betrieb) bei der Arbeitsausführung oder Hilfe bei der Kommunikation bei Menschen mit Sinnesbeeinträchtigungen in Betracht.

Wenn der Arbeitgeber durch den Arbeitsausfall der unterstützenden Person außergewöhnlich belastet wird, kann er einen Zuschuss zu seinen finanziellen Aufwendungen beim Integrationsamt beantragen. Die Höhe des Zuschusses richtet sich nach dem Unterstützungsbedarf des Menschen mit Behinderung und der Höhe des Arbeitsentgelts der Person, die die Unterstützung leistet.

Beschäftigungssicherungszuschuss

Das Arbeitsverhältnis eines Beschäftigten mit Schwerbehinderung kann mit einem Beschäftigungssicherungszuschuss gesichert werden, wenn Arbeitgeber bei der Beschäftigung überdurchschnittlich hohe finanzielle Aufwendungen oder sonstige außergewöhnliche Belastungen entstehen, die in der Behinderung des Mitarbeiters begründet sind. Die Arbeitsleistung des Menschen mit Behinderung muss dafür wesentlich und langfristig bzw. dauerhaft unter der üblichen Normalleistung auf einem vergleichbaren Arbeitsplatz liegen. Dies ist dann der Fall, wenn die Arbeitsleistung der Person mit Behinderung zwischen 30 % und 50 % geringer ist als diejenige eines anderen Beschäftigten, der eine vergleichbare Tätigkeit oder Funktion im Betrieb ausübt. Der festgestellte Umfang des Beschäftigungssicherungszuschusses darf nicht mehr als 50 % gegenüber der Normalleistung betragen; wenn die Leistungseinschränkung größer ist, gilt der Arbeitsplatz als ungeeignet für den Menschen mit Schwerbehinderung.

Antrag

Die Leistungen müssen beim Integrationsamt beantragt werden. Sie werden für einen Zeitraum von maximal drei Jahren, beginnend mit dem Monat der Antragstellung, bewilligt und können auf Antrag wiederholt erbracht werden. Leistungen bei außergewöhnlichen Belastungen sind gegenüber den zweckgleichen Leistungen der Rehabilitationsträger sowie gegenüber entsprechenden Leistungen, die von anderer Seite für einen vergleichbaren Zweck erbracht werden, nachrangig. In diesem Zusammenhang kommt vor allem ein Eingliederungszuschuss durch die Agentur für Arbeit (vgl. dazu 7.2.1) oder einen anderen Rehabilitationsträger in Betracht.

7.2.6 Inklusionsbetriebe

Inklusionsbetriebe sollen schwerbehinderten Menschen Beschäftigung geben und sie bei der Arbeit begleiten. Ferner bieten sie Gelegenheit zur beruflichen Weiterqualifikation durch die Teilnahme an inner- und außerbetrieblichen Maßnahmen. Sie unterstützen die Vermittlung in eine Beschäftigung auf dem allgemeinen Arbeitsmarkt.

Inklusionsbetriebe dienen der Beschäftigung von schwerbehinderten Menschen auf dem allgemeinen Arbeitsmarkt, deren Teilhabe in einer sonstigen Beschäftigung auf dem allgemeinen Arbeitsmarkt aufgrund von Art und Schwere der Behinderung oder wegen sonstiger Umstände voraussichtlich trotz Ausschöpfens aller Fördermöglichkeiten und des Einsatzes von Integrationsfachdiensten auf besondere Schwierigkeiten stößt. Inklusionsbetriebe können als rechtlich und wirtschaftlich selbstständige Unternehmen oder unternehmensintern als rechtlich unselbstständige Betriebe oder Betriebsabteilungen geführt werden (§ 215 SGB IX).

Zielgruppe

Während jeder beschäftigungspflichtige Arbeitgeber 5 % seiner Arbeitsplätze mit Menschen mit einer Schwerbehinderung besetzen muss (vgl. dazu 8.2.2), beschäftigen Inklusionsbetriebe zu mindestens 30 % Menschen, die aufgrund von Art und Schwere der Behinderung sowie weiterer vermittlungshemmender Umstände auf dem allgemeinen Arbeitsmarkt besonders benachteiligt sind. Das sind insbesondere

- schwerbehinderte Menschen mit geistiger oder seelischer Behinderung oder mit einer schweren Körper-, Sinnes- oder Mehrfachbehinderung, die sich im Arbeitsleben besonders nachteilig auswirkt und allein oder zusammen mit weiteren vermittlungshemmenden Umständen die Teilhabe am allgemeinen Arbeitsmarkt außerhalb eines Inklusionsbetriebes erschwert oder verhindert,
- schwerbehinderte Menschen, die nach zielgerichteter Vorbereitung in einer Werkstatt für behinderte Menschen oder in einer psychiatrischen Einrichtung für den Übergang in einen Betrieb oder eine Dienststelle auf dem allgemeinen Arbeitsmarkt in Betracht kommen und auf diesen Übergang vorbereitet werden sollen,
- schwerbehinderte Menschen nach Beendigung einer schulischen Bildung, die nur dann Aussicht auf eine Beschäftigung auf dem allgemeinen Arbeitsmarkt haben, wenn sie zuvor in einem Inklusionsbetrieb an berufsvorbereitenden Bildungsmaßnahmen teilnehmen und dort beschäftigt und weiterqualifiziert werden, sowie
- schwerbehinderte Menschen, die langzeitarbeitslos sind.

Aufgaben

Hauptaufgabe der Inklusionsbetriebe ist die Beschäftigung und arbeitsbegleitende Betreuung von Menschen mit Schwerbehinderung. Dies bedeutet eine Beschäftigung im Rahmen inklusionsgerechter und entwicklungsfördernder Arbeitsbedingungen. Daneben werden von Inklusionsbetriebe auch folgende Maßnahmen angeboten (§ 216 SGB IX):

- Maßnahmen der beruflichen Weiterbildung oder Gelegenheit zur Teilnahme an entsprechenden außerbetrieblichen Maßnahmen,
- Maßnahmen der betrieblichen Gesundheitsförderung,

- Unterstützung bei der Vermittlung in eine sonstige Beschäftigung in einen Betrieb auf dem allgemeinen Arbeitsmarkt sowie
- geeignete Maßnahmen zur Vorbereitung auf eine Beschäftigung in einem Inklusionsbetrieb.

Art und Umfang der Förderung

Inklusionsbetriebe können aus Mitteln der Ausgleichsabgabe Leistungen für Aufbau, Erweiterung, Modernisierung und Ausstattung einschließlich einer betriebswirtschaftlichen Beratung und besonderen Aufwand erhalten. Das Integrationsamt kann die Leistungen gewähren in Form von

- Zuschüssen,
- Darlehen,
- Zinszuschüssen und
- Liquiditätshilfen.

Liquiditätshilfen können ausnahmsweise dann erbracht werden, wenn hierdurch der Verlust bestehender Beschäftigungsmöglichkeiten für schwerbehinderte Menschen abgewendet werden kann.

Die Finanzierung von Leistungen für psychisch kranke Menschen, die behindert oder von Behinderung bedroht sind, erfolgt durch den zuständigen Rehabilitationsträger (§ 217 SGB IX).

Antrag

Für sämtliche Leistungen der begleitenden Hilfe an Inklusionsbetriebe ist das Integrationsamt zuständig, in dessen Bereich der Ort der zu fördernden Arbeitsplätze liegt. Leistungen sind vom Inhaber des Inklusionsbetriebes zu beantragen. Mit dem Antrag sind die erforderlichen Nachweise vorzulegen.

8 Nachteilsausgleiche im Berufs- und Arbeitsleben

Das Wichtigste in Kürze

- **Beschäftigungspflicht des Arbeitgebers:** Private und öffentliche Arbeitgeber mit jahresdurchschnittlich monatlich mindestens 20 Arbeitsplätzen haben grundsätzlich auf wenigstens 5 % der Arbeitsplätze schwerbehinderte Menschen zu beschäftigen. Andernfalls haben sie für jeden unbesetzten Pflichtarbeitsplatz für schwerbehinderte Menschen eine Ausgleichsabgabe zu entrichten. Die Zahlung der Ausgleichsabgabe hebt die Pflicht zur Beschäftigung schwerbehinderter Menschen allerdings nicht auf.
- **Fragerecht des Arbeitgebers im Bewerbungsverfahren:** Im Bewerbungsverfahren ist die Frage nach einer Schwerbehinderung oder Behinderung grundsätzlich unzulässig. Das hat zur Folge, dass der Bewerber eine entsprechende Frage im Regelfall nicht beantworten muss oder wahrheitswidrig beantworten darf. Stellt der Arbeitgeber die Frage trotzdem und erhält er eine unwahre Antwort, so ist er nicht berechtigt, den Arbeitsvertrag anzufechten. Die Frage nach einer Behinderung oder Schwerbehinderung ist im Bewerbungsverfahren ausnahmsweise zulässig, wenn eine bestimmte körperliche Funktion, geistige Fähigkeit oder seelische Gesundheit eine wesentliche und entscheidende Anforderung des konkreten Arbeitsplatzes ist.
- **Benachteiligungsverbot im Bewerbungsverfahren:** Im Bewerbungsverfahren darf ein Bewerber nicht wegen seiner Behinderung benachteiligt werden. Eine Bewerbung darf also nicht allein deshalb zurückgewiesen werden, weil der Bewerber behindert ist. Wegen seiner Behinderung darf ein Bewerber nur deshalb unterschiedlich behandelt werden, wenn eine bestimmte körperliche Funktion, geistige Fähigkeit

oder seelische Gesundheit wesentliche und entscheidende berufliche Anforderung für die Tätigkeit darstellt und der Zweck rechtmäßig und angemessen ist.

- **Prüfungspflicht des Arbeitgebers:** Vor einer Neubesetzung eines Arbeitsplatzes muss jeder Arbeitgeber prüfen, ob dieser mit einem schwerbehinderten Menschen, insbesondere mit bei der Agentur für Arbeit arbeitslos oder arbeitsuchend gemeldeten schwerbehinderten Menschen, besetzt werden kann.
- **Behindertengerechte Beschäftigung:** Der schwerbehinderte Mensch hat gegenüber seinem Arbeitgeber Anspruch auf Beschäftigung, bei der er seine Fähigkeiten und Kenntnisse möglichst voll verwerten und weiterentwickeln kann.
- **Behinderungsgerechte Einrichtung der Arbeitsplätze:** Der schwerbehinderte Mensch kann die behinderungsgerechte Einrichtung und Unterhaltung der Arbeitsstätten einschließlich der Betriebsanlagen, Maschinen und Geräte sowie der Gestaltung der Arbeitsplätze, des Arbeitsumfelds, der Arbeitsorganisation und der Arbeitszeit, unter besonderer Berücksichtigung der Unfallgefahr verlangen.
- **Ausstattung des Arbeitsplatzes:** Schwerbehinderte Menschen haben gegenüber ihren Arbeitgebern Anspruch auf Ausstattung ihres Arbeitsplatzes mit den erforderlichen technischen Arbeitshilfen.
- **Teilzeitarbeit:** Schwerbehinderte Menschen haben Anspruch auf Teilzeitbeschäftigung, wenn die kürzere Arbeitszeit wegen Art oder Schwere der Behinderung notwendig ist.
- **Zusatzurlaub:** Schwerbehinderte Arbeitnehmer haben neben dem allgemeinen Anspruch auf Erholungsurlaub Anspruch auf einen bezahlten Zusatzurlaub von grundsätzlich fünf Tagen im Urlaubsjahr.
- **Freistellung von Mehrarbeit:** Schwerbehinderte Menschen sind auf ihr Verlangen von Mehrarbeit freizustellen.

- **Besonderer Kündigungsschutz:** Schwerbehinderte Arbeitnehmer genießen grundsätzlich einen besonderen Kündigungsschutz dahingehend, dass für die Kündigung die Zustimmung des Integrationsamts notwendig ist.

Für Arbeitnehmer mit Behinderungen gelten im Arbeitsleben eine Reihe von Vergünstigungen, die ihre behinderungsbedingten Nachteile ausgleichen sollen. Diese sogenannten Nachteilsausgleiche betreffen unter anderem den Anspruch auf Teilzeitarbeit aus behindertenbedingten Gründen und auf Zusatzurlaub, die Freistellung von Mehrarbeit und einen besonderen Kündigungsschutz.

8.1 Schwerbehindertenvertretung

Zur Vertretung der Interessen der schwerbehinderten Beschäftigten muss in jedem Betrieb, in dem mindestens fünf schwerbehinderte oder gleichgestellte Mitarbeiter beschäftigt werden, eine Schwerbehindertenvertretung eingerichtet werden. Hauptaufgabe der Schwerbehindertenvertretung ist es, auf die Einhaltung der zugunsten schwerbehinderter Mitarbeiter und der diesen gleichgestellten Personen bestehenden Vorschriften zu achten.

8.1.1 Wahl

In Betrieben und Dienststellen, in denen wenigstens fünf schwerbehinderte Menschen nicht nur vorübergehend beschäftigt sind, werden eine Vertrauensperson und wenigstens ein stellvertretendes Mitglied gewählt, das die Vertrauensperson im Falle der Verhinderung vertritt. Wahlberechtigt sind alle in dem Betrieb oder der Dienststelle beschäftigten schwerbehinderten Menschen. Wählbar sind alle in dem Betrieb oder der Dienststelle nicht nur vorübergehend Beschäftigten, die am Wahltag das 18. Lebensjahr vollendet haben und dem Betrieb oder der Dienststelle seit sechs Monaten angehören. Besteht der Betrieb oder die Dienststelle weniger als ein Jahr, so bedarf es für die Wählbarkeit nicht der sechsmonatigen Zugehörigkeit.

Die regelmäßigen Wahlen finden alle vier Jahre in der Zeit vom 1. Oktober bis 30. November statt. Außerhalb dieser Zeit finden Wahlen statt, wenn

- das Amt der Schwerbehindertenvertretung vorzeitig erlischt und ein stellvertretendes Mitglied nicht nachrückt,
- die Wahl mit Erfolg angefochten worden ist oder
- eine Schwerbehindertenvertretung noch nicht gewählt ist.

Die Amtszeit der Schwerbehindertenvertretung beträgt vier Jahre. Sie beginnt mit der Bekanntgabe des Wahlergebnisses oder, wenn die Amtszeit der bisherigen Schwerbehindertenvertretung noch nicht beendet ist, mit deren Ablauf. Das Amt erlischt vorzeitig, wenn die Vertrauensperson es niederlegt, aus dem Arbeits- oder Dienstverhältnis ausscheidet oder die Wählbarkeit verliert. Scheidet die Vertrauensperson vorzeitig aus dem Amt aus, rückt das mit der höchsten Stimmenzahl gewählte stellvertretende Mitglied für den Rest der Amtszeit nach (§ 177 SGB IX).

8.1.2 Aufgaben

Die Schwerbehindertenvertretung hat die Eingliederung schwerbehinderter Menschen in den Betrieb oder die Dienststelle zu fördern, deren Interessen zu vertreten und ihnen beratend und helfend zur Seite zu stehen. Dabei hat sie insbesondere (§ 178 Abs. 1 SGB IX)

- darüber zu wachen, dass die zugunsten der Menschen mit Schwerbehinderung geltenden Gesetze, Verordnungen, Tarifverträge, Betriebs- oder Dienstvereinbarungen sowie Verwaltungsanordnungen durchgeführt und insbesondere auch die Verpflichtungen erfüllt werden, die den Arbeitgebern obliegen;
- eigenständig Maßnahmen, die den Menschen mit Schwerbehinderung dienen, beim Arbeitgeber und bei den zuständigen Stellen (z.B. Integrationsamt, örtliche Fachstelle für behinderte Menschen, Rehabilitationsträger) zu beantragen; die Schwerbehindertenvertretung kann von sich aus die Initiative ergreifen, es ist also nicht notwendig, dass ein Mensch mit Schwerbehinderung um eine solche Maßnahme ersucht hat;

- Anregungen und Beschwerden von schwerbehinderten Menschen entgegen zu nehmen und, falls sie berechtigt erscheinen, durch Verhandlung mit dem Arbeitgeber auf eine Erledigung hinzuwirken; den schwerbehinderten Menschen hat sie über den Stand und das Ergebnis der Verhandlungen zu unterrichten;
- beim Abschluss einer Inklusionsvereinbarung mitzuwirken (vgl. dazu 8.8);
- Beschäftigte dabei zu unterstützen, die Anerkennung der Schwerbehinderteneigenschaft bzw. die Gleichstellung zu beantragen.

8.1.3 Rechte

Um ihre Aufgaben wahrzunehmen, besitzt die Schwerbehindertenvertretung umfassende Informations-, Anhörungs- und Mitwirkungsrechte (§ 178 Abs. 2 SGB IX):

- **Beteiligung durch den Arbeitgeber:** Der Arbeitgeber hat die Schwerbehindertenvertretung in allen Angelegenheiten, die einen einzelnen oder die schwerbehinderten Menschen als Gruppe berühren, unverzüglich und umfassend zu unterrichten und vor einer Entscheidung anzuhören; er hat ihr die getroffene Entscheidung unverzüglich mitzuteilen. Die Durchführung oder Vollziehung einer ohne Beteiligung der Schwerbehindertenvertretung getroffenen Entscheidung ist auszusetzen, die Beteiligung ist innerhalb von sieben Tagen nachzuholen; sodann ist endgültig zu entscheiden. Die Kündigung eines schwerbehinderten Menschen, die der Arbeitgeber ohne eine Beteiligung der Schwerbehindertenvertretung ausspricht, ist unwirksam (vgl. dazu 8.11.5).
- **Mitwirkung bei der Besetzung freier Arbeitsplätze:** Der Arbeitgeber ist verpflichtet zu prüfen, ob freie Arbeitsplätze mit schwerbehinderten Menschen, insbesondere mit bei der Agentur für Arbeit arbeitslos oder arbeitsuchend gemeldeten Menschen mit Schwerbehinderung besetzt werden können. Bei dieser Prüfung muss der Arbeitgeber die Schwerbehindertenvertretung beteiligen (§ 164 Abs. 1 SGB IX).

- **Einsicht in die Personalakte des schwerbehinderten Menschen:** Bei der Einsichtnahme in ihre Personalakten können schwerbehinderte Arbeitnehmer die Schwerbehindertenvertretung hinzuziehen. Unter Personalakten sind alle Unterlagen zu verstehen, die über einen bestimmten Beschäftigten gesammelt werden. Über den Inhalt der Daten der Personalakte hat die Schwerbehindertenvertretung Stillschweigen zu bewahren, soweit der schwerbehinderte Mensch sie nicht von der Schweigepflicht ausdrücklich entbindet.
- **Teilnahmerecht an Sitzungen und Ausschüssen:** Die Schwerbehindertenvertretung hat das Recht zur Teilnahme an allen Sitzungen des Betriebs- oder Personalrats und dessen Ausschüssen sowie des Arbeitsschutzausschusses. Sie hat aber kein Stimmrecht. Die Schwerbehindertenvertretung soll durch das Teilnahmerecht Einfluss auf die Willensbildung und die Entscheidungsfindung dieser Gremien nehmen können, damit auch die besonderen Belange der schwerbehinderten Arbeitnehmer Berücksichtigung finden. Der Betriebs- oder Personalratsvorsitzende hat die Schwerbehindertenvertretung zu den Sitzungen des Betriebs- oder Personalrats rechtzeitig unter Mitteilung der Tagesordnung einzuladen. Entsprechendes gilt für die Sitzungen der Ausschüsse der betrieblichen Interessenvertretung, zu denen der jeweilige Ausschussvorsitzende einlädt.
- **Antragsrecht auf Aussetzung von Beschlüssen des Betriebs- bzw. Personalrats:** Erachtet die Schwerbehindertenvertretung einen Beschluss des Betriebs- bzw. Personalrats als eine erhebliche Beeinträchtigung wichtiger Interessen schwerbehinderter Menschen oder ist sie nicht beteiligt worden, wird auf ihren Antrag der Beschluss für eine Woche vom Zeitpunkt der Beschlussfassung an ausgesetzt. Innerhalb der Aussetzungsfrist ist eine Verständigung zwischen der Schwerbehindertenvertretung und dem Betriebs- oder Personalrat zu versuchen. Über den ausgesetzten Beschluss hat das Gremium nach Ablauf der Wochenfrist erneut zu beraten und zu beschließen.

- **Durchführung von Versammlungen:** Die Schwerbehindertenvertretung hat das Recht, mindestens einmal im Jahr eine Versammlung der schwerbehinderten Menschen im Betrieb oder in der Dienststelle durchzuführen. Die Versammlung bietet der Schwerbehindertenvertretung Gelegenheit, ihre Arbeit darzustellen und Beschäftigte mit Schwerbehinderung umfassend zu informieren. Die Versammlung wird in eigener Verantwortung organisiert und durchgeführt.
- **Teilnahmerecht an Betriebs- und Personalversammlungen:** Die Schwerbehindertenvertretung kann an Betriebs- und Personalversammlungen in Betrieben und Dienststellen teilnehmen, für die sie als Schwerbehindertenvertretung zuständig ist und hat dort ein Rederecht, auch wenn die Mitglieder der Schwerbehindertenvertretung nicht Angehörige des Betriebes oder der Dienststelle sind.
- **Beratung über die Besetzung von Stellen zur beruflichen Bildung:** Arbeitgeber mit Stellen zur beruflichen Bildung, insbesondere für Auszubildende, haben im Rahmen der Erfüllung der Beschäftigungspflicht einen angemessenen Anteil dieser Stellen mit schwerbehinderten Menschen zu besetzen (§ 155 Abs. 2 SGB IX). Hierüber ist mit der zuständigen Interessenvertretung und der Schwerbehindertenvertretung zu beraten. Durch die Beratung soll die Bereitstellung von Ausbildungsplätzen für Menschen mit Schwerbehinderung verstärkt werden. Sie geht über die bloße Unterrichtung und Anhörung hinaus.

8.2 Beschäftigungspflicht des Arbeitgebers

Arbeitgeber sind unter Umständen verpflichtet, auf einem bestimmten Teil der Arbeitsplätze schwerbehinderte Menschen zu beschäftigen. Andernfalls haben sie – unabhängig von den Gründen hierfür – eine Ausgleichsabgabe zu zahlen.

8.2.1 Beschäftigungspflichtige Arbeitgeber

Die Beschäftigungspflicht betrifft sowohl private als auch öffentliche Arbeitgeber. Arbeitgeber in diesem Sinne ist mithin jeder, der über Arbeitsplätze verfügt, also über Stellen, auf denen Arbeitnehmer, Beamte, Auszubildende und andere zu ihrer beruflichen Bildung Eingestellte beschäftigt werden. Auch öffentlich-rechtliche Dienstherrn (z.B. Bund, Länder und Gemeinden) unterliegen der Beschäftigungspflicht. Neben natürlichen und juristischen Personen des Privatrechts und des öffentlichen Rechts sind auch nicht rechtsfähige Personengemeinschaften (z.B. Stiftungen oder Gesellschaften des bürgerlichen Rechts) verpflichtet, schwerbehinderte Menschen zu beschäftigen, wenn die gesetzlichen Voraussetzungen vorliegen.

8.2.2 Umfang der Beschäftigungspflicht

Private und öffentliche Arbeitgeber mit jahresdurchschnittlich monatlich mindestens 20 Arbeitsplätzen haben auf wenigstens 5 % der Arbeitsplätze schwerbehinderte Menschen zu beschäftigen. Dabei sind schwerbehinderte Frauen besonders zu berücksichtigen. Für Kleinbetriebe gibt es eine Sonderreglung. Arbeitgeber mit jahresdurchschnittlich monatlich weniger als 40 Arbeitsplätzen haben jahresdurchschnittlich je Monat einen schwerbehinderten Menschen, Arbeitgeber mit jahresdurchschnittlich monatlich weniger als 60 Arbeitsplätzen haben jahresdurchschnittlich je Monat zwei schwerbehinderte Menschen zu beschäftigen (§ 154 SGB IX).

Beschäftigungspflicht

Alle Arbeitgeber mit durchschnittlich monatlich mindestens 20 Arbeitsplätzen sind verpflichtet, eine bestimmte Anzahl von Arbeitsplätzen mit schwerbehinderten Arbeitnehmern zu besetzen. Gesetzlich vorgegeben ist eine Mindestquote von 5 %, die unabhängig davon zu erfüllen ist, ob freie Arbeitsplätze zur Verfügung stehen. Der Arbeitgeber kann also nicht einwenden, er verfüge nicht über genügend Arbeitsplätze für behinderte Menschen. Maßgebend ist jeweils die Summe der Arbeitsplätze im Direktionsbereich ein und desselben Arbeitgebers, unabhängig davon, ob die Arbeitsplätze über mehrere Betriebe verteilt sind oder nicht.

Die Quote beträgt in Betrieben mit jahresdurchschnittlich

- zwischen 20 und 39 Arbeitsplätzen: mindestens ein Arbeitsplatz,
- zwischen 40 und 59 Arbeitsplätzen: mindestens zwei Arbeitsplätze,
- 60 und mehr Arbeitsplätze: mindestens 5 % der Arbeitsplätze.

» Der Arbeitgeber verfügt über 50 Arbeitsplätze. Im Unternehmen müssen zwei schwerbehinderte Beschäftigte oder diesen gleichgestellte Arbeitnehmer beschäftigt werden. Wenn das Unternehmen über 80 Arbeitsplätze verfügt, müssen vier schwerbehinderte Menschen oder diesen Gleichgestellte beschäftigt werden.

Achtung: Sowohl der Betriebs- bzw. der Personalrat als auch die Schwerbehindertenvertretung haben die Aufgabe, darauf zu achten, dass der Arbeitgeber die ihm obliegenden Verpflichtungen erfüllt.

Der Umfang der Beschäftigungspflicht richtet sich nach der Zahl der vorhandenen Arbeitsplätze. Dabei sind alle Arbeitsplätze im Direktionsbereich ein und desselben Arbeitgebers zusammenzufassen, unabhängig davon, ob die Arbeitsplätze auf mehrere Betriebe oder Filialen verteilt sind oder nicht. Ist ein Arbeitsplatz wegen Krankheit, Erholungsurlaub oder sonstige Beurlaubung nicht besetzt, zählt er gleichwohl mit. Teilzeitarbeitsplätze, die über 18 Stunden wöchentlich hinausgehen, zählen nach Köpfen.

Bei der Erfüllung der Beschäftigungspflicht ist der Arbeitgeber verpflichtet, auch schwerbehinderte Menschen, deren Eingliederung in das Arbeits- und Berufsleben erfahrungsgemäß auf besondere Schwierigkeiten stößt, in angemessenem Umfang zu berücksichtigen (§ 155 SGB IX).

Dazu gehören

- schwerbehinderte Menschen, die nach Art oder Schwere ihrer Behinderung im Arbeitsleben besonders betroffen sind, insbesondere solche,
  - die zur Ausübung der Beschäftigung wegen ihrer Behinderung nicht nur vorübergehend einer besonderen Hilfskraft bedürfen oder
  - deren Beschäftigung infolge ihrer Behinderung nicht nur vorübergehend mit außergewöhnlichen Aufwendungen für den Arbeitgeber verbunden ist oder
  - die infolge ihrer Behinderung nicht nur vorübergehend offensichtlich nur eine wesentlich verminderte Arbeitsleistung erbringen können oder
  - bei denen ein Grad der Behinderung von wenigstens 50 allein infolge geistiger oder seelischer Behinderung oder eines Anfallsleidens vorliegt oder
  - die wegen Art oder Schwere der Behinderung keine abgeschlossene Berufsbildung im Sinne des Berufsbildungsgesetzes haben,
- schwerbehinderte Menschen, die das 50. Lebensjahr vollendet haben.

Achtung: Zwar ist der Arbeitgeber gesetzlich verpflichtet, dafür zu sorgen, dass sich unter den schwerbehinderten Menschen, die er zu beschäftigen hat, auch eine ausreichende Zahl schwerstbehinderter über 50 Jahre alter Menschen befindet, erfüllt er diese Pflicht jedoch nicht, bleibt dies ohne rechtliche Folgen. Allerdings kann die Agentur für Arbeit die Anrechnung eines besonders betroffenen schwerbehinderten Menschen auf mehr als einen Pflichtarbeitsplatz zulassen, wenn dessen Teilhabe am Arbeitsleben auf besondere Schwierigkeiten stößt (vgl. dazu unten).

Frauenquote

Die Beschäftigungspflicht besteht zugunsten schwerbehinderter Menschen, wobei schwerbehinderte Frauen besonders zu berücksichtigen sind. Allerdings handelt es sich bei der entsprechenden gesetzlichen Regelung lediglich um einen Appell des Gesetzgebers an Arbeitgeber und die anderen bei der Einstellung mitwirkenden Stellen (z.B. Integrationsamt, Schwerbehindertenvertretung, Agentur für Arbeit). Unabhängig davon können jedoch individuelle Schadenersatz- und Entschädigungsansprüche schwerbehinderter Frauen als Folge geschlechtsbezogener Benachteiligung bei der Einstellung bestehen (vgl. dazu 8.4.3).

8.2.3 Anrechnung auf die Pflichtteilsquote

Alle schwerbehinderten Arbeitnehmer und die ihnen Gleichgestellten werden auf einen Pflichtarbeitsplatz angerechnet. Ebenso wird der Arbeitgeber angerechnet, wenn er schwerbehindert ist. Ohne Weiteres ist auch jeder schwerbehinderte Mensch und Gleichgestellte auf einen Pflichtplatz anrechenbar, wenn er zwar kürzer als betriebsüblich, aber wenigstens 18 Stunden in der Woche beschäftigt ist. Anrechenbar ist ein Arbeitsplatz auch dann, wenn die wöchentliche Arbeitszeit wegen Altersteilzeit aufgrund eines anzuwendenden Tarifvertrags auf weniger als 18 Stunden wöchentlich herabgesetzt wurde (§ 158 SGB IX).

! Wird ein schwerbehinderter Mensch weniger als 18 Stunden in der Woche beschäftigt, lässt die Agentur für Arbeit die Anrechnung auf einen der Pflichtarbeitsplätze zu, wenn die Teilzeitbeschäftigung wegen Art oder Schwere der Behinderung notwendig ist (z.B. wenn ein nierenkranker Beschäftigter regelmäßig an die Dialyse angeschlossen werden muss).

Die Agentur für Arbeit kann die Anrechnung eines schwerbehinderten Menschen, besonders eines schwerbehinderten Menschen, der nach Art oder Schwere seiner Behinderung im Arbeitsleben besonders betroffen ist (vgl. dazu 1.3.3) oder der das 50. Lebensjahr vollendet hat, auf mehr als einen Pflichtarbeitsplatz, höchstens drei Pflichtarbeitsplätze für schwerbehinderte Menschen zulassen, wenn dessen Teilhabe am Arbeitsleben auf besondere Schwierigkeiten stößt (§ 159 SGB IX). Das ist etwa der Fall, wenn die Art und Schwere der Behinderung eine wesentliche Leistungsminderung zur Folge hat.

8.2.4 Folgen bei Verstoß gegen die Beschäftigungspflicht

Solange Arbeitgeber die vorgeschriebene Zahl schwerbehinderter Menschen nicht beschäftigen, haben sie für jeden unbesetzten Pflichtarbeitsplatz für schwerbehinderte Menschen eine Ausgleichsabgabe zu entrichten. Die Zahlung der Ausgleichsabgabe hebt die Pflicht zur Beschäftigung schwerbehinderter Menschen nicht auf. Die Ausgleichsabgabe wird auf der Grundlage einer jahresdurchschnittlichen Beschäftigungsquote ermittelt (§ 160 SGB IX).

Die Ausgleichsabgabe beträgt je unbesetztem Pflichtarbeitsplatz

- 125,– € bei einer jahresdurchschnittlichen Beschäftigungsquote von 3 % bis weniger als dem geltenden Pflichtsatz,
- 220,– € bei einer jahresdurchschnittlichen Beschäftigungsquote von 2 % bis weniger als 3 %,
- 320,– € bei einer jahresdurchschnittlichen Beschäftigungsquote von weniger als 2 %.

Abweichend davon beträgt die Ausgleichsabgabe je unbesetztem Pflichtarbeitsplatz für schwerbehinderte Menschen

- für Arbeitgeber mit jahresdurchschnittlich weniger als 40 zu berücksichtigenden Arbeitsplätzen bei einer jahresdurchschnittlichen Beschäftigung von weniger als einem schwerbehinderten Menschen 125,– € und
- für Arbeitgeber mit jahresdurchschnittlich weniger als 60 zu berücksichtigenden Arbeitsplätzen bei einer jahresdurchschnitt-

lichen Beschäftigung von weniger als zwei schwerbehinderten Menschen 125,– € und bei einer jahresdurchschnittlichen Beschäftigung von weniger als einem schwerbehinderten Menschen 220,– €.

8.3 Einstellung schwerbehinderter Menschen

Bei der Einstellung schwerbehinderter Menschen obliegen dem Arbeitgeber besondere Pflichten. In diesem Zusammenhang stellt sich bereits bei der Besetzung eines Arbeitsplatzes die Frage, ob der Arbeitgeber Bewerber nach einer Schwerbehinderung fragen darf.

8.3.1 Stellenanzeige

Nicht nur im bestehenden Arbeitsverhältnis, sondern auch bereits bei dessen Anbahnung hat der Arbeitgeber die gesetzlichen Diskriminierungsverbote nach dem Allgemeinen Gleichbehandlungsgesetz zu beachten (§ 11 AGG). Interne oder externe Stellenanzeigen dürfen nicht zu einer Benachteiligung aus Gründen einer Behinderung führen (§ 7 Abs. 1 AGG). Grundsätzlich unzulässig sind deshalb Formulierungen wie »körperlich uneingeschränkt leistungsfähig«, weil hierdurch Bewerber mit Behinderung ausgeschlossen werden. Verwendet ein Arbeitgeber in einer Stellenanzeige oder einer Ausschreibung Begriffe wie »flexibel und belastbar«, liegt darin für sich gesehen allerdings noch keine Diskriminierung behinderter Mitbewerber (LAG Nürnberg, Az. 6 Sa 675/07). Ausnahmsweise kann eine unterschiedliche Behandlung zulässig sein, so etwa wenn dieser Grund wegen der auszuübenden Tätigkeit oder der Bedingungen ihrer Ausübung eine wesentliche und entscheidende berufliche Anforderung darstellt.

8.3.2 Fragerecht des Arbeitgebers

Im Vorstellungsgespräch oder im Einstellungsfragebogen werden sich Arbeitgeber möglichst umfangreich über den Bewerber informieren wollen, insbesondere auch über dessen persönlichen Verhältnisse. Andererseits hat der Bewerber und potenzielle Arbeitnehmer ein Interesse daran, nicht über seine Intimsphäre ausgefragt zu werden. Deshalb muss zwischen zulässigen Fragen, die der Bewerber wahrgemäß beantworten muss, und unzulässigen Fragen, die der Bewerber nicht beantworten muss bzw. bei denen er lügen darf, unterschieden werden.

Der Arbeitgeber darf nur solche Fragen stellen, die mit dem Arbeitsplatz oder der zu leistenden Arbeit im Zusammenhang stehen. Ein Frage- und Informationsrecht steht ihm also nur insoweit zu, als durch die Beantwortung der Fragen die Eignung des Bewerbers für die zu besetzende Stelle herausgefunden werden kann.

In jedem Fall zulässig sind beispielsweise Fragen nach der Ausbildung, der fachlichen Qualifikation, dem beruflichen Werdegang und zu Einzelheiten der früheren Tätigkeit. Beantwortet der Bewerber eine zulässige Frage wahrheitswidrig, kann der Arbeitgeber den Arbeitsvertrag wegen arglistiger Täuschung anfechten (§ 123 BGB). Die Anfechtung hat zur Folge, dass das angefochtene Arbeitsverhältnis beendet wird, das heißt, die Anfechtung wirkt im Prinzip genauso wie eine fristlose Kündigung.

! Grundsätzlich unzulässig ist die Frage nach einer Schwerbehinderung oder Behinderung. Das hat zur Folge, dass der Bewerber eine entsprechende Frage im Regelfall nicht beantworten muss oder wahrheitswidrig beantworten darf. Stellt der Arbeitgeber die Frage trotzdem und erhält er eine unwahre Antwort, so ist er nicht berechtigt, den Arbeitsvertrag anzufechten (§ 123 BGB).

Achtung: Die Frage nach einer Schwerbehinderung ist ausnahmsweise zulässig, wenn eine bestimmte körperliche Funktion, geistige Fähigkeit oder seelische Gesundheit eine wesentliche und entscheidende Anforderung des konkreten Arbeitsplatzes ist. Demnach dürfen Betriebe danach fragen, ob der Bewerber an gesundheitlichen, seelischen oder ähnlichen Beeinträchtigungen leidet, durch die er zur Verrichtung der beabsichtigten vertraglichen Tätigkeit ungeeignet ist. Auch im bestehenden Arbeitsverhältnis ist die Frage nach dem Vorliegen einer Schwerbehinderung jedenfalls nach sechs Monaten, das heißt gegebenenfalls nach dem Erwerb des Behindertenschutzes, zulässig (BAG, Az. 6 AZR 553/10). Die Frage ist insbesondere erforderlich, um dem Arbeitgeber ein rechtstreues Verhalten im Zusammenhang mit seinen Pflichten zur behinderungsgerechten Beschäftigung, Zahlung einer Ausgleichsabgabe und auf Gewährung von Zusatzurlaub zu ermöglichen. Die Frage nach der Schwerbehinderung ist auch im Vorfeld einer beabsichtigten Kündigung zulässig, damit der Arbeitgeber die Schwerbehinderung bei der Sozialauswahl nach dem Kündigungsschutzgesetz berücksichtigen und er den Sonderkündigungsschutz beachten kann (vgl. dazu 8.11).

Über die berufliche Eignung des Bewerbers muss sich der Arbeitgeber in der Regel durch Fragen oder der Durchführung von Tests ein Bild machen. Deshalb besteht für den Bewerber nur in Ausnahmefällen eine Offenbarungspflicht, also die Pflicht, bestimmte Umstände von sich aus (auch ungefragt) dem Arbeitgeber mitzuteilen. Eine solche Pflicht besteht nur dann, wenn es dem Bewerber nicht möglich ist, die elementarsten Anforderungen des zu besetzenden Arbeitsplatzes zu erfüllen.

Stellt sich nach Abschluss des Arbeitsvertrags heraus, dass der Bewerber Umstände verschwiegen hat, die er gegenüber dem Arbeitgeber hätte offenbaren müssen, kann der Arbeitgeber den Arbeitsvertrag wegen arglistiger Täuschung anfechten (§ 123 BGB). Die Anfechtung hat zur Folge, dass das angefochtene Arbeitsverhältnis beendet wird, das heißt, die Anfechtung wirkt im Prinzip genauso wie eine fristlose Kündigung.

! Bewerber mit Schwerbehinderung sind grundsätzlich nicht verpflichtet, ihre Schwerbehinderung im Vorstellungsgespräch oder Bewerbungsschreiben zu offenbaren. Eine Offenbarungspflicht besteht aber immer dann, wenn die Arbeitnehmerin erkennen muss, dass wegen der Schwerbehinderung und den damit verbundenen Beeinträchtigungen die vorgesehene Arbeit nicht oder nur eingeschränkt geleistet werden kann. Auch Behinderungen und Erkrankungen, die sich nicht auf die konkret geforderte Arbeitsleistung auswirken, müssen nicht offenbart werden.

8.3.3 Bewerberauswahl

Grundsätzlich ist der Arbeitgeber bei der Bewerberauswahl frei. Er muss allerdings die Diskiminierungsverbote nach dem Allgemeinen Gleichbehandlungsgesetz beachten. Danach darf niemand aus Gründen der Rasse oder wegen der ethnischen Herkunft, des Geschlechts, der Religion oder Weltanschauung, einer Behinderung, des Alters oder der sexuellen Identität benachteiligt werden (§ 1 AGG). Dieses Benachteiligungsverbot bezieht sich nicht nur auf die Stellenausschreibung, sondern auch auf die Gestaltung des Auswahlverfahren, das heißt von Personalfragebögen, von Auswahlkriterien und Vorstellungsgesprächen (§ 2 Abs. 1 Nr. 1 AGG). Näheres zum Benachteiligungsverbot auch unter 8.4.

Im Bewerbungsverfahren darf ein Bewerber nicht wegen seiner Behinderung benachteiligt werden. Eine Bewerbung darf also nicht allein deshalb zurückgewiesen werden, weil der Bewerber eine Behinderung hat. Diese hat er, wenn seine körperliche Funktion, seine geistige Fähigkeit oder seelische Gesundheit mit hoher Wahrscheinlichkeit länger als sechs Monate von dem für das Lebensalter typischen Zustand abweicht und daher die Teilhabe am Leben in der Gesellschaft beeinträchtigt ist. Im Zusammenhang mit dem Diskriminierungsverbot nach dem Allgemeinen Gleichbehandlungsgesetz ist nicht nach dem Grad der Behinderung zu unterscheiden; der gesetzliche Schutz erstreckt sich also nicht nur auf Menschen mit einer Schwerbehinderung.

Wegen seiner Behinderung darf ein Bewerber nur deshalb unterschiedlich behandelt werden, wenn eine bestimmte körperliche Funktion, geistige Fähigkeit oder seelische Gesundheit wesentliche und entscheidende berufliche Anforderung für die Tätigkeit darstellt und der Zweck rechtmäßig und die Anforderung angemessen ist (§ 8

Abs. 1 AGG). Dabei muss berücksichtigt werden, dass der Arbeitgeber verpflichtet ist, geeignete und konkret erforderliche Maßnahmen zu ergreifen, um Behinderten den Zugang zur Beschäftigung zu ermöglichen, soweit das für ihn keine unverhältnismäßige Belastung auslöst. Maßgebend ist in diesem Zusammenhang auch die Größe und Finanzkraft des Arbeitgebers. Kann also ein Arbeitsplatz mit zumutbaren Anstrengungen angepasst werden, ist der Bewerber für die geschuldete Tätigkeit geeignet.

8.3.4 Pflichten des Arbeitgebers bei der Stellenbesetzung

Im Zusammenhang mit der Stellenbesetzung obliegen dem Arbeitgeber eine Reihe von gesetzlichen Verpflichtungen. Deren Zweck ist die verbesserte Teilhabe schwerbehinderter Menschen am Arbeitsleben durch die Förderung der Beschäftigung.

Prüfungspflicht des Arbeitgebers

Vor einer Neubesetzung eines Arbeitsplatzes muss jeder Arbeitgeber prüfen, ob dieser mit einem schwerbehinderten Menschen, insbesondere mit bei der Agentur für Arbeit arbeitslos oder arbeitsuchend gemeldeten schwerbehinderten Menschen, besetzt werden kann. Diese Pflicht besteht unabhängig von einer Beschäftigungspflicht und sogar dann, wenn die Zahl der anrechenbaren schwerbehinderten Beschäftigten bereits die Zahl der Pflichtplätze übersteigt. Bei einer Neuanstellung muss der Arbeitgeber frühzeitig Verbindung mit der Agentur für Arbeit aufnehmen. So wird der Agentur für Arbeit oder einem Integrationsfachdienst die Möglichkeit eröffnet, dem Arbeitgeber einen geeigneten schwerbehinderten Menschen vorzuschlagen (§ 164 Abs. 1 Sätze 1 und 2 SGB IX).

! Der Arbeitgeber verletzt seine Pflichten, wenn er auf einem freien Arbeitsplatz einen nicht schwerbehinderten Menschen einstellt, ohne geprüft zu haben, ob der Arbeitsplatz mit einem schwerbehinderten Menschen besetzt werden kann.

Beteiligung der Schwerbehindertenvertretung

Über Bewerbungen schwerbehinderter Menschen bzw. ihnen gleichgestellter behinderter Menschen und Vermittlungsvorschläge der Agentur für Arbeit hat der Arbeitgeber die Schwerbehindertenvertretung unmittelbar nach Eingang zu unterrichten. Seiner Unterrichtungspflicht kommt der Arbeitgeber nach, wenn er die Schwerbehindertenvertretung und die anderen beteiligten Stellen umfassend von der zu besetzenden Stelle, den Einstellungsvoraussetzungen und den Bewerbungen Kenntnis verschafft.

Erfüllt der Arbeitgeber seine Beschäftigungspflicht nicht (vgl. dazu 8.2) und ist die Schwerbehindertenvertretung mit der beabsichtigten Entscheidung des Arbeitgebers nicht einverstanden, ist die beabsichtigte Entscheidung unter Darlegung der Gründe mit der Schwerbehindertenvertretung bzw. dem Betriebs- oder Personalrat zu erörtern. Dabei ist auch der betroffene schwerbehinderte Mensch anzuhören. Bei Bewerbungen schwerbehinderter Menschen ist die Schwerbehindertenvertretung nicht zu beteiligen, wenn der schwerbehinderte Mensch die Beteiligung der Interessenvertretung ausdrücklich ablehnt. Alle Beteiligten müssen vom Arbeitgeber über die getroffene Entscheidung unter Darlegung der Gründe unverzüglich unterrichtet werden (§ 164 Abs. 1 SGB IX).

Die Schwerbehindertenvertretung hat das Recht auf Beteiligung am Einstellungsverfahren und bei Bewerbungen schwerbehinderter Menschen das Recht auf Einsicht in die entscheidungsrelevanten Teile der Bewerbungsunterlagen, ferner auf Teilnahme an Vorstellungsgesprächen. Das Recht auf Einsichtnahme in die Bewerbungsunterlagen erstreckt sich auf sämtliche – auch die nicht behinderten – Bewerber, weil nur so ein Vergleich der Qualifikation und eine sachgerechte Überprüfung einer benachteiligungsfreien Stellenbesetzung möglich ist.

Die Durchführung oder Vollziehung einer ohne Beteiligung der Schwerbehindertenvertretung getroffenen Entscheidung ist auszusetzen, die Beteiligung ist innerhalb von sieben Tagen nachzuholen;

sodann ist endgültig zu entscheiden (§ 178 Abs. 2 SGB IX). Die Einstellung eines Arbeitnehmers ist zwar nicht unwirksam, wenn der Arbeitgeber die Schwerbehindertenvertretung nicht entsprechend der gesetzlichen Verpflichtung beteiligt, der Arbeitgeber hat jedoch die Unterrichtung und Beteiligung nachzuholen. Holt der Arbeitgeber die Unterrichtung der Schwerbehindertenvertretung nicht nach, bleibt die Einstellung wirksam. Ein Anspruch der Schwerbehindertenvertretung, eine ohne ihre Beteiligung durchgeführte Entscheidung wieder rückgängig zu machen, besteht nicht. Ein Verstoß gegen die Beteiligungspflicht kann jedoch mit einer Geldbuße bis zu 10.000,– € geahndet werden (§ 238 SGB IX).

! Verletzt der Arbeitgeber Vorschriften, die zur Förderung der Chancen des schwerbehinderten Menschen geschaffen wurden, lässt dies eine Benachteiligung wegen Behinderung vermuten, die unter Umständen Entschädigung und Schadenersatz zur Folge haben können (vgl. dazu 8.4.3). Ein schuldhaftes Handeln oder eine Benachteiligungsabsicht sind nicht erforderlich. Allerdings muss der Bewerber darlegen und gegebenenfalls beweisen, dass die Schwerbehinderteneigenschaft oder Gleichstellung dem Arbeitgeber bekannt war oder er sich aufgrund der Bewerbungsunterlagen diese Kenntnis jedenfalls hätte verschaffen können. Soweit die Schwerbehinderteneigenschaft dem Arbeitgeber nicht nachweislich bekannt ist oder eine körperliche Behinderung offensichtlich ist (z.B. bei Benutzung eines Rollstuhls beim Vorstellungsgespräch), muss der Bewerber den Arbeitgeber über seine Schwerbehinderteneigenschaft informieren.

Beteiligungs- und Mitwirkungsrechte bei der Einstellung eines schwerbehinderten Menschen stehen nicht nur der Schwerbehindertenvertretung, sondern auch dem Betriebsrat bzw. Personalrat zu. Nach dem Betriebsverfassungsgesetz (§ 80 Abs. 1 Nr. 4) obliegt es dem Betriebsrat ausdrücklich, die Eingliederung schwerbehinderter Menschen und sonstiger besonders schutzbedürftiger Personen zu fördern. Der Betriebsrat kann seine Zustimmung zur Einstellung eines (nicht behinderten) Bewerbers verweigern, wenn gemäß der gesetzlichen Verpflichtung vorher nicht geprüft worden ist, ob der freie Arbeitsplatz mit einem schwerbehinderten Arbeitnehmer besetzt werden kann (vgl. dazu oben). Im Gegensatz zur Beteiligung der Schwerbehindertenvertretung ist das Beteiligungsrecht des Betriebsrat eine Voraussetzung für die Wirksamkeit der Einstellung. Verweigert der Betriebsrat seine Zustimmung, so kann der Arbeitgeber beim Arbeitsgericht beantragen, die Zustimmung zu ersetzen (§ 99 BetrVG).

Besondere Pflichten öffentlicher Arbeitgeber

Öffentliche Arbeitgeber haben über die oben genannten Pflichten hinausgehende Verpflichtungen (§ 165 SGB IX):

- Die Dienststellen der öffentlichen Arbeitgeber müssen frei werdende und neu zu besetzenden Stellen frühzeitig den Agenturen für Arbeit melden, allerdings erst »nach erfolglosen Prüfung zur internen Besetzung«.
- Haben schwerbehinderte Menschen sich um einen Arbeitsplatz beworben oder sind sie von der Agentur für Arbeit oder einem von dieser beauftragten Integrationsfachdienst vorgeschlagen worden, müssen sie zu einem Vorstellungsgespräch eingeladen werden. Eine Einladung ist nur dann entbehrlich, wenn die fachliche Eignung offensichtlich fehlt.

8.4 Benachteiligungsverbot

Arbeitgeber dürfen schwerbehinderte Beschäftigte nicht wegen ihrer Behinderung benachteiligen. Im Einzelnen gelten hierzu die Regelungen des Allgemeinen Gleichbehandlungsgesetzes.

8.4.1 Anwendungsbereich

Es ist zwischen dem persönlichen und dem sachlichen Anwendungsbereich zu unterscheiden.

Persönlicher Anwendungsbereich

Das Allgemeine Gleichbehandlungsgesetz enthält ein weitreichendes Verbot der Benachteiligung behinderter Menschen. Als eines der verbotenen Unterscheidungsmerkmale nennt § 1 des Gesetzes ausdrücklich die Behinderung. Dabei handelt es sich um Menschen, die körperliche, seelische, geistige oder Sinnesbeeinträchtigungen haben, die sie in Wechselwirkung mit einstellungs- und umweltbedingten Barrieren an der gleichberechtigten Teilhabe an der Gesellschaft mit hoher Wahrscheinlichkeit länger als sechs Monate hindern können.

! Das Allgemeine Gleichbehandlungsgesetz unterscheidet nicht nach dem Grad der Behinderung. Vom Benachteiligungsverbot erfasst werden also nicht nur schwerbehinderte oder ihnen gleichgestellte Menschen.

Zu den vom Benachteiligungsverbot erfassten behinderten Beschäftigten zählen Arbeitnehmer und Auszubildende. Es erstreckt sich auf alle Beschäftigungsverhältnisse, auch auf vorübergehende und kurzzeitige Arbeitsverträge. Auch Bewerber für ein Beschäftigungsverhältnis werden vom Benachteiligungsverbot erfasst (§ 6 AGG).

Sachlicher Anwendungsbereich

Der Schutz des Allgemeinen Gleichbehandlungsgesetzes erstreckt sich im Bereich Beschäftigung sowohl auf die selbstständige als auch auf die unselbstständige Erwerbstätigkeit. Im Bereich der unselbstständigen Beschäftigung sind Arbeitgebern Benachteiligungen von Menschen mit Behinderung verboten, insbesondere (§ 2 AGG)

- beim Zugang zu einer Erwerbstätigkeit (z.B. bei der Stellenausschreibung und dem Auswahlverfahren),
- beim beruflichen Aufstieg (z.B. bei Beförderungen),
- bei den Beschäftigungs- und Arbeitsbedingungen einschließlich dem Arbeitsentgelt,

- bei der Beendigung des Arbeitsverhältnisses (z.B. bei Entlassungen),
- bei allen Formen der beruflichen Weiterbildung und der Umschulung einschließlich der praktischen Berufserfahrung,
- bei sozialen Vergünstigungen.

8.4.2 Inhalt des Benachteiligungsverbots

Das Gesetz unterscheidet verschiedene Formen der Ungleichbehandlung. Unzulässig sind Benachteiligungen, wenn kein Rechtfertigungsgrund vorhanden ist.

Unmittelbare und mittelbare Benachteiligung

Eine unmittelbare Benachteiligung liegt vor, wenn eine Person wegen ihrer Behinderung eine weniger günstige Behandlung als eine andere Person in einer vergleichbaren Situation erfährt, erfahren hat oder erfahren würde (§ 3 Abs. 1 AGG). Das ist beispielsweise der Fall, wenn ein Bewerber ausschließlich wegen seiner Schwerbehinderteneigenschaft für die ausgeschriebene Stelle nicht in Betracht gezogen wurde.

Um eine mittelbare Diskriminierung handelt es sich, wenn dem Anschein nach neutralen Vorschriften, Kriterien oder Verfahren Personen wegen eines gesetzlich verbotenen Benachteiligungsgrunds gegenüber anderen Personen in besonderer Weise benachteiligen werden können, es sei denn, die betreffenden Vorschriften, Kriterien oder Verfahren sind durch ein rechtmäßiges Ziel sachlich gerechtfertigt und die Mittel sind zur Erreichung dieses Ziels angemessen und erforderlich (§ 3 Abs. 2 AGG). Das ist beispielsweise der Fall, wenn die Gewährung bestimmter Leistungen an Voraussetzungen geknüpft ist, die gesunde Beschäftigte eher erfüllen als behinderte Beschäftigte.

Zulässige unterschiedliche Behandlung

Eine unterschiedliche Behandlung behinderter Menschen ist ausnahmsweise zulässig, wenn wegen der Behinderung ein sachlicher Grund vorliegt. Das ist der Fall, wenn eine bestimmte körperliche Funktion, geistige Fähigkeit oder seelische Gesundheit wesentliche und entscheidende berufliche Anforderung für die Tätigkeit darstellt und der Zweck rechtmäßig und die Anforderung angemessen ist (§ 8 Abs. 1 AGG). Zulässig ist beispielsweise eine Ungleichbehandlung, wenn wegen der Behinderung die ordnungsgemäße Durchführung einer Tätigkeit nicht möglich ist (z.B. wenn ein Beschäftigter im Bäderbetrieb Rettungsaufgaben zu erfüllen hat). Allerdings muss berücksichtigt werden, dass der Arbeitgeber verpflichtet ist, geeignete und konkret erforderliche Maßnahmen zu ergreifen, um Menschen mit Behinderung den Zugang zur Beschäftigung zu ermöglichen, soweit das für ihn keine unverhältnismäßige Belastung auslöst. Maßgebend ist in diesem Zusammenhang auch die Größe und Finanzkraft des Arbeitgebers. Kann also ein Arbeitsplatz mit zumutbaren Anstrengungen angepasst werden, ist der Bewerber für die geschuldete Tätigkeit geeignet.

8.4.3 Rechtsfolgen

Verstößt der Arbeitgeber gegen das Benachteiligungsverbot, hat er den hierdurch entstandenen Vermögensschaden zu ersetzen, wenn er die Pflichtverletzung zu vertreten hat. Daneben ist der Arbeitgeber auch zum Ersatz des sogenannten immateriellen Schadens verpflichtet (§ 15 AGG).

Achtung: Ein Verstoß gegen das Benachteiligungsverbot von behinderten Beschäftigten begründet keinen Anspruch auf Begründung eines Arbeitsverhältnisses oder auf einen beruflichen Aufstieg.

Verletzt der Arbeitgeber das Diskriminierungsverbot, muss er dem Bewerber den hierdurch entstehenden Schaden ersetzen. Schadenersatzpflichtig ist der Arbeitgeber aber dann nicht, wenn er die Pflichtverletzung nicht zu vertreten hat (§ 15 Abs. 1 AGG). Zu ersetzen ist der gesamte durch die Benachteiligung resultierende Schaden. Der Bewerber ist so zu stellen, wie er stünde, wenn er eingestellt worden wäre. Der zu ersetzende Schaden umfasst auch den entgangenen Gewinn, also auch das entgangene Arbeitsentgelt. Ersatzfähiger Schaden ist der Verdienst, den der Bewerber bis zum ersten fiktiven Kündigungstermin erhalten hätte.

Der rechtswidrig benachteiligte Bewerber hat ferner Anspruch auf eine angemessene Entschädigung in Geld für den Schaden, der nicht Vermögensschaden ist (§ 15 Abs. 2 AGG). Dabei kommt es nicht auf ein Verschulden des Arbeitgebers an. Für die Höhe der Entschädigung sind insbesondere die Art und die Schwere der Benachteiligung, daneben auch ihre Dauer und Folgen und der Grad der Verantwortlichkeit des Arbeitgebers (z.B. geleistete Wiedergutmachung oder erhaltene Genugtuung) maßgebend. Die Entschädigung darf bei einer Nichteinstellung drei Monatsgehälter nicht übersteigen.

! Für die Geltendmachung des Schadenersatz- und Entschädigungsanspruchs gelten für den Bewerber gesetzliche Ausschlussfristen. Die Ansprüche müssen innerhalb einer Frist von zwei Monaten schriftlich geltend gemacht werden, solange nicht tarifvertraglich andere Regelungen bestehen (§ 15 Abs. 4 AGG). Die Frist beginnt bei der Ablehnung einer Bewerbung mit dem Zugang der Ablehnung, nicht jedoch vor dem Zeitpunkt, in dem der Bewerber von der Benachteiligung Kenntnis erlangt.

8.5 Anspruch auf behinderungsgerechte Beschäftigung

Schwerbehinderte Menschen haben gegenüber ihren Arbeitgebern Anspruch auf

- Beschäftigung, bei der sie ihre Fähigkeiten und Kenntnisse möglichst voll verwerten und weiterentwickeln können,

- bevorzugte Berücksichtigung bei innerbetrieblichen Maßnahmen der beruflichen Bildung zur Förderung ihres beruflichen Fortkommens,
- Erleichterungen im zumutbaren Umfang zur Teilnahme an außerbetrieblichen Maßnahmen der beruflichen Bildung,
- behinderungsgerechte Einrichtung und Unterhaltung der Arbeitsstätten einschließlich der Betriebsanlagen, Maschinen und Geräte sowie der Gestaltung der Arbeitsplätze, des Arbeitsumfelds, der Arbeitsorganisation und der Arbeitszeit, unter besonderer Berücksichtigung der Unfallgefahr,
- Ausstattung ihres Arbeitsplatzes mit den erforderlichen technischen Arbeitshilfen (§ 164 Abs. 4 SGB IX).

Achtung: Sämtliche Ansprüche des schwerbehinderten Menschen stehen unter dem Vorbehalt, dass ihre Erfüllung für den Arbeitgeber nicht unzumutbar und auch nicht mit unverhältnismäßigen Aufwendungen verbunden sein darf. Unverhältnismäßig sind Maßnahmen, die nur mit einem besonders hohen finanziellen Aufwand durchgeführt werden können. Macht der Arbeitgeber zu hohe Kosten geltend, muss er sich allerdings darauf verweisen lassen, dass er mit dem Integrationsamt, der Agentur für Arbeit und dem zuständigen Rehabilitationsträger zusammenzuarbeiten und deren Hilfen auszuschöpfen hat. Er kann deshalb als unverhältnismäßigen Aufwand nur seinen selbst zu tragenden finanziellen Anteil geltend machen. Unverhältnismäßig sind Aufwendungen besonders dann, wenn der finanzielle Aufwand nicht sicher zu einer Dauerbeschäftigung des schwerbehinderten Menschen führt oder der umgestaltete Arbeitsplatz nur noch für begrenzte Zeit wegen des absehbaren Rentenbezugs genutzt werden kann.

8.5.1 Beschäftigung entsprechend Fähigkeiten und Kenntnissen

Der schwerbehinderte Mensch hat gegenüber seinem Arbeitgeber Anspruch auf Beschäftigung, bei der er seine Fähigkeiten und Kenntnisse möglichst voll verwerten und weiterentwickeln kann. Allerdings besteht für den schwerbehinderten Beschäftigten kein Anspruch auf einen bestimmten Arbeitsplatz oder darauf, nach seinen Neigungen und Wünschen beschäftigt zu werden. Der Anspruch beschränkt sich vielmehr auf solche Tätigkeiten, für die der schwerbehinderte Mensch nach seinen Fähigkeiten und Kenntnissen unter Berücksichtigung der Behinderung befähigt ist.

! Unter Umständen ist der Arbeitgeber zur Umgestaltung der Arbeitsorganisation oder zur Änderung der Arbeitsverteilung verpflichtet, um eine behinderungsrechte Beschäftigung zu ermöglichen. Ist der schwerbehinderte Mensch nicht mehr in der Lage, wegen der Art oder der Schwere seiner Behinderung seine nach dem Arbeitsvertrag geschuldete Arbeitsleistung zu erbringen, kann er einen Anspruch auf eine anderweitige Beschäftigung und gegebenenfalls auf eine Änderung des Arbeitsvertrags haben. Allerdings muss der Arbeitgeber keinen neuen Arbeitsplatz schaffen, um den Arbeitnehmer dort nach einer Änderung des Arbeitsvertrags behinderungsgerecht beschäftigen zu können.

8.5.2 Bevorzugte Berücksichtigung bei innerbetrieblichen Bildungsmaßnahmen

Der schwerbehinderte Mensch hat gegenüber seinem Arbeitgeber Anspruch auf bevorzugte Berücksichtigung bei innerbetrieblichen Maßnahmen der beruflichen Bildung zur Förderung seines beruflichen Fortkommens. Als Bildungsmaßnahmen kommen solche der Berufsausbildung, der beruflichen Fortbildung und der beruflichen Umschulung in Betracht (z.B. in Form von Lehrgängen).

Achtung: Zwar ist der Arbeitgeber nicht verpflichtet, überhaupt innerbetriebliche Bildungsmaßnahmen anzubieten, werden solche aber durchgeführt, haben schwerbehinderte Menschen Vorrang bei der Zulassung zu diesen Bildungsveranstaltungen, sofern sie mindestens gleiche Qualifikationen aufweisen wie die übrigen Interessenten.

8.5.3 Erleichterte Teilnahme an außerbetrieblichen Berufsbildungsmaßnahmen

Der schwerbehinderte Mensch hat gegenüber seinem Arbeitgeber Anspruch auf Erleichterungen im zumutbaren Umfang zur Teilnahme an außerbetrieblichen Maßnahmen der beruflichen Bildung. In Betracht kommen insbesondere Fahrtkostenzuschüsse, die besondere Auswahl behindertengerechter Fortbildungsveranstaltungen, die Freistellung von der Arbeitspflicht bei gleichzeitiger Entgeltfortzahlung oder Hilfen bei der An- und Abreise.

Voraussetzung für den Anspruch ist, dass der schwerbehinderte Beschäftigte aufgrund Vorbildung und Eignung zur erfolgversprechenden Teilnahme an der Qualifizierungsmaßnahme befähigt ist.

8.5.4 Behinderungsgerechte Einrichtung der Arbeitsplätze

Der schwerbehinderte Mensch kann die behinderungsgerechte Einrichtung und Unterhaltung der Arbeitsstätten einschließlich der Betriebsanlagen, Maschinen und Geräte sowie der Gestaltung der Arbeitsplätze, des Arbeitsumfelds, der Arbeitsorganisation und der Arbeitszeit, unter besonderer Berücksichtigung der Unfallgefahr verlangen. Hierzu gehören unter anderem ausreichende Behindertenparkplätze, Rollstuhlfahrrampen, barrierefreie Zugänge zu den Betriebsanlagen und den sanitären Einrichtungen sowie behinderungsgerechte Werkzeuge und Maschinen. Bei spezifischen Behinderungen (z.B. Blinden oder Gehörlosen) kann auch eine Umgestaltung von Arbeitsabläufen notwendig sein. Der Anspruch beinhaltet auch eine behinderungsgerechte Gestaltung der Arbeitszeit.

8.5.5 Ausstattung des Arbeitsplatzes

Schwerbehinderte Menschen haben gegenüber ihren Arbeitgebern Anspruch auf Ausstattung ihres Arbeitsplatzes mit den erforderlichen technischen Arbeitshilfen. Technische Hilfsmittel für schwerbehinderte Menschen sind Vorrichtungen, die Arbeitsleistungen und -verrichtungen auf einem bestimmten Arbeitsplatz ermöglichen sollen, die der schwerbehinderte Mensch wegen seiner körperlichen Beeinträchtigung andernfalls nicht erbringen kann.

» Zur behindertengerechten Ausstattung des Arbeitsplatzes gehören etwa spezielle Sehhilfen, Hebe- und Drehvorrichtungen, Stehhilfen, Arbeitsstühle und ein angepasster PC für einen behinderten Mitarbeiter. Keine vom Arbeitgeber zu stellenden Hilfsmittel sind solche, die der allgemeinen Minderung oder Beseitigung der behinderungsbedingten Beeinträchtigungen dienen (z.B. Körperersatzstücke wie Prothesen).

8.6 Anspruch auf Teilzeitarbeit aus behindertenbedingten Gründen

Schwerbehinderte Menschen haben Anspruch auf Teilzeitbeschäftigung, wenn die kürzere Arbeitszeit wegen Art oder Schwere der Behinderung notwendig ist (§ 164 Abs. 5 SGB IX). Der Anspruch erstreckt sich allerdings nicht auf eine konkrete Verteilung der Arbeitszeit.

! Der Anspruch des schwerbehinderten Beschäftigten auf Teilzeitarbeit besteht neben dem allgemeinen Anspruch auf Reduzierung der Arbeitszeit nach dem Teilzeit- und Befristungsgesetz. Im Unterschied zum allgemeinen Teilzeitanspruch, der grundsätzlich nur in Betrieben besteht, in denen in der Regel mehr als 15 Arbeitnehmer beschäftigt sind, besteht der Teilzeitanspruch für schwerbehinderte Arbeitnehmer auch in Kleinbetrieben mit weniger als 15 Beschäftigten. Zudem besteht der Anspruch unabhängig davon, ob das Arbeitsverhältnis bereits sechs Monate bestanden hat.

8.6.1 Gründe für die Reduzierung der Arbeitszeit

Der Teilzeitanspruch des schwerbehinderten Beschäftigten setzt voraus, dass die kürzere Arbeitszeit wegen Art oder Schwere der Behinderung notwendig ist. In Betracht kommen beispielsweise körperliche Erkrankungen, die ein längeres Sitzen oder Stehen nicht möglich machen, seelische Erkrankungen, die das Konzentrationsvermögen beeinträchtigen, ambulante Rehabilitationsmaßnahmen oder die Notwendigkeit zeitaufwändiger Therapien.

! Ob die Voraussetzungen für die Verkürzung der vertraglichen Arbeitszeit vorliegen, bestimmt sich nach den Umständen des Einzelfalls. Im Regelfall genügt die Vorlage eines ärztlichen Attests, aus dem hervorgeht, dass eine Reduzierung der Arbeitszeit aus gesundheitlichen Gründen erforderlich ist.

8.6.2 Ablehnungsgründe gegenüber dem Teilzeitanspruch

Der Arbeitgeber kann die Teilzeitbeschäftigung nur dann ablehnen, wenn die Erfüllung des Begehrens des schwerbehinderten Arbeitnehmers für ihn unzumutbar oder mit unverhältnismäßigen Aufwendungen verbunden ist.

Achtung: Im Unterschied zum allgemeinen Teilzeitanspruch nach dem Teilzeit- und Befristungsgesetz reichen für die Ablehnung des Teilzeitbegehrens des schwerbehinderten Arbeitnehmers durch den Arbeitgeber allein betriebliche Gründe nicht aus, etwa dass die betriebliche Organisation beeinträchtigt wird.

Die Schaffung eines Teilzeitarbeitsplatzes kann unzumutbar sein, wenn

- diese Maßnahme zu einer wesentlichen Änderung der Arbeitsorganisation führen würde,
- die reduzierte Arbeitszeit nicht durch zusätzliches Personal aufgefangen werden kann,
- die Teilung des Arbeitsplatzes technisch nicht möglich ist,
- erhebliche und unverhältnismäßige Zusatzkosten entstehen.

! Soweit der Arbeitgeber dem Verlangen des schwerbehinderten Arbeitnehmers entgegensetzt, dass die Schaffung eines Teilzeitarbeitsplatzes mit unverhältnismäßigen Aufwendungen verbunden wäre, kann die unzumutbare Belastung des Arbeitgebers dadurch vermindert werden, dass die Integrationsämter die Ausgleichsabgabe für Leistungen zur Förderung der Teilhabe schwerbehinderter Menschen am Arbeitsplatz einsetzen und dafür auch Geldleistungen an den Arbeitgeber erbringen können.

8.6.3 Durchsetzung des Anspruchs

Der Anspruch eines schwerbehinderten Arbeitnehmers auf Reduzierung der Arbeitszeit steht neben dem allgemeinen Anspruch auf Teilzeitarbeit nach dem Teilzeit- und Befristungsgesetz. Der Anspruch entsteht bei Vorliegen der gesetzlichen Voraussetzungen unmittelbar, ohne dass es der Zustimmung des Arbeitgebers zur Änderung des Arbeitsvertrags bedarf. Formen und Fristen, wie sie für den allgemeinen Teilzeitanspruch nach dem Teilzeit- und Befristungsgesetz eingehalten werden müssen, sind nicht zu beachten.

! Der Teilzeitanspruch des schwerbehinderten Arbeitnehmers kann mit einer Leistungsklage beim Arbeitsgericht durchgesetzt werden. Soweit besondere Dringlichkeit besteht, kann der Anspruch auch im Wege einer einstweiligen Verfügung geltend gemacht werden.

8.7 Prävention und betriebliches Eingliederungsmanagement

Prävention und betriebliches Eingliederungsmanagement verfolgen das Ziel, der Gefährdung bzw. dem Verlust des Arbeitsplatzes vorzubeugen. Die gesetzlichen Regelungen zur Prävention richten sich an alle Arbeitgeber, die schwerbehinderte Mitarbeiter beschäftigen. Dagegen sind die gesetzlichen Regelungen über das betriebliche Eingliederungsmanagement nicht nur auf schwerbehinderte Arbeitnehmer, sondern auf alle Beschäftigte, also auch auf nicht behinderte Arbeitnehmer, anzuwenden.

8.7.1 Prävention

Wenn personen-, verhaltens- oder betriebsbedingte Schwierigkeiten eintreten, die zur Gefährdung des Beschäftigungsverhältnisses eines schwerbehinderten Menschen führen können, muss der Arbeitgeber frühzeitig reagieren. Er muss die Schwerbehindertenvertretung, den Betriebs- bzw. Personalrat sowie das Integrationsamt einschalten und mit diesen Stellen alle Möglichkeiten und alle zur Verfügung stehenden Hilfen zur Beratung sowie in Betracht kommenden finanzielle Leistungen erörtern.

Schwierigkeiten in der Person, im Verhalten oder im Betrieb

Der Arbeitgeber hat bei Eintreten von personen-, verhaltens- oder betriebsbedingten Schwierigkeiten im Arbeits- oder sonstigen Beschäftigungsverhältnis, die zur Gefährdung dieses Verhältnisses führen können, möglichst frühzeitig die Schwerbehindertenvertretung und den Betriebs- bzw. Personalrat sowie das Integrationsamt einzuschalten, um mit ihnen alle Möglichkeiten und alle zur Verfügung stehenden Hilfen zur Beratung und mögliche finanzielle Leistungen zu erörtern, mit denen die Schwierigkeiten beseitigt werden können und das Arbeits- oder sonstige Beschäftigungsverhältnis möglichst dauerhaft fortgesetzt werden kann (§ 167 Abs. 1 SGB IX). Ziel ist es, die aufgetretenen Schwierigkeiten zu beseitigen, damit das Beschäftigungsverhältnis möglichst dauerhaft fortgesetzt werden kann.

Zielgruppe der Prävention sind ausschließlich schwerbehinderte Beschäftigte und ihnen Gleichgestellte. Die Präventionspflicht besteht auch, wenn der Arbeitgeber nicht beschäftigungspflichtig ist oder wenn er als beschäftigungspflichtiger Arbeitgeber die Pflichtquote erfüllt hat (vgl. dazu 8.2).

Der Arbeitgeber muss reagieren, wenn personen-, verhaltens- oder betriebsbedingte Schwierigkeiten das Arbeitsverhältnis gefährden:

- **Personenbedingte Schwierigkeiten** sind häufig krankheitsbedingte Arbeitsunfähigkeit, fehlende Eignung, Minderleistung, Alkohol- oder Drogensucht.
- **Verhaltensbedingte Gefährdungen** des Arbeitsverhältnisses betreffen unter anderem Störungen des Betriebsfriedens, unentschuldigtes Fehlen, schuldhafte Minderleistung.
- **Betriebsbedingte Schwierigkeiten**, die das Arbeitsverhältnis des schwerbehinderten Arbeitnehmers gefährden, sind unter anderem Umsatzrückgang, Rationalisierungsmaßnahmen, Auftragsmangel, Absatzprobleme oder geplante Betriebsänderungsmaßnahmen.

Liegen solche Schwierigkeiten vor, durch die das Arbeitsverhältnis mit dem schwerbehinderten Arbeitnehmer gefährdet ist, muss der Arbeitgeber die Schwerbehindertenvertretung, das Integrationsamt und den Betriebs- oder Personalrat möglichst frühzeitig einschalten. Die beteiligten Stellen können dann Vorschläge zur Sicherung des infrage stehenden Arbeitsverhältnisses erarbeiten und mit dem Arbeitgeber erörtern.

Möglichkeiten und Hilfen zur Beseitigung von Schwierigkeiten

Der Arbeitgeber muss mit der Schwerbehindertenvertretung, dem Integrationsamt und dem Betriebs- oder Personalrat alle Hilfen zur Beratung und finanziellen Leistungen mit dem Ziel erörtern, das Arbeitsverhältnis des schwerbehinderten Arbeitnehmers zu sichern. Die Beteiligten haben zu prüfen, ob den aufgetretenen Schwierigkeiten durch inner- oder außerbetriebliche Maßnahmen begegnet werden kann.

- **Innerbetriebliche Maßnahmen,** durch die die eingetretenen Schwierigkeiten beseitigt werden können, sind beispielsweise eine andere Gestaltung des Arbeitsplatzes, die Um- oder Versetzung des Arbeitnehmers oder die Herabsetzung der Arbeitszeit.
- **Außerbetrieblich Hilfen** sind insbesondere Leistungen an den Arbeitgeber zur behinderungsgerechten Einrichtung von Arbeitsplätzen sowie für außergewöhnliche Belastungen, die mit der Beschäftigung schwerbehinderter Menschen verbunden sind (vgl. dazu 7.2) oder Geldleistungen direkt an den schwerbehinderte Menschen (vgl. dazu 7.1).

Rechtsfolgen einer Pflichtverletzung

Verstößt der Arbeitnehmer gegen die ihm gesetzlich obliegende Präventionspflicht, hat dies keine unmittelbaren Auswirkungen auf eine vom Arbeitgeber vorgenommene personelle Entscheidung. Die unterbliebene Durchführung des Präventionsverfahrens führt auch nicht zwangsläufig zur Unwirksamkeit einer ausgesprochenen Kündigung. Hätte also das Integrationsamt auch nach eingehender Prüfung unter Abwägung der Interessen des schwerbehinderten Arbeitnehmers und der betrieblichen Interessen die Kündigung des Arbeitsverhältnisses nicht verhindern können, ist die Kündigung auch dann wirksam, wenn das Präventionsverfahren nicht durchgeführt wurde.

! Unter Umständen kann eine Kündigung, die ohne vorherige Beteiligung der Schwerbehindertenvertretung bzw. des Betriebs- oder Personalrats ausgesprochen wurde, sozial ungerechtfertigt sein. In diesem Zusammenhang muss der schwerbehinderte Arbeitnehmer im arbeitsgerichtlichen Kündigungsschutzprozess dann darlegen, dass Möglichkeiten bestanden haben, die Kündigung zu vermeiden. Unwirksam kann die Kündigung wegen unterbliebener Durchführung des Präventionsverfahrens auch dann sein, wenn der Arbeitgeber gegen den Grundsatz der Verhältnismäßigkeit verstoßen hat. Der Arbeitgeber muss nämlich darlegen und beweisen, dass die Kündigung das letzte ihm zur Verfügung stehende Mittel war. Näheres zum besonderen Kündigungsschutz für schwerbehinderte Arbeitnehmer unter 8.11.

8.7.2 Betriebliches Eingliederungsmanagement

Zweck des betrieblichen Eingliederungsmanagements ist es, den Ursachen von Arbeitsunfähigkeitszeiten eines Beschäftigten nachzugehen und nach Möglichkeiten zu versuchen, künftig Arbeitsunfähigkeitszeiten zu vermeiden oder zumindest zu verringern. Seit 2004 verlangt der Gesetzgeber von den Arbeitgebern ein betriebliches Eingliederungsmanagement. Damit soll Arbeitnehmern, die länger als sechs Wochen oder wiederholt arbeitsunfähig sind, geholfen werden, möglichst frühzeitig wieder im Betrieb arbeiten zu können (§ 167 Abs. 2 SGB IX). Leistungen zur Rehabilitation, die der Wiederherstellung der Erwerbsfähigkeit dienen, sollen frühzeitig erkannt und die notwendigen Leistungen rechtzeitig eingeleitet werden. Hierdurch soll der Arbeitsplatz des Beschäftigten langfristig erhalten bleiben.

Achtung: Das betriebliche Eingliederungsmanagement gilt nicht nur für schwerbehinderte Arbeitnehmer bzw. Gleichgestellte, sondern für alle Arbeitnehmer des betreffenden Betriebs, die innerhalb eines Jahres länger als sechs Wochen ununterbrochen oder wiederholt arbeitsunfähig sind.

Durchführung

Die Initiative für das betriebliche Eingliederungsmanagement muss vom Arbeitgeber ausgehen. Arbeitnehmer können dessen Durchführung zwar anregen, aber nicht erzwingen.

Die Durchführung eines betrieblichen Eingliederungsmanagements setzt die Zustimmung des Arbeitnehmers voraus. Voraussetzung für eine wirksame Zustimmung ist eine ordnungsgemäße Aufklärung und Belehrung durch den Arbeitgeber. Der Arbeitgeber ist verpflichtet, die betroffene Person auf die Ziele des betrieblichen Eingliederungsmanagements sowie auf Art und Umfang der hierfür erhobenen Daten hinzuweisen.

Für die Durchführung eines betrieblichen Eingliederungsmanagements gibt es keine festen Vorgaben. Sinnvoll ist es, Verfahrensregelungen in Form einer Betriebs- oder Dienstvereinbarung zu treffen, wenn ein Betriebs- oder Personalrat besteht. Auch eine Inklusionsvereinbarung (vgl. dazu 8.8) kann das Verfahren eines betrieblichen Eingliederungsmanagements regeln, in diesem Fall sind dann allerdings nur schwerbehinderte Arbeitnehmer erfasst.

Beteiligte Stellen

An der Durchführung des betrieblichen Eingliederungsmanagements sind verschiedene Stellen zu beteiligen:

- In jedem Fall sind der Arbeitgeber und der erkrankte Arbeitnehmer beteiligt. Der Arbeitnehmer kann sich durch einen Anwalt vertreten lassen.
- Besteht ein Betriebs- oder Personalrat, so ist auch diese Interessenvertretung zu beteiligen.
- Ist ein schwerbehinderter Arbeitnehmer betroffen, ist die Schwerbehindertenvertretung im Betrieb zu beteiligen.
- Kommen Leistungen zur Teilhabe oder begleitende Hilfen im Arbeitsleben in Betracht, werden vom Arbeitgeber die örtlichen Servicestellen und bei schwerbehinderten Beteiligten das Integrationsamt hinzugezogen.

Ziele und Inhalte

Das betriebliche Eingliederungsmanagement ist darauf gerichtet, die Arbeitsunfähigkeit möglichst zu überwinden, einer erneuten Arbeitsunfähigkeit vorzubeugen und dem Arbeitnehmer den Arbeitsplatz zu erhalten. Um diese Ziele zu erreichen, steht ein weites Spektrum an möglichen Maßnahmen zur Verfügung, unter anderem

- Veränderungen am Arbeitsplatz (z.B. technische Unterstützung, Änderung der Dauer und Lage der Arbeitszeit),
- Wechsel des Arbeitsplatzes innerhalb des Betriebs,
- Umgestaltung des Arbeitsplatzes nach den Bedürfnissen des Arbeitnehmers mit finanzieller Unterstützung des Integrationsamts,
- spezielle medizinische oder psychologische Zusatzversorgung des Arbeitnehmers,
- ärztliche Untersuchung des Arbeitnehmers,
- ambulante oder stationäre Maßnahmen der medizinischen Rehabilitation.

Rechtsfolgen bei fehlendem oder unzureichendem betrieblichem Eingliederungsmanagement

Die Durchführung eines betrieblichen Eingliederungsmanagements ist zwar keine Wirksamkeitsvoraussetzung für den Ausspruch einer krankheitsbedingten Kündigung, allerdings soll durch die Verpflichtung möglichst frühzeitig einer Gefährdung des Arbeitsverhältnisses eines kranken Arbeitnehmers begegnet und die dauerhafte Fortsetzung der Beschäftigung erreicht werden. Damit wird gesetzlich der im Kündigungsschutzrecht verankerte Grundsatz der Verhältnismäßigkeit konkretisiert. Schließlich stellen beispielsweise die Umgestaltung des Arbeitsplatzes oder eine Weiterbeschäftigung auf einem anderen Arbeitsplatz mildere Mittel als die Kündigung dar. Insoweit wird durch die Pflicht, ein betriebliches Eingliederungsmanagement durchzuführen, die Darlegungs- und Beweislast des Arbeitgebers im Kündigungsschutzprozess beeinflusst.

! Wird kein betriebliches Eingliederungsmanagement durchgeführt, kann sich der Arbeitgeber im Kündigungsschutzprozess nicht pauschal darauf berufen, ihm seien keine Alternativen oder keine der Erkrankung angemessenen Einsatzmöglichkeiten bekannt. Er muss dann vielmehr umfassend und konkret zu einem nicht mehr möglichen Einsatz des Arbeitnehmers auf dem bisherigen Arbeitsplatz sowie zu den Gründen vortragen, warum eine leidensgerechte Anpassung und Veränderung ausgeschlossen ist oder der Arbeitnehmer nicht auf einem anderen Arbeitsplatz bei geänderter Tätigkeit eingesetzt werden kann und warum das betriebliche Eingliederungsmanagement in keinem Fall dazu hätte beitragen können, neuerlichen Krankheitszeiten bzw. das Fortdauern der Arbeitsunfähigkeit entgegenzuwirken und das Arbeitsverhältnis zu erhalten (BAG, Az. 2 AZR 565/14, 2 AZR 716/06).

8.8 Inklusionsvereinbarung

In einer Inklusionsvereinbarung vereinbaren der Arbeitgeber und die Interessenvertretungen Inklusions- und Rehabilitationsziele, die auf den Betrieb bzw. die Dienststelle zugeschnitten sind. Dadurch soll die Teilhabe schwerbehinderter Menschen am Arbeitsleben dahingehend unterstützt werden, dass die betriebliche Integration über Zielvereinbarungen gesteuert wird. Es sollen praxisbezogene Vereinbarungen abgeschlossen werden, die geeignet sind, die Beschäftigungssituation schwerbehinderter Menschen zu verbessern. Die Inklusionsvereinbarung erleichtert die Zusammenarbeit im Betrieb und setzt positive Impulse für die Aufgaben der Personalverantwortlichen, der Schwerbehindertenvertretung und der Betriebs- bzw. Personalräte.

8.8.1 Abschluss

Der Arbeitgeber hat mit der Schwerbehindertenvertretung, dem Betriebs- oder Personalrat und seinem Inklusionsbeauftragten eine verbindliche Inklusionsvereinbarung abzuschließen. Auf Antrag der

Schwerbehindertenvertretung wird unter Beteiligung des Betriebs- oder Personalrats hierüber verhandelt. Ist eine Schwerbehindertenvertretung im Betrieb nicht vorhanden, steht das Antragsrecht dem Betriebs- bzw. Personalrat zu (§ 166 SGB IX).

Zwar ist die Mitwirkung des für den Betrieb zuständigen Integrationsamts nicht zwingend vorgeschrieben, allerdings können sowohl der Arbeitgeber als auch die Schwerbehindertenvertretung das Integrationsamt einladen, sich an den Verhandlungen über die Inklusionsvereinbarung zu beteiligen.

! Die Beteiligung des Integrationsamts ist auf jeden Fall zu empfehlen, weil es einerseits eine Vermittlerrolle zwischen dem Arbeitgeber und der Schwerbehindertenvertretung übernehmen kann und andererseits die Möglichkeit besteht, Auskünfte über Fördermöglichkeiten zu erhalten, die in der Vereinbarung berücksichtigt werden können.

Nach Abschluss der Inklusionsvereinbarung muss der Text sowohl dem Integrationsamt als der Agentur für Arbeit übermittelt werden.

8.8.2 Inhalt

Die Inklusionsvereinbarung enthält Regelungen im Zusammenhang mit der Eingliederung schwerbehinderten Menschen. Gesetzlich sind als Mindestinhalt folgende Bereiche vorgeschrieben:

- Personalplanung (z.B. Zielvereinbarungen über Neueinstellungen, externe und interne Stellenausschreibungen, Ausschluss ordentlicher Kündigungen),
- Arbeitsplatzgestaltung (z.B. Festlegung des Gestaltungsbedarfs, Einbindung technischer Berater des Integrationsamts),
- Gestaltung des Arbeitsumfelds (z.B. Regelung konkreter Maßnahmen wie Reservierung von Sonderparkplätzen oder arbeitsplatznahe Einrichtung von Sanitär- und Sozialräumen),

- Arbeitsorganisation (z.B. Einrichtung von Tele- oder Heimarbeitsplätzen, Festlegung von Arbeits- und Leistungsbedingungen wie längere Vorgabezeiten und Zeitgutschriften),
- Arbeitszeit (z.B. Regelung zusätzlicher Pausen, Freistellung schwerbehinderter Menschen von Schicht- und Mehrarbeit),
- Regelungen über die Durchführung in den Betrieben und Dienststellen (z.B. Einrichtung eines Integrationsteams, Pflicht zur Berichterstattung gegenüber dem Betriebs- oder Personalrat und in der Schwerbehindertenversammlung).

Als weitere, nicht obligatorische Regelungen können in einer Inklusionsvereinbarung insbesondere auch Regelungen getroffen werden

- zur angemessenen Berücksichtigung schwerbehinderter Menschen bei der Besetzung freier, frei werdender oder neuer Stellen,
- zu einer anzustrebenden Beschäftigungsquote, einschließlich eines angemessenen Anteils schwerbehinderter Frauen,
- zu Teilzeitarbeit,
- zur Ausbildung behinderter Jugendlicher,
- zur Durchführung der betrieblichen Prävention (betriebliches Eingliederungsmanagement) und zur Gesundheitsförderung,
- über die Hinzuziehung des Werks- oder Betriebsarztes auch für Beratungen über Leistungen zur Teilhabe sowie über besondere Hilfen im Arbeitsleben.

8.8.3 Wirkungen

Eine Inklusionsvereinbarung ist eine verbindliche Vereinbarung zwischen dem Arbeitgeber und der Schwerbehindertenvertretung wie beispielsweise eine Betriebsvereinbarung zwischen dem Arbeitgeber und dem Betriebsrat. Sie gilt für den Betrieb, für den sie abgeschlossen worden ist und ist auf alle schwerbehinderten und ihnen gleichgestellten behinderten Arbeitnehmer anzuwenden. Der einzelne Arbeitnehmer kann aus der Inklusionsvereinbarung Ansprüche herleiten, wenn in seinem Arbeitsvertrag auf die Vereinbarung

Bezug genommen wird. Die Inklusionsvereinbarung wird dann Bestandteil des Arbeitsvertrags. Pflichten des Arbeitgebers begründen anschließend unter Umständen individuelle Ansprüche des schwerbehinderten Arbeitnehmers.

8.9 Zusatzurlaub

Schwerbehinderte Arbeitnehmer haben neben dem allgemeinen Anspruch auf Erholungsurlaub Anrechtz auf einen bezahlten Zusatzurlaub von grundsätzlich fünf Tagen im Urlaubsjahr (§ 208 SGB IX). Der Anspruch steht ihnen unabhängig von ihrem individuellen Erholungsbedürfnis zu.

8.9.1 Voraussetzungen

Anspruch auf Zusatzurlaub haben nur schwerbehinderte Menschen mit einem Grad der Behinderung von 50. Kein Anspruch besteht für gleichgestellte behinderte Menschen. Der Anspruch auf Zusatzurlaub ist rechtlich an das Schicksal des sonstigen Urlaubsanspruchs des Arbeitnehmers gebunden. Das bedeutet, dass Zusatzurlaub nur dann und insoweit erworben wird, wie ein allgemeiner Anspruch auf Erholungsurlaub nach dem Bundesurlaubsgesetz entstanden ist. Deshalb muss der schwerbehinderte Arbeitnehmer auch für den vollen Zusatzurlaub eine Wartezeit zurücklegen. Der volle Anspruch auf Zusatzurlaub wird erstmalig nach sechsmonatigem Bestehen des Arbeitsverhältnisses erworben.

! Der Anspruch auf Zusatzurlaub bei Schwerbehinderung entsteht zu dem Zeitpunkt, ab dem das Versorgungsamt die Schwerbehinderteneigenschaft feststellt. Dies ist grundsätzlich rückwirkend der Zeitpunkt der Antragstellung.

8.9.2 Dauer

Die Dauer des Zusatzurlaubs bemisst sich nach Arbeitstagen und nicht – wie sonst im Urlaubsrecht – nach Werktagen. Der Zusatzurlaub beträgt grundsätzlich fünf Arbeitstage.

Weicht die Arbeitszeit von einer Fünftagewoche ab, erhöht oder vermindert sich die Zahl der Urlaubstage entsprechend. Bei einer Sechstagewoche erhöht sich der Zusatzurlaub auf sechs Arbeitstage, bei der Viertagewoche verringert er sich entsprechend auf vier Arbeitstage.

Besonderheiten gelten, wenn die Schwerbehinderteneigenschaft nicht während des gesamten Kalenderjahres besteht. In diesem Fall hat der schwerbehinderte Mensch für jeden vollen Monat der im Beschäftigungsverhältnis vorliegenden Schwerbehinderteneigenschaft einen Anspruch auf ein Zwölftel des Zusatzurlaubs. Bruchteile von Urlaubstagen, die mindestens einen halben Tag ergeben, werden auf volle Urlaubstage aufgerundet. Der so ermittelte Zusatzurlaub ist dem Erholungsurlaub hinzuzurechnen und kann bei einem nicht im ganzen Kalenderjahr bestehenden Beschäftigungsverhältnis nicht erneut gemindert werden.

8.9.3 Übertragung des Anspruchs

Für die Übertragung des Zusatzurlaubs ins nächste Kalenderjahr gelten die allgemeinen urlaubsrechtlichen Regelungen. Der Urlaub muss im laufenden Kalenderjahr gewährt und genommen werden. Eine Übertragung des Urlaubs auf das nächste Kalenderjahr ist kraft Gesetzes nur statthaft, wenn dringende betriebliche oder in der Person des Arbeitnehmers liegende Gründe dies rechtfertigen. Im Fall der Übertragung muss der Urlaub in den ersten drei Monaten des folgenden Jahres gewährt und genommen werden.

! Zwar ist der Arbeitgeber nicht verpflichtet, dem Arbeitnehmer von sich aus Urlaub zu gewähren, um die Voraussetzungen für einen automatischen Verfall von Urlaubsansprüchen zum Jahresende oder spätestens zum 31. März des Folgejahres zu schaffen, allerdings verfällt der Urlaub in der Regel nur dann, wenn der Arbeitgeber den Arbeitnehmer zuvor konkret aufgefordert hat, den Urlaub zu nehmen und ihn klar und rechtzeitig darauf hingewiesen hat, dass der Urlaub anderenfalls mit Ablauf des Urlaubsjahres oder Übertragungszeitraums erlischt.

8.10 Mehrarbeit

Schwerbehinderte Menschen sind auf ihr Verlangen von Mehrarbeit freizustellen (§ 207 SGB IX). Mehrarbeit ist die Arbeit, die über die allgemein vereinbarte Arbeitszeitgrenze hinausgeht. Die regelmäßige Arbeitszeit kann sich aus dem Arbeitsvertrag, einem Tarifvertrag einer Betriebsvereinbarung oder aus dem Gesetz ergeben. Nach dem Arbeitszeitgesetz beträgt die regelmäßige Arbeitszeit acht Stunden. Mehrarbeit liegt mithin dann vor, wenn die 8-Stunden-Grenze überschritten wird.

Der Freistellungsanspruch gilt sowohl für schwerbehinderte Menschen als auch für ihnen Gleichgestellte. Keine Bedeutung hat, ob die Mehrarbeit eine konkrete zusätzliche Belastung mit sich bringt.

Achtung: Gesetzlich besteht für schwerbehinderte Menschen und ihnen Gleichgestellte kein Verbot der Mehrarbeit. Der schwerbehinderte Arbeitnehmer soll aber gegen seinen Willen nicht zusätzlich belastet werden. Deshalb ist es ihm überlassen, ob er von seinem Anspruch auf Freistellung von Mehrarbeit Gebrauch macht oder nicht. Verlangt er die Freistellung, kann er die werktägliche Arbeitsleistung über acht Stunden hinaus verweigern, wenn der Arbeitgeber diesem Anspruch nicht freiwillig nachkommt.

Der schwerbehinderte Mensch muss sein Verlangen auf Mehrarbeit zwar nicht begründen, aber ausdrücklich und frühzeitig erklären. Nicht zulässig ist es, dass der Beschäftigte der Arbeit ohne Freistellungsverlangen einfach fernbleibt oder den Arbeitsplatz am Ende der regelmäßigen arbeitstäglichen Arbeitszeit verlässt. Die Freistellung auf Mehrarbeit kann vom schwerbehinderten Beschäftigten auf bestimmte oder unbestimmte Zeit verlangt werden.

! Sobald dem Arbeitgeber das Freistellungsverlangen zugeht, tritt die gesetzliche Freistellung ein. Einer besonderen Freistellungserklärung des Arbeitgebers bedarf es nicht.

8.11 Kündigungsschutz für schwerbehinderte Arbeitnehmer

Schwerbehinderte Arbeitnehmer genießen grundsätzlich einen besonderen Kündigungsschutz dahingehend, dass für die Kündigung die Zustimmung des Integrationsamts notwendig ist (§ 168 SGB IX). Das gilt für ordentliche und außerordentliche Kündigungen. Kündigungsschutz besteht jedoch nur unter bestimmten Umständen und er besteht auch nicht für schwerbehinderte Arbeitnehmer, die auf bestimmten Arbeitsplätzen beschäftigt werden. Insgesamt setzt der besondere Kündigungsschutz voraus, dass

- ein Arbeitsverhältnis mit einem schwerbehinderten oder ihm gleichgestellten Menschen besteht,
- das zum Zeitpunkt des Zugangs der Kündigung ohne Unterbrechung bereits länger als sechs Monate bestanden hat und
- kein Ausnahmetatbestand gilt, nachdem der betroffene schwerbehinderte Arbeitnehmer nicht als schutzwürdig angesehen wird.

Sonderkündigungsschutz besteht in allen Betrieben. Auf die Anzahl der dort Beschäftigten kommt es nicht an. Während der allgemeine Kündigungsschutz nach dem Kündigungsschutzgesetz erst in Betrieben mit mehr als zehn Arbeitnehmer greift, gilt der besondere Kündigungsschutz für schwerbehinderte Menschen auch in Kleinbetrieben.

Achtung: Sonderkündigungsschutz besteht nur für Kündigungen des Arbeitgebers. Endet das Arbeitsverhältnis durch einen anderen Beendigungstatbestand, ist für die Beendigung des Arbeitsverhältnisses die Zustimmung des Integrationsamts nicht erforderlich. Die zustimmungsfreie Beendigung des Arbeitsverhältnisses gilt insbesondere bei Beendigung des Arbeitsverhältnisses durch Aufhebungsvertrag, Fristablauf bei einem befristeten Arbeitsverhältnis, Erreichen der vereinbarten Altersgrenze oder bei Anfechtung des Arbeitsvertrags.

8.11.1 Geschützter Personenkreis

Der Sonderkündigungsschutz gilt für schwerbehinderte Menschen, also bei einem Grad der Behinderung von mindestens 50. Ferner besteht der besondere Kündigungsschutz für Gleichgestellte, also behinderte Menschen mit einem Grad der Behinderung von mindestens 30 aber weniger als 50, die schwerbehinderten Menschen gleichgestellt sind (vgl. dazu 1.3.3). Behinderte Menschen, die schwerbehinderten Menschen nicht gleichgestellt sind, genießen keinen Sonderkündigungsschutz.

Achtung: Sonderkündigungsschutz besteht nicht, wenn zum Zeitpunkt der Kündigung die Eigenschaft als schwerbehinderter Mensch nicht nachgewiesen ist (vgl. dazu 8.11.2). Die Schwerbehinderung muss also bei Zugang der Kündigung durch einen Feststellungsbescheid des Versorgungsamts anerkannt oder eine Gleichstellung durch Bescheid der Agentur für Arbeit erfolgt sein. Kündigungsschutz besteht allerdings auch, wenn die Schwerbehinderteneigenschaft offenkundig ist (z.B. bei einem blinden Beschäftigten).

Der Sonderkündigungsschutz gilt grundsätzlich für alle Arbeitnehmer. Er erstreckt sich auch auf Auszubildende, ferner auf Teilzeitbeschäftigte, selbst wenn sie unterhalb der 18-Stunden-Grenze tätig sind. Auch schwerbehinderte Arbeitnehmer, die sich bei Altersteilzeit in der sogenannten Freistellungsphase des Blockmodells befinden, können sich auf den Kündigungsschutz berufen.

8.11.2 Ausnahmen vom Kündigungsschutz

In einer Reihe von Fällen besteht für schwerbehinderte Beschäftigte bzw. ihnen Gleichgestellte kein besonderer Kündigungsschutzschutz (§ 173 SGB IX). In diesen Fällen ist die Kündigung des Arbeitsverhältnisses durch den Arbeitgeber auch ohne Zustimmung des Integrationsamts zulässig. Unabhängig davon genießen schwerbehinderte Arbeitnehmer aber – wenn die gesetzlichen Voraussetzungen vorliegen – den allgemeinen Kündigungsschutz nach dem Kündigungsschutzgesetz und anderweitigen besonderen Kündigungsschutz, beispielsweise im Rahmen des Mutterschutzes.

Nichterfüllung der Wartezeit

Besteht ein Arbeitsverhältnis im Zeitpunkt des Zugangs der Kündigungserklärung ohne Unterbrechung noch nicht länger als sechs Monate, entfällt für den schwerbehinderten Beschäftigten der Kündigungsschutz. Mithin setzt der besondere Kündigungsschutz erst nach Ablauf einer Wartefrist von sechs Monaten ein. Der Arbeitgeber kann also während der ersten sechs Monate das Arbeitsverhältnis des schwerbehinderten Menschen ohne Zustimmung des Integrationsamts kündigen.

! Entscheidend für den Beginn des Kündigungsschutzes ist der Zugang der Kündigung. Geht die Kündigungserklärung vor Ablauf der Sechsmonatsfrist zu und beendet sie das Arbeitsverhältnis zu einem Zeitpunkt, in dem die Frist bereits abgelaufen ist, greift der besondere Kündigungsschutz nicht ein.

Für die Berechnung des Sechsmonatszeitraums ist allein der rechtliche Bestand des Arbeitsverhältnisses maßgebend. Unterbrechungen wie beispielsweise Krankheit, Urlaub, Kurzarbeit oder Streit unterbrechen die Sechsmonatsfrist nicht.

Schwerbehinderte Arbeitnehmer auf bestimmten Arbeitsplätzen

Keine Zustimmung des Integrationsamts zur Kündigung des Arbeitsverhältnisses ist auch für schwerbehinderte Arbeitnehmer erforderlich, die auf bestimmten Arbeitsplätzen beschäftigt werden.

Vom Kündigungsschutz ausgenommen sind danach (§ 156 Abs. 2 SGB IX)

- Personen, deren Beschäftigung nicht in erster Linie ihrem Erwerb dient, sondern vorwiegend durch Beweggründe karitativer oder religiöser Art bestimmt ist (z.B. Diakonissen, Missionare) und Geistliche öffentlich-rechtlicher Religionsgemeinschaften,
- Personen, deren Beschäftigung nicht in erster Linie ihrem Erwerb dient und die vorwiegend zu ihrer Heilung, Wiedereingewöhnung oder Erziehung erfolgt (z.B. Insassen von Heilanstalten, Strafgefangene),
- Personen, die an Arbeitsbeschaffungsmaßnahmen teilnehmen,
- Personen, die nach ständiger Übung in ihre Stellen gewählt werden (z.B. bei Gewerkschaften, Verbänden, Kommunen).

Kündigung nach Vollendung des 58. Lebensjahrs und soziale Alterssicherung

Der besondere Kündigungsschutz gilt nicht für schwerbehinderte Arbeitnehmer, deren Arbeitsverhältnis durch Kündigung beendet wird, sofern sie das 58. Lebensjahr vollendet haben und Anspruch auf eine Abfindung, Entschädigung oder ähnliche Leistung aufgrund eines Sozialplans haben. Der Gesetzgeber geht in diesem Fall davon aus, dass die Altersversorgung der Arbeitnehmer gesichert ist und deshalb ein zusätzlicher Kündigungsschutz nicht mehr gewährt werden muss.

Achtung: Der Arbeitgeber muss die Kündigungsabsicht rechtzeitig mitgeteilt haben und der Arbeitnehmer muss der beabsichtigten Kündigung bis zu deren Ausspruch nicht widersprechen. Für den Widerspruch des Arbeitnehmers ist gesetzlich keine Form vorgeschrieben. Der Widerspruch bedarf keiner Begründung.

Entlassung aus Witterungsgründen

Die gesetzlichen Regelungen über den besonderen Kündigungsschutz der schwerbehinderten Menschen gelten nicht bei Entlassungen, die aus Witterungsgründen vorgenommen werden, sofern die Wiedereinstellung bei Wiederaufnahme der Arbeit gewährleistet ist. Arbeiten fallen witterungsbedingt aus, wenn vorhandene Aufträge nicht ausgeführt werden können, Aufträge witterungsbedingt fehlen und Arbeitnehmer deshalb nicht beschäftigt werden können.

Fehlender Nachweis der Schwerbehinderteneigenschaft

Der Sonderkündigungsschutz besteht auch dann nicht, wenn zum Zeitpunkt der Kündigung die Eigenschaft als schwerbehinderter Mensch nicht nachgewiesen ist. Der Zustimmung des Integrationsamts bedarf mithin die Kündigung eines schwerbehinderten Menschen bzw. eines Gleichgestellten, wenn

- die Schwerbehinderung durch einen Feststellungsbescheid des Versorgungsamts anerkannt ist (dem Bescheid des Versorgungsamts steht es gleich, wenn eine Feststellung über das Vorliegen einer Behinderung und den Grad einer auf ihr beruhenden Erwerbsminderung schon in einem Rentenbescheid wie beispielsweise in einem Unfallrentenbescheid der Berufsgenossenschaft, einer entsprechenden Verwaltungs- oder Gerichtsentscheidung oder einer vorläufigen Bescheinigung der für diese Entscheidungen zuständigen Dienststellen getroffen worden ist),
- eine Gleichstellung der Agentur für Arbeit erfolgt ist, oder
- die Schwerbehinderung offenkundig ist (z.B. bei Blindheit oder dem Verlust von Gliedmaßen).

Sonderkündigungsschutz besteht auch dann nicht, wenn zum Zeitpunkt der Kündigung das Versorgungsamt nach Ablauf der gesetzlich bestimmten Frist eine Feststellung der Schwerbehinderteneigenschaft nicht treffen konnte. Das Versorgungsamt soll innerhalb von drei Wochen über vorliegende Anträge auf Feststellung der Behinderung entscheiden, soweit ein Gutachten für die Feststellung nicht erforderlich ist. Der Antrag auf Feststellung der Schwerbehinderung bzw. der Gleichstellung muss also mindestens drei Wochen vor Zugang der Kündigung mit den erforderlichen Angaben gestellt worden sein, sodass über den Antrag vor der Kündigung eine positive Entscheidung hätte ergehen können. Vollständig ist ein Antrag, wenn alle Tatsachen angegeben werden, die für die Feststellung der Schwerbehinderteneigenschaft bzw. der Gleichstellung erforderlich sind. Ein formloser Antrag genügt diesen Anforderungen nicht.

8.11.3 Kündigungsschutzverfahren

Die Kündigung des Arbeitsverhältnisses mit einem schwerbehinderten Arbeitnehmer oder einem ihm Gleichgestellten durch den Arbeitgeber bedarf der Zustimmung des Integrationsamts. Für das Zustimmungsverfahren gelten wichtige gesetzliche Grundsätze.

Antrag des Arbeitgebers

Das Integrationsamt wird nur auf Antrag des Arbeitgebers tätig. Es kann nicht von Amts wegen ein Zustimmungsverfahren einleiten. Der Arbeitgeber muss die Zustimmung des für den Sitz des Betriebs oder der Dienststelle zuständigen Integrationsamts zur Kündigung des Arbeitsverhältnisses mit einem schwerbehinderten Beschäftigten bzw. einem diesem Gleichgestellten schriftlich oder elektronisch beim Integrationsamt beantragen (§ 170 Abs. 1 SGB IX). Eine mündliche oder telefonische Antragstellung ist unwirksam.

Der Antrag auf Zustimmung zur Kündigung muss zwar nicht die Kündigungsgründe darlegen, gleichwohl sind die Angabe der Gründe und etwaiger Beweismittel für die Prüfung des Antrags durch das Integrationsamt erforderlich. Weil die Behörde den Sachverhalt von Amts wegen zu ermitteln hat, kann sie den Arbeitgeber auch zur Angabe der Kündigungsgründe auffordern.

Einholung von Stellungnahmen

Nachdem der Antrag eingegangen ist, muss das Integrationsamt Stellungnahmen des Betriebs- oder Personalrats und der Schwerbehindertenvertretung einholen (§ 170 Abs. 2 SGB IX). Im Rahmen ihrer Stellungnahmen haben diese Stellen dann Gelegenheit, im Einzelnen auf die vom Arbeitgeber vorgetragenen Kündigungsgründe einzugehen. Ferner besteht Gelegenheit darzulegen, was der Arbeitgeber im Rahmen präventiver Maßnahmen in der Vergangenheit unternommen hat, um die Kündigung des schwerbehinderten Arbeitnehmers abzuwenden (vgl. dazu 8.7.1).

Regelmäßig räumt das Integrationsamt diesen Stellen für die Stellungnahmen eine angemessene Frist ein. Gehen beim Integrationsamt keine Stellungnahmen ein, ist das Anhörungsverfahren gleichwohl abgeschlossen. Eine Verpflichtung des Betriebs- oder Personalrats und der Schwerbehindertenvertretung zur Stellungnahme besteht nicht. Geht beim Integrationsamt keine Stellungnahme ein, wird ohne sie entschieden.

Anhörung des schwerbehinderten Menschen

Das Integrationsamt hat den betroffenen Arbeitnehmer anzuhören (§ 170 Abs. 2 SGB IX) und ihm Gelegenheit zu geben, sich zu den für die Entscheidung erheblichen Tatsachen zu äußern. Die Anhörung kann mündlich oder schriftlich erfolgen. Auf Wunsch des schwerbehinderten Arbeitnehmers muss allerdings die Anhörung stets mündlich durchgeführt werden. Der schwerbehinderte Arbeitnehmer kann zu seiner Anhörung einen bevollmächtigten Rechtsanwalt hinzuziehen.

Das Integrationsamt wird dem Betroffenen regelmäßig eine Frist setzen, innerhalb derer er sich äußern kann. Diese Frist muss angemessen lang sein und darf regelmäßig zwei Wochen nicht unterschreiten.

Die Anhörung des schwerbehinderten Arbeitnehmers setzt voraus, dass er über alle tatsächlichen Umstände, die für und gegen die Kündigung geltend gemacht werden, informiert wird. Auf Verlangen ist dem Betroffenen Akteneinsicht zu gewähren.

! Die gesetzlich vorgeschriebene Anhörung des schwerbehinderten Arbeitnehmers ist eine zwingende Verfahrensvorschrift. Die Anfechtung ist allerdings ausgeschlossen, wenn in der Sache keine andere Entscheidung hätte getroffen werden können.

Gütliche Einigung

Das Integrationsamt ist verpflichtet, in jeder Lage des Verfahrens auf eine gütliche Einigung zwischen dem Arbeitgeber und dem schwerbehinderten Menschen hinzuwirken (§ 170 Abs. 3 SGB IX). Dabei soll nach Möglichkeit dem Arbeitnehmer der Arbeitsplatz gesichert werden, etwa durch die Weiterbeschäftigung des Betroffenen zu geänderten Arbeitsbedingungen oder durch Umgestaltung des Arbeitsplatzes.

Mündliche Verhandlung

Das Integrationsamt soll die Entscheidung, falls erforderlich, aufgrund mündlicher Verhandlung treffen (§ 171 Abs. 1 SGB IX). Ob eine mündliche Verhandlung stattfindet, steht also im pflichtgemäßen Ermessen des Integrationsamts. Zu berücksichtigen ist dabei, dass im Rahmen einer mündlichen Verhandlung Gelegenheit besteht, den Kündigungssachverhalt gemeinsam zu erörtern und Hintergründe der Kündigung und der Situation im Betrieb offenzulegen. Zudem besteht die letzte Chance für eine gütliche Einigung. Entbehrlich ist eine mündliche Verhandlung aber dann, wenn die Zustimmung zur Kündigung versagt werden soll, etwa wenn nach eigenem Vortrag des Arbeitgebers kein Kündigungsgrund vorliegt.

Wird eine mündliche Verhandlung durchgeführt, sind der Arbeitgeber als Antragsteller und der betroffene Arbeitnehmer einzuladen.

Darüber hinaus kann das Integrationsamt weitere Stellen einladen, etwa den Betriebs- oder Personalrat, die Agentur für Arbeit oder Vertrauenspersonen des schwerbehinderten Arbeitnehmers.

! Der schwerbehinderte Arbeitnehmer kann an der mündlichen Verhandlung persönlich teilnehmen, einen Bevollmächtigten hinzuziehen oder sich von einem solchen vertreten lassen, ohne selbst teilzunehmen. Er ist nicht verpflichtet, der Einladung Folge zu leisten oder eine Aussage zu machen.

Entscheidung des Integrationsamts

Das Integrationsamt trifft bei einer ordentlichen Kündigung des Arbeitsverhältnisses seine Entscheidung nach pflichtgemäßem Ermessen. Dabei müssen alle Umstände des Einzelfalls berücksichtigt werden. Im Rahmen der Ermessensausübung müssen die berechtigten Belange des schwerbehinderten Arbeitgebers an der Erhaltung seines Arbeitsplatzes sowie die wirtschaftlichen und betrieblichen Gründe des Arbeitgebers an der Beendigung des Arbeitsverhältnisses gegeneinander abgewogen werden. Dabei ist auch zu berücksichtigen, dass zwar für schwerbehinderte Arbeitnehmer ein besonderer Kündigungsschutz besteht, dieser aber nicht die völlige Unkündbarkeit des Arbeitsverhältnisses zur Folge hat.

Entscheidungsfrist

Das Integrationsamt soll seine Entscheidung innerhalb eines Monats vom Tag des Eingangs des Antrags an treffen (§ 171 Abs. 1 SGB IX). In begründeten Ausnahmefällen ist die Überschreitung der Frist zulässig, so etwa, wenn umfangreiche Ermittlungen hinsichtlich des Kündigungssachverhalts erforderlich sind. Ohne sachlichen Grund darf das Integrationsamt die Monatsfrist nicht überschreiten. Bei schuldhafter erheblicher Überschreitung der Frist kann der Arbeitgeber den Verzögerungsschaden geltend machen. Hat das Integrationsamt ohne zureichenden Grund bis zum Ablauf von drei Monaten seit Antragstellung nicht entschieden, kann Verpflichtungs- bzw. Untätigkeitsklage erhoben werden.

Zustimmungsfiktion

Im Falle einer Betriebsschließung und der Insolvenz ist das Integrationsamt ausnahmsweise verpflichtet, innerhalb eines Monates vom Tag des Antragseingangs eine Entscheidung zu treffen (§ 171 Abs. 5 SGB IX). Wird innerhalb dieser Frist eine Entscheidung nicht getroffen, gilt die Zustimmung als erteilt. In diesem Fall kann dann der Arbeitgeber die Kündigung aussprechen, ohne dass die Zustimmung des Integrationsamts erteilt wurde.

Ermessensentscheidung

Das Integrationsamt trifft bei einer ordentlichen Kündigung des Arbeitgebers seine Entscheidung nach pflichtgemäßem Ermessen. Dabei müssen auf der Grundlage des ermittelten Sachverhalts alle Umstände des Einzelfalls berücksichtigt werden. Im Rahmen der Ermessensausübung müssen die berechtigten Belange des schwerbehinderten Arbeitgebers an der Erhaltung seines Arbeitsplatzes sowie die wirtschaftlichen und betrieblichen Gründe des Arbeitgebers an der Beendigung des Arbeitsverhältnisses gegeneinander abgewogen werden. Zugunsten des schwerbehinderten Arbeitnehmers müssen regelmäßig dessen Schutz aufgrund seiner besonderen Situation und seine Nachteile auf dem Arbeitsmarkt berücksichtigt werden. Die Interessen des schwerbehinderten Arbeitnehmers verlieren dabei umso mehr an Gewicht, als der Kündigungsgrund mit der Behinderung in keinem Zusammenhang steht.

Im Zustimmungsverfahren hat das Integrationsamt grundsätzlich nicht zu prüfen, ob die beabsichtigte Kündigung des Arbeitsverhältnisses des Schwerbehinderten im Sinne des Kündigungsschutzgesetzes sozial gerechtfertigt ist. Diese Prüfung obliegt allein den Arbeitsgerichten im Rahmen des der Kündigung nachgelagerten Kündigungsschutzverfahrens. Dies gilt jedenfalls dann, wenn die Kündigung nicht offensichtlich unwirksam ist. Ist die Kündigung nach kündigungsrechtlichen Vorschriften offensichtlich unwirksam, darf das Integrationsamt die Zustimmung ausnahmsweise auch wegen dieser rein arbeitsrechtlichen Unwirksamkeitsgründe verweigern (z.B. weil der Arbeitgeber trotz angemessener Fristsetzung seinen Antrag auf Zustimmung zur Kündigung nicht begründet). Letztlich ist die Ermessensausübung des Integrationsamts abhängig vom Kündigungsgrund:

- **Betriebsbedingte Kündigung:** Erfolgt die Kündigung aus betriebsbedingten Gründen (z.B. Arbeitsmangel wegen Auftragsrückgangs, Rationalisierungsmaßnahmen), darf das Integrationsamt unternehmerische Entscheidungen, die zum Wegfall des Arbeitsplatzes führen, nur daraufhin überprüfen, ob sie offensichtlich unsachlich und/oder willkürlich sind. Allerdings hat das Integrationsamt auch in diesen Fällen zu prüfen, ob die Belange des schwerbehinderten Arbeitnehmers ausreichend berücksichtigt wurden, so beispielsweise ob die Umsetzung des schwerbehinderten Arbeitnehmers auf einen gleichwertigen anderen Arbeitsplatz möglich ist.
- **Personenbedingte Kündigung:** Erfolgt die Kündigung aus personenbedingten Gründen (häufig wegen krankheitsbedingter Fehlzeiten), hat das Integrationsamt zu prüfen, ob durch technische oder organisatorische Maßnahmen am Arbeitsplatz oder im Arbeitsumfeld das Arbeitsverhältnis aufrechterhalten werden kann. Die Prüfung hat sich auch darauf zu erstrecken, ob die Zahlung eines Minderleistungsausgleichs an den Arbeitgeber in Betracht kommt (vgl. dazu 7.2.1). Zu beachten ist auch, dass der schwerbehinderte Arbeitnehmer gegenüber seinem Arbeitgeber einen Rechtsanspruch auf behinderungsgerechte Beschäftigung hat und der Arbeitgeber deshalb verpflichtet ist, jede mögliche zumutbare und geeignete Maßnahme zu ergreifen, die die Kündigung zu vermeiden hilft.
- **Verhaltensbedingte Kündigung:** Beruht die Kündigung auf einem persönlichen Fehlverhalten des schwerbehinderten Arbeitnehmers (z.B. verspätete Krankmeldung, Verstöße gegen Verhaltenspflichten am Arbeitsplatz), wird der schwerbehinderte Mensch genauso behandelt wie ein nicht behinderter Arbeitneh-

mer. Die Prüfung der Wirksamkeit der Kündigung ist in diesem Fall allein Sache der Arbeitsgerichte. Die Zustimmung zur Kündigung muss das Integrationsamts deshalb erteilen, soweit keine offensichtlich unwirksame Kündigung vorliegt (vgl. dazu oben).

Unter Umständen ist das Ermessen des Integrationsamts eingeschränkt (§ 172 SGB IX). So muss das Integrationsamt die Zustimmung bei Kündigungen in Betrieben und Dienststellen erteilen, die nicht nur vorübergehend eingestellt oder aufgelöst werden, wenn zwischen dem Tag der Kündigung und dem Tag, bis zu dem Gehalt oder Lohn gezahlt wird, mindestens drei Monate liegen. Die Betriebsstilllegung bzw. die Auflösung der Dienststelle muss endgültig sein. Wird der Betrieb bzw. die Dienststelle nicht vollständig stillgelegt, sondern nur wesentlich beschränkt, besteht für das Integrationsamt zwar keine Zustimmungspflicht, es soll jedoch die Zustimmung erteilen, wenn die Einschränkung nicht nur vorübergehend erfolgt und die Gesamtzahl der weiterhin beschäftigten Arbeitnehmer zur Erfüllung der Beschäftigungspflicht ausreicht. Im Regelfall ist also die Zustimmung zu erteilen. Die Versagung der Zustimmung ist nur zulässig, wenn hierfür sachliche Gründe vorliegen (z.B. wenn die Interessen des schwerbehinderten Arbeitnehmers in keiner Weise berücksichtigt werden und dieser dadurch benachteiligt wird).

Achtung: Die genannten Einschränkungen gelten nicht, wenn eine Weiterbeschäftigung auf einem anderen Arbeitsplatz desselben Betriebs oder derselben Dienststelle oder auf einem freien Arbeitsplatz in einem anderen Betrieb oder einer anderen Dienststelle desselben Arbeitgebers mit Einverständnis des schwerbehinderten Arbeitnehmers möglich und für den Arbeitnehmer zumutbar ist.

Das Integrationsamt soll die Zustimmung zur Kündigung ferner dann erteilen, wenn dem schwerbehinderten Menschen ein anderer angemessener und zumutbarer Arbeitsplatz gesichert ist. Das ist dann der Fall, wenn sich der bisherige oder ein neuer Arbeitgeber zum Abschluss eines Arbeitsvertrags verpflichtet hat. Allerdings hat der schwerbehinderte Arbeitnehmer keinen Anspruch auf Entgeltsicherung. Der neue Arbeitsplatz kann deshalb auch mit einer geringeren Entlohnung verbunden sein.

Besondere Einschränkungen der Ermessensentscheidung des Integrationsamts bestehen schließlich, wenn über das Vermögen des Arbeitgebers das Insolvenzverfahren eröffnet ist. In diesem Fall soll das Integrationsamt die Zustimmung zur Kündigung erteilen, wenn

- der schwerbehinderte Mensch in einem Interessenausgleich namentlich als einer der zu entlassenden Arbeitnehmer bezeichnet ist,
- die Schwerbehindertenvertretung beim Zustandekommen des Interessenausgleichs beteiligt worden ist, der Anteil der nach dem Interessenausgleich zu entlassenden schwerbehinderten Menschen an der Zahl der beschäftigten schwerbehinderten Menschen nicht größer ist als der Anteil der zu entlassenden übrigen Arbeitnehmer an der Zahl der übrigen Beschäftigten und
- die Gesamtzahl der schwerbehinderten Menschen, die nach dem Interessenausgleich bei dem Arbeitgeber verbleiben sollen, zur Erfüllung der Beschäftigungspflicht ausreicht.

! Die Einschränkung der Ermessensentscheidung im Insolvenzverfahren liegt nur dann vor, wenn sämtliche der oben aufgeführten Voraussetzungen erfüllt sind. Ist eine Voraussetzung nicht erfüllt, ist das Ermessen des Integrationsamts nicht eingeschränkt.

Form und Bekanntgabe der Entscheidung

Die Entscheidung des Integrationsamts über die Zustimmung zur Kündigung muss schriftlich ergehen. Sie ist dem Arbeitgeber und dem schwerbehinderten Arbeitnehmer zuzustellen (§ 171 Abs. 2 SGB IX). Die Entscheidung muss begründet und mit einer Rechtsmittelbelehrung förmlich bekannt gemacht werden. Die förmliche Zustellung ist Wirksamkeitsvoraussetzung. Der Arbeitgeber darf vorher nicht kündigen.

Der Agentur für Arbeit muss das Integrationsamt eine Abschrift der Entscheidung übersenden. Ein Verstoß gegen diese Verpflichtung hat allerdings keinen Einfluss auf die Wirksamkeit der Entscheidung des Integrationsamts.

Rechtschutz

Sowohl der Arbeitgeber als auch der schwerbehinderte Arbeitnehmer können gegen die Entscheidung des Integrationsamts Widerspruch einlegen. Wird der Widerspruch zurückgewiesen, kann Klage vor dem Verwaltungsgericht erhoben werden.

Achtung: Widerspruch und Klage gegen die Zustimmung des Integrationsamts zur Kündigung haben keine aufschiebende Wirkung (§ 171 Abs. 4 SGB IX). Der Arbeitgeber kann also die Kündigung auch dann erklären, wenn der schwerbehinderte Mensch gegen die Zustimmung des Integrationsamts Widerspruch bzw. Klage erhoben hat.

Frist zur Kündigung nach Zustimmung

Erteilt das Integrationsamt die Zustimmung zur Kündigung, kann der Arbeitgeber die Kündigung nur innerhalb eines Monats nach Zustellung erklären (§ 171 Abs. 3 SGB IX). Die Kündigung muss dem schwerbehinderten Arbeitnehmer innerhalb der Monatsfrist zugehen. Die Monatsfrist beginnt mit der Zustellung der Entscheidung des Integrationsamts.

! Bei der Monatsfrist handelt es sich um eine Ausschlussfrist. Die Frist kann nicht verlängert werden. Ist die Frist abgelaufen, kann der Arbeitgeber das Arbeitsverhältnis mit dem schwerbehinderten Menschen nicht mehr ohne Zustimmung des Integrationsamts kündigen. In diesem Fall muss er ein neues Zustimmungsverfahren einleiten.

8.11.4 Außerordentliche Kündigung

Auch für die außerordentliche Kündigung des Arbeitsverhältnisses eines schwerbehinderten Menschen ist die vorherige Zustimmung durch das Integrationsamt erforderlich. Das Kündigungsschutzverfahren richtet sich weitgehend nach den Vorschriften über die ordentliche Kündigung (vgl. oben) mit Ausnahme folgender Besonderheiten (§ 174 SGB IX):

- Der Arbeitgeber kann die Zustimmung zur Kündigung nur innerhalb von zwei Wochen beantragen; maßgebend ist der Eingang des Antrags beim Integrationsamt. Die Frist beginnt mit dem Zeitpunkt, an dem der Arbeitgeber von den für die Kündigung maßgebenden Tatsachen Kenntnis erlangt.
- Das Integrationsamt muss innerhalb von zwei Wochen über den Antrag entscheiden. Wird innerhalb der Zweiwochenfrist eine Entscheidung nicht getroffen, gilt die Zustimmung als erteilt.
- Das Integrationsamt soll die Zustimmung erteilen, wenn die Kündigung aus einem Grunde erfolgt, der nicht im Zusammenhang mit der Behinderung steht. Das Ermessen ist also in diesem Fall eingeschränkt.

8.11.5 Beteiligung der Schwerbehindertenvertretung

Vor Ausspruch der Kündigung eines schwerbehinderten Arbeitnehmers oder eines diesem Gleichgestellten ist nicht nur der Betriebs- oder Personalrat zu beteiligen, sondern auch die Schwerbehindertenvertretung. Andernfalls ist die Kündigung unwirksam (§ 178 Abs. 2 SGB IX).

! Die gesetzlich vorgeschriebene Beteiligung der Schwerbehindertenvertretung gilt sowohl für ordentliche fristgemäße als auch außerordentliche fristlose Kündigungen, ebenso für Änderungskündigungen. Die Beteiligungspflicht besteht auch dann, wenn das Arbeitsverhältnis noch nicht länger als sechs Monate bestanden hat. Die Beteiligung der Schwerbehindertenvertretung setzt nicht voraus, dass die Kündigung im Zusammenhang mit der Schwerbehinderung steht.

Unterrichtung und Anhörung der Schwerbehindertenvertretung

Der Arbeitgeber hat die Schwerbehindertenvertretung über die bevorstehende Kündigung eines schwerbehinderten Arbeitnehmers unverzüglich und umfassend zu unterrichten und vor einer Entscheidung anzuhören.

Der Arbeitgeber hört die Schwerbehindertenvertretung ordnungsgemäß an, wenn er sie ausreichend unterrichtet und ihr ausreichend Gelegenheit zur Stellungnahme gibt. Die Unterrichtung muss die Schwerbehindertenvertretung in die Lage versetzen, auf die Willensbildung des Arbeitgebers einzuwirken. Der Arbeitgeber hat der Schwerbehindertenvertretung die Gründe für die Kündigung mitzuteilen. Er muss den Sachverhalt, den er zum Anlass für die Kündigung nehmen will, so umfassend beschreiben, dass sich diese ohne zusätzliche eigene Nachforschungen ein Bild über die Stichhaltigkeit der Kündigungsgründe machen und beurteilen kann, ob es sinnvoll ist, Bedenken zu erheben. Der Arbeitgeber muss die Umstände mitteilen, die seinen Kündigungsentschluss tatsächlich bestimmt haben. Neben dem Kündigungssachverhalt sind der Grad der Behinderung des Arbeitnehmers und gegebenenfalls die Gleichstellung sowie grundsätzlich die weiteren Sozialdaten (Beschäftigungsdauer, Lebensalter, Unterhaltspflichten) mitzuteilen.

Die Schwerbehindertenvertretung muss etwaige Bedenken gegen eine beabsichtigte ordentliche Kündigung spätestens innerhalb einer Woche und solche gegen eine beabsichtigte außerordentliche Kündigung unverzüglich, spätestens jedoch innerhalb von drei Tagen mitteilen. Einer ausdrücklichen Fristsetzung durch den Arbeitgeber bedarf es nicht.

Mitteilung der getroffenen Entscheidung

Nach der Anhörung hat der Arbeitgeber der Schwerbehindertenvertretung die getroffene Entscheidung unverzüglich mitzuteilen.

Verletzt der Arbeitgeber diese Mitteilungspflicht, führt das nicht zur Unwirksamkeit der Kündigung. »Unverzüglich« bedeutet ohne schuldhaftes Zögern. In jedem Fall muss der Arbeitgeber der Schwerbehindertenvertretung seine Entscheidung vor Ausspruch der Kündigung mitteilen.

Folgen des Verstoßes gegen die Beteiligungspflicht

Hat der Arbeitgeber die Schwerbehindertenvertretung nicht ordnungsgemäß vor Ausspruch der Kündigung beteiligt, ist die Kündigung unwirksam. Unabhängig davon liegt auch eine Ordnungswidrigkeit vor, die durch die Agentur für Arbeit mit 10.000,– € geahndet werden kann.

! Die Unwirksamkeit der Kündigung muss der schwerbehinderte Arbeitnehmer innerhalb von drei Wochen nach Zugang der Kündigung beim Arbeitsgericht geltend machen. Versäumt er diese Frist, gilt die Kündigung als von Anfang an wirksam.

9 Soziale Sicherung

Das Wichtigste in Kürze

- **Pflichtversicherung in der gesetzlichen Krankenversicherung:** Behinderte Menschen, die in anerkannten Werkstätten für behinderte Menschen oder in Blindenwerkstätten oder für diese Einrichtungen in Heimarbeit oder bei einem anderen Leistungsanbieter arbeiten, sind in der gesetzlichen Krankenversicherung versicherungspflichtig. Der Versicherungspflicht unterliegen auch behinderte Menschen, die in Anstalten, Heimen oder gleichartigen Einrichtungen in gewisser Regelmäßigkeit eine Leistung erbringen, die einem Fünftel der Leistung eines voll erwerbsfähigen Beschäftigten in gleichartiger Beschäftigung entspricht.
- **Pflichtversicherung in der gesetzlichen Krankenversicherung:** Schwerbehinderte Menschen können der gesetzlichen Krankenversicherung beitreten, wenn sie, ein Elternteil, ihr Ehegatte oder ihr Lebenspartner in den letzten fünf Jahren vor dem Beitritt mindestens drei Jahre versichert waren, es sei denn, sie konnten wegen ihrer Behinderung diese Voraussetzung nicht erfüllen. Die Krankenkasse hat jedoch das Recht, den freiwilligen Beitritt für Schwerbehinderte durch Satzung auf ein bestimmtes Höchstalter zu beschränken.
- **Familienversicherung:** Kinder, die bei einem Elternteil gesetzlich krankenversichert sind und bei denen die allgemeinen Voraussetzungen für die Familienversicherung vorliegen, sind grundsätzlich ohne Altersgrenze familienversichert, wenn sie als Menschen mit Behinderungen außerstande sind, sich selbst zu unterhalten.
- **Niedrigere Belastungsgrenze bei Zuzahlungen:** Damit der Patient nicht übermäßig belastet wird, gibt es Höchst- bzw. Belastungsgrenzen bis zu denen Zuzahlungen zu den Leistungen der gesetzlichen Krankenversicherung geleistet werden

müssen. Für chronisch Kranke liegt die Belastungsgrenze bei 1 % des Bruttoeinkommens zum Lebensunterhalt. Darüber hinaus muss entweder eine Pflegebedürftigkeit des Pflegegrades 3, 4 oder 5 oder aufgrund der Erkrankung muss ein Grad der Behinderung von mindestens 60 % oder eine Minderung der Erwerbsfähigkeit von mindestens 60 % vorliegen.

- **Übernahme von Fahrtkosten durch die Krankenkasse:** Die gesetzliche Krankenversicherung übernimmt die Kosten für Fahrten, wenn sie im Zusammenhang mit einer Leistung der Krankenkasse aus zwingenden Gründen medizinisch notwendig sind.
- **Pflegeversicherung:** Menschen mit Behinderungen, die pflegebedürftig sind, haben Anspruch auf Leistungen bei häuslicher Pflege und vollstationäre Pflege im Heim.
- **Altersrente für schwerbehinderte Menschen und Renten wegen verminderter Erwerbsfähigkeit:** In der gesetzlichen Rentenversicherung sind Menschen mit Behinderung durch die vorzeitig gewährten Altersrenten für schwerbehinderte Menschen und die Renten wegen verminderter Erwerbsfähigkeit abgesichert. Unter Umständen besteht sowohl bei der Altersrente als auch bei der Rente wegen Erwerbsminderung Anspruch auf den Grundrentenzuschlag.
- **Grundsicherung:** Menschen mit Behinderung haben einen Anspruch auf Grundsicherung, wenn sie das 18. Lebensjahr vollendet haben, voll erwerbsgemindert sind und sie ihren notwendigen Lebensunterhalt nicht aus Einkommen und Vermögen bestreiten können. Menschen mit Behinderung, die Grundsicherung erhalten und sich in Ausbildung befinden, wird ein ausbildungsbedingter Mehrbedarf in Höhe von 35 % der maßgebenden Regelbedarfsstufe gewährt.

Menschen mit Behinderungen sind wie andere Personen durch das Sozialversicherungssystem, unter anderem durch die Kranken-, Pflege- und Rentenversicherung abgesichert. In dem jeweiligen Versicherungssystem gelten für sie allerdings einige Besonderheiten. Von Bedeutung sind auch die finanzielle Existenzsicherung durch die Grundsicherung bei Erwerbsminderung, das Bürgergeld und im Rahmen der Sozialhilfe die Hilfe zum Lebensunterhalt.

9.1 Gesetzliche Krankenversicherung

In der gesetzlichen Krankenversicherung gelten für Menschen mit Behinderungen Erleichterungen des Versicherungsschutzes. Es stehen ihnen grundsätzliche alle Leistungen wie nicht behinderten Versicherten zu. Besonderheiten gelten bei der Zuzahlung zu Leistungen der Krankenkasse und bei der Übernahme von Kosten für Fahrten, wenn sie im Zusammenhang mit einer Leistung der Krankenkasse aus zwingenden medizinischen Gründen notwendig sind.

9.1.1 Erleichterungen beim Versicherungsschutz in der gesetzlichen Krankenversicherung

In der gesetzlichen Krankenversicherung gibt es drei Arten der Versicherung: die Pflichtmitgliedschaft, die freiwillige Mitgliedschaft und die Familienversicherung. Für Menschen mit Behinderungen gelten eine Reihe von Erleichterungen bei der Sicherstellung des Versicherungsschutzes in der gesetzlichen Krankenversicherung.

Pflichtversicherung

Behinderte Menschen, die in anerkannten Werkstätten für behinderte Menschen oder in Blindenwerkstätten oder für diese Einrichtungen in Heimarbeit oder bei einem anderen Leistungsanbieter arbeiten, sind in der gesetzlichen Krankenversicherung versicherungspflichtig. Der Versicherungspflicht unterliegen auch behinderte Menschen, die in Anstalten, Heimen oder gleichartigen Einrichtungen in gewisser Regelmäßigkeit eine Leistung erbringen, die einem Fünftel der Leistung eines voll erwerbsfähigen Beschäftigten in gleichartiger Beschäftigung entspricht; dies gilt auch, wenn sie Dienstleistungen für den Träger der Einrichtung erbringen (§ 5 Abs. 1 Nrn. 7 und 8 SGB V).

Freiwillige Versicherung

Schwerbehinderte Menschen können der gesetzlichen Krankenversicherung beitreten, wenn sie, ein Elternteil, ihr Ehegatte oder ihr Lebenspartner in den letzten fünf Jahren vor dem Beitritt mindestens drei Jahre versichert waren, es sei denn, sie konnten wegen ihrer Behinderung diese Voraussetzung nicht erfüllen. Die Krankenkasse hat jedoch das Recht, den freiwilligen Beitritt für Schwerbehinderte durch Satzung auf ein bestimmtes Höchstalter zu beschränken (§ 9 Abs. 1 Nr. 4 SGB V). Der Beitritt muss gegenüber der Krankenkasse schriftlich innerhalb von drei Monaten nach Feststellung der Behinderung erklärt werden. Ein späterer Beitritt als freiwilliges Mitglied ist nicht möglich.

! Die gesetzliche Krankenkasse, in die der Mensch mit Schwerbehinderung eintreten möchte, darf die Aufnahme nicht davon abhängig machen, dass er ein Gesundheitszeugnis vorlegt. Bestehende Vorerkrankungen darf die Kasse nicht vom Versicherungsschutz ausschließen. Der Anspruch auf Leistungen besteht sofort ab dem Zeitpunkt des Beitritts.

Familienversicherung

Der Ehegatte und Kinder eines pflicht- oder freiwillig versicherten Mitglieds sind unter bestimmten Voraussetzungen in dessen Krankenkasse familienversichert. Der Vorteil der Familienversicherung besteht darin, dass nur einer zahlt und die ganze Familie kostenfrei krankenversichert ist und die mitversicherte Person gleichwohl grundsätzlich die vollen Leistungen der Krankenkasse erhält.

! Kinder, die bei einem Elternteil gesetzlich krankenversichert sind und bei denen die allgemeinen Voraussetzungen für die Familienversicherung vorliegen, sind grundsätzlich ohne

Altersgrenze familienversichert, wenn sie als Menschen mit Behinderungen außerstande sind, sich selbst zu unterhalten. Das gilt auch für Stiefkinder und Enkel, die das Mitglied der gesetzlichen Krankenversicherung überwiegend unterhält oder in seinen Haushalt aufgenommen hat sowie für Pflegekinder (§ 10 SGB V).

9.1.2 Zuzahlungen zu Leistungen der Krankenversicherung

Versicherte der gesetzlichen Krankenversicherung müssen sich an den Kosten für ihre Gesundheit in Form von Zuzahlungen beteiligen (§ 61 SGB V). Damit der Patient aber nicht übermäßig belastet wird, gibt es Höchst- bzw. Belastungsgrenzen.

Für nahezu alle Leistungen der gesetzlichen Krankenversicherung müssen Patienten Zuzahlungen leisten, sich also an den Kosten beteiligen. Das gilt nicht nur für die Versorgung mit Arznei-, Heil- und Hilfsmittel, sondern ebenfalls für Krankenhausaufenthalte, Vorsorge- und Reha-Maßnahmen, häusliche Krankenpflege, Haushaltshilfe und Fahrtkosten. Ausgenommen von der Zuzahlungspflicht sind Kinder und Jugendliche unter 18 Jahren. Teilweise von Zuzahlungen befreit sind chronisch Kranke (vgl. dazu unten).

Höhe der Zuzahlungen

Grundsätzlich leisten Mitglieder Zuzahlungen zu den Leistungen der gesetzlichen Krankenversicherung. Kinder und Jugendliche unter 18 Jahren sind von allen Zuzahlungen befreit. Davon ausgenommen sind Fahrtkosten. Schwangere müssen keine Zuzahlung zu Arznei-, Verband-, Heil- und Hilfsmitteln leisten, wenn die erbrachte Leistung aufgrund von Schwangerschaftsbeschwerden oder der Entbindung erforderlich ist. Der Aufenthalt im Krankenhaus ist nur im Zusammenhang mit der Entbindung zuzahlungsfrei.

Zuzahlungen im Überblick

Arzneimittel, Verbandmittel	10 % des Apothekenabgabepreises, mindestens 5,– € und maximal 10,– €
Fahrtkosten	10 % der Fahrtkosten, mindestens 5,– € und maximal 10,– € je Fahrt
Heilmittel	10 % des Abgabepreises zuzüglich 10,– € je Verordnung
Nicht zum Verbrauch bestimmte Hilfsmittel (z.B. Prothesen, Krücken, Rollstühle)	10 % der Kosten des Hilfsmittels, mindestens 5,– € und maximal 10,– €, jedoch nicht mehr als die Kosten des Hilfsmittels
Hilfsmittel, die zum Verbrauch bestimmt sind (z. B. Einmalhandschuhe, Desinfektionsmittel, saugende Bettschutzeinlagen)	10 % je Packung, maximal 10,– € pro Monat
Krankenhausbehandlung	10,– € pro Kalendertag für längstens 28 Tage
Ambulante Rehabilitationsmaßnahmen	10,– € pro Kalendertag
Stationäre Vorsorge- und Rehabilitationsmaßnahmen	10,– € pro Kalendertag
Anschlussrehabilitation	10,– € pro Kalendertag für längstens 28 Tage
Häusliche Krankenpflege	10 % der Kosten pro Tag für längstens 28 Tage zzgl. 10,– € je Verordnung
Außerklinische Intensivpflege	10 % der Kosten pro Tag für längstens 28 Tage zzgl. 10,– € je Verordnung
Haushaltshilfe	10 % der Kosten pro Tag für längstens 28 Tage zzgl. 10,– € je Verordnung
Soziotherapie	10 % der Kosten pro Tag, mindestens 5,– €, maximal 10,– €.

Belastungsgrenze

Damit der Patient aber nicht übermäßig belastet wird, gibt es Höchst- bzw. Belastungsgrenzen, bis zu denen Zuzahlungen geleistet werden müssen.

Patienten werden von Zuzahlungen befreit, wenn diese ihre jährliche Belastungsgrenze überschreiten. Kassenpatienten müssen in einem Kalenderjahr nicht mehr als 2 % der Bruttoeinahmen zum Lebensunterhalt als Zuzahlung leisten. Unter Bruttoeinnahmen zum Lebensunterhalt fallen alle Einnahmen, die zur Bestreitung des Lebensunterhalts bestimmt sind und gegenwärtig zur Verfügung stehen (z.B. Arbeitseinkommen, Rente, Miet- und Pachteinnahmen, Abfindungen).

Für Familien gelten Freibeträge, die von den jährlichen Bruttoeinnahmen zum Lebensunterhalt abgezogen werden können. Aktuell (2025) gilt ein Freibetrag von 6.741,– €. Für jedes minderjährige oder familienversicherte Kind des Mitglieds wird ein Freibetrag von derzeit 9.600,– € berücksichtigt.

! Krankenkassen benachrichtigen ihre Versicherten nicht automatisch, sobald diese ihre Belastungsgrenze erreicht haben. Deshalb sollten Versicherte ihre Zuzahlungen selbst im Auge behalten und die Quittungen sammeln. Sobald Versicherte die Belastungsgrenze innerhalb eines Kalenderjahres erreichen, können sie bei ihrer Krankenkasse eine Befreiung beantragen.

Chronisch Kranke

Für chronisch Kranke liegt die Belastungsgrenze bei 1 % des Bruttoeinkommens zum Lebensunterhalt. Chronisch krank ist, wer ein Jahr und länger mindestens einmal im Quartal ärztlich behandelt wurde (z.B. bei Diabetesbehandlung: mindestens einmal im Quartal die Untersuchung des Blutzuckers). Darüber hinaus muss der Patient eine der folgenden Voraussetzungen erfüllen:

- Es liegt eine Pflegebedürftigkeit des Pflegegrades 3, 4 oder 5 vor.
- Aufgrund der Erkrankung liegt ein Grad der Behinderung von mindestens 60 % oder eine Minderung der Erwerbsfähigkeit von mindestens 60 % vor.
- Es ist eine kontinuierliche medizinische Versorgung (ärztliche oder psychotherapeutische Behandlung, Arzneimitteltherapie, Behandlungspflege, Versorgung mit Heil- und Hilfsmitteln) erforderlich, ohne die nach ärztlicher Einschätzung eine lebensbedrohliche Verschlimmerung, eine Verminderung der

Lebenserwartung oder eine dauerhafte Beeinträchtigung der Lebensqualität durch die aufgrund der Krankheit verursachte Gesundheitsstörung zu erwarten ist.

! Um als chronisch krank eingestuft werden zu können, müssen Versicherte der Krankenkasse eine ärztliche Bescheinigung vorlegen. Zum Beleg für den Grad der Behinderung, die Minderung der Erwerbsfähigkeit oder den Pflegegrad muss der amtliche Bescheid in Kopie vorgelegt werden. Die Krankheit, wegen der sich die Versicherten in Dauerbehandlung befinden, muss im Bescheid als Begründung aufgeführt sein.

9.1.3 Übernahme von Fahrtkosten durch die Krankenkasse

Die gesetzliche Krankenversicherung übernimmt die Kosten für Fahrten, wenn sie im Zusammenhang mit einer Leistung der Krankenkasse aus zwingenden Gründen medizinisch notwendig sind. Neben Kosten für Fahrten zu stationären Behandlungen übernehmen Kassen unter bestimmten Voraussetzungen auch die Kosten für Fahrten zu ambulanten Behandlungen (§ 60 SGB V).

Krankenkassen übernehmen die Fahrtkosten bei

- Leistungen die stationär erbracht werden,
- Rettungsfahrten zum Krankenhaus, auch ohne stationäre Behandlung,
- Krankentransporte mit aus medizinischen Gründen notwendiger fachlicher Betreuung oder in einem Krankenwagen,
- Fahrten zu einer ambulanten Krankenhausbehandlung sowie bei Fahrten zu einer vor- oder nachstationären Behandlung oder einer ambulanten Operation im Krankenhaus, wenn dadurch eine an sich gebotene stationäre oder teilstationäre Krankenhausbehandlung vermieden oder verkürzt wird,
- Fahrten zu einer ambulanten Operation, wenn dadurch eine erforderliche stationäre Krankenhausbehandlung vermieden wird oder diese nicht ausführbar ist.

In besonderen Ausnahmefällen werden auch Fahrten zur ambulanten Behandlung neben den oben genannten Fällen bei medizinischer Notwendigkeit verordnet. Dazu gehören Fahrten zur Dialysebehandlung oder zur onkologischen Strahlen- und Chemotherapie (hochfrequente Behandlungen), unter Umständen auch Fahrten zu Gesundheits- und Krebsfrüherkennungsuntersuchungen.

! Schwerbehinderten werden die Kosten für Fahrten zur ambulanten Behandlung auch ohne vorherige Genehmigung der Kasse erstattet, wenn sie einen Schwerbehindertenausweis mit dem Merkzeichen aG (außergewöhnliche Gehbehinderung), Bl (blind) oder H (hilflos) haben oder die Pflegebedürftigkeit der Pflegegrade 3, 4 oder 5 vorliegt. Bei Personen mit Pflegegrad 3 muss zusätzlich die dauerhafte Mobilitätsbeeinträchtigung sowohl durch somatische als auch kognitive Ursachen ärztlich festgestellt und bescheinigt werden.

Die Auswahl des Beförderungsmittels richtet sich stets nach dem individuellen Bedarf und Gesundheitszustand der Patienten. Allerdings ist auch die wirtschaftlich günstigste Alternative zu wählen.

- Vorrangig müssen Versicherte öffentliche Verkehrsmittel nutzen (z.B. Busse, S- und U-Bahnen). Die Krankenkassen erstatten dann den Fahrpreis, der unter Ausschöpfung von Fahrpreisermäßigungen anfällt.
- Die Fahrt mit einem Taxi oder Mietwagen darf der Arzt nur verordnen, wenn der Versicherte aus zwingenden medizinischen Gründen gehindert ist, öffentliche Verkehrsmittel zu benutzen. Die Krankenkassen übernehmen dann die Kosten, welche sie mit den Taxiunternehmen vereinbart haben.
- Fahrten mit einem Krankenwagen oder Rettungsfahrzeug kommen nur in Betracht, wenn ein öffentliches Verkehrsmittel, ein Taxi oder ein Mietwagen nicht benutzt werden kann. In diesem Fall erstatten die Krankenkassen die mit dem Transportunternehmen vereinbarten Vertragspreise.

- Wird vom Versicherten ein privates Kraftfahrzeug benutzt, wird von der Krankenkasse für jeden gefahrenen Kilometer der jeweils aufgrund des Bundesreisekostengesetzes festgesetzte Höchstbetrag (0,20 € je Kilometer) als Wegstreckenentschädigung gezahlt. Es werden allerdings maximal die Kosten erstattet, die bei der Inanspruchnahme der oben genannten Transportmittel entstanden wären.

Achtung: Einen Teil der Beförderungskosten müssen Versicherte selbst zahlen. Die Zuzahlung beträgt unabhängig von der Art des Fahrzeugs 10 % der Fahrkosten, mindestens jedoch 5,– € und höchstens 10,– € pro Fahrt. Nur Versicherte, deren Zuzahlungen die Belastungsgrenze überschritten haben, sind bei Vorlage einer entsprechenden Bescheinigung der Krankenkasse für den Rest des Kalenderjahres von weiteren Zuzahlungen befreit (vgl. dazu 9.1.2).

9.2 Soziale Pflegeversicherung

Die soziale Pflegeversicherung ist eine Pflichtversicherung. Es gilt der Grundsatz: »Pflegeversicherung folgt der Krankenversicherung.« Wer in der gesetzlichen Krankenversicherung pflichtversichert ist, ist auch in der sozialen Pflegeversicherung pflichtversichert. Ein gesonderter Antrag muss nicht gestellt werden. Wie in der gesetzlichen Krankenversicherung besteht auch in der sozialen Pflegeversicherung die Möglichkeit einer Familienversicherung.

! Bei der Pflege stehen den Betroffenen umfangreiche Hilfs- und Beratungsangebote zur Verfügung. Sozialdienste bei den Krankenhäusern, die Pflegeberatung der Pflegekasse und der Pflegestützpunkt vor Ort begleiten den Pflegebedürftigen und die Pflegeperson von Beginn an mit Beratung und konkreten Hilfen. Darüber bestehen zahlreiche weitere Beratungsangebote. Die Beratungs- und Hilfsangebote betreffen nicht nur die Formalitäten beim Umgang mit der Pflegekasse und Behörden (z.B. Sozialversicherungsträger, Sozialamt), Beratung und Hilfe erfolgen insbesondere auch bei der organisatorischen Bewältigung der anstehenden Pflegeaufgaben.

9.2.1 Feststellung der Pflegebedürftigkeit

Leistungen der Pflegeversicherung erhält nur, wer pflegebedürftig ist. Sobald der Pflegekasse der Antrag auf Pflegeleistungen vorliegt, beauftragt diese den Medizinischen Dienst (MD) mit der Begutachtung der zu pflegenden Person. In diesem Zusammenhang werden die Beeinträchtigungen der Selbstständigkeit oder der Fähigkeiten der Person und die voraussichtliche Dauer der Pflegebedürftigkeit ermittelt.

Antrag bei der Pflegekasse

Tritt der Pflegefall ein, zahlt die Pflegeversicherung nicht automatisch. Die Pflegeleistungen müssen beantragt werden. Der Antrag muss bei der Pflegekasse gestellt werden. Privatversicherte müssen bei ihrem privaten Versicherungsunternehmen den Antrag stellen. Mit dem Antrag beginnt das Verfahren zur Feststellung der Pflegebedürftigkeit und des Pflegegrads.

! Der Antrag auf Pflegeleistungen sollte möglichst schnell bei der Pflegekasse gestellt werden. Wer zu lange wartet, verschenkt möglicherweise Geld. Denn Pflegeleistungen werden grundsätzlich erst ab Antragstellung, frühestens jedoch von dem Zeitpunkt an gewährt, in dem die Anspruchsvoraussetzungen vorliegen. War der Versicherte bereits vor der Antragstellung pflegebedürftig und wird der Antrag erst später als einen Monat nach dem Eintritt der Pflegebedürftigkeit bestellt, so beginnen die Leistungen am Anfang des Antragsmonats.

Sobald der Pflegekasse der Antrag auf Pflegeleistungen vorliegt, beauftragt diese den Medizinischen Dienst mit der Begutachtung der zu pflegenden Person. Zentrale Aufgabe des Medizinischen Dienstes ist die Prüfung, ob die Voraussetzungen der Pflegebedürftigkeit erfüllt sind und welcher Grad der Pflegebedürftigkeit vorliegt. Der Gutachter prüft also anhand eines festgelegten Verfahrens, wie selbstständig sich der Antragsteller noch versorgen kann (vgl. dazu unten).

Zwischen Antragstellung und Begutachtung dürfen höchstens 20 Arbeitstage liegen. Kann die Pflegekasse diese Frist nicht einhalten, ist sie verpflichtet, dem Antragsteller drei unabhängige Gutachter zur Auswahl zu stellen. Der Betroffene kann dann einen davon auswählen.

! Erteilt die Pflegekasse den schriftlichen Bescheid über den Antrag nicht innerhalb von 25 Arbeitstagen nach Eingang des Antrags oder werden die Begutachtungsfristen nicht eingehalten, hat sie für jede Woche der Fristüberschreitung 70,– € an den Antragsteller zu zahlen. Dies gilt nicht, wenn die Pflegekasse die Verzögerung nicht zu vertreten hat oder wenn sich der Antragsteller in vollstationärer Pflege befindet und bereits in Pflegegrad 2 oder höher eingestuft ist.

Begutachtung durch den Medizinischen Dienst

Der Gutachter hat durch eine Untersuchung der antragstellenden Person die Beeinträchtigungen der Selbstständigkeit oder der Fähigkeiten und die voraussichtliche Dauer der Pflegebedürftigkeit zu ermitteln.

Ablauf des Begutachtungsverfahrens

Die Begutachtung findet regelmäßig im Wohnbereich der pflegebedürftigen Person statt; das gilt für Anträge auf häusliche und vollstationäre Pflege gleichermaßen. Mit Einverständnis des Pflegebedürftigen können auch Pflegepersonen, Lebenspartner oder andere Personen oder Dienste, die an der Pflege des Pflegebedürftigen beteiligt sind, befragt werden. Der Antragsteller kann verlangen, dass eine Person seines Vertrauens bei der Begutachtung anwesend ist.

Der Gutachter kündigt seinen Hausbesuch rechtzeitig vorher an. Dem Antragsteller müssen das vorgesehene Datum und die voraussichtliche Dauer der Begutachtung, der Name und die berufliche Qualifikation des Gutachters sowie der Grund und die Art der Begutachtung mitgeteilt werden. Nur ausnahmsweise kann auf einen

Hausbesuch verzichtet werden, wenn aufgrund einer eindeutigen Aktenlage feststeht, ob die Voraussetzungen der Pflegebedürftigkeit erfüllt sind, welcher Pflegegrad vorliegt und ob und in welchem Umfang geeignete therapeutische bzw. rehabilitative Leistungen in Betracht kommen.

Das Gutachten wird der Pflegekasse übermittelt. Auf der Grundlage des Gutachtens entscheidet die Pflegekasse über den Antrag auf Pflegeleistungen (vgl. dazu unten).

Auch dem Pflegebedürftigen wird das Gutachten zugestellt, es sei denn, dass dieser widerspricht. Auf die Übersendung des Gutachtens sollte allerdings in keinem Fall verzichtet werden, weil dem Gutachten entnommen werden kann,

- wie die Pflegebedürftigkeit und der Bedarf an allgemeiner Betreuung beurteilt wird,
- was bezüglich der Art der Pflege empfohlen wird,
- welche Heil- und Hilfsmittel sowie technischen Hilfen benötigt werden,
- inwieweit eine Rehabilitation und Gesundheitsförderung vorgeschlagen wird,
- welche präventiven Maßnahmen empfohlen werden,
- welche Maßnahmen zur Verbesserung des Wohnumfeldes vorgeschlagen werden,
- wie die weitere Entwicklung der Pflegebedürftigkeit prognostiziert wird,
- wann eine eventuelle Wiederholung der Begutachtung notwendig ist und
- wie bei der Pflege zu Hause die Pflegesituation beurteilt wird.

Ermittlung der Pflegebedürftigkeit und des Pflegegrades

Leistungen der Pflegeversicherung erhält, wer pflegebedürftig ist. Pflegebedürftig sind Personen, die gesundheitlich bedingte Beeinträchtigungen der Selbstständigkeit oder der Fähigkeiten aufweisen und deshalb der Hilfe durch andere bedürfen. Es muss sich um Personen handeln, die körperliche, kognitive oder psychische Beeinträchtigungen oder gesundheitlich bedingte Belastungen oder Anforderungen nicht selbstständig kompensieren oder bewältigen können. Die Pflegebedürftigkeit muss auf Dauer, voraussichtlich für mindestens sechs Monate, und mit mindestens der gesetzlich festgelegten Schwere bestehen.

Im Mittelpunkt der Ermittlung der Pflegebedürftigkeit stehen die individuellen Beeinträchtigungen des Betroffenen, unabhängig davon, ob sie körperlich, geistig oder psychisch bedingt sind. Relevant sind also allein die Schwere der gesundheitlichen Beeinträchtigungen der Selbstständigkeit und der Fähigkeiten und nicht die Schwere der Erkrankung oder Behinderung.

In welchem Umfang Anspruch auf Leistungen der sozialen Pflegeversicherung besteht, bestimmt sich danach, in welchen Pflegegrad der Pflegebedürftige eingestuft ist. Die Einstufung in einen Pflegegrad ist abhängig von der Schwere der Beeinträchtigung der Selbstständigkeit oder der Fähigkeiten. In diesem Zusammenhang wird gemessen, was der Pflegebedürftige noch kann. Entscheidend für die Einstufung in einen Pflegegrad ist der gesamtheitliche Eindruck des Pflegebedürftigen. Erfasst wird der Grad der Selbstständigkeit einer Person bei Aktivitäten in bestimmten pflegerelevanten Bereichen (Modulen). Es werden nach Schwere der Beeinträchtigung Punkte vergeben. Anhand einer Skala von 0 bis 100 wird dann der Pflegegrad ermittelt. Auf der Grundlage dieser Punkte erfolgt die Einteilung des Pflegebedürftigen in einen der fünf Pflegegrade.

Relevante Lebensbereiche (Module) der Begutachtung

Modul 1: Mobilität	Der Gutachter prüft, ob die Person in der Lage ist, ohne personelle Unterstützung eine Körperhaltung einzunehmen bzw. zu wechseln und sich fortzubewegen. Beurteilt werden Aspekte wie Körperkraft, Balance, Bewegungskoordination usw. (z.B. im Bett Positionen wechseln, eine stabile Sitzposition halten, innerhalb des Wohnbereichs fortbewegen, Treppensteigen).
Modul 2: Kognitive und kommunikative Fähigkeiten	Geprüft wird, wie gut sich der Betroffene in seinem Alltag orientieren und beteiligen sowie Entscheidungen treffen und steuern kann (z.B. Personen aus dem näheren Umfeld erkennen, örtliche und zeitliche Orientierung, an wesentliche Ereignisse oder Beobachtungen erinnern, Sachverhalte verstehen, Risiken und Gefahren erkennen, elementare Bedürfnisse wie Hunger oder Durst mitteilen).
Modul 3: Verhaltensweisen und psychische Problemlagen	Der Gutachter prüft, inwieweit die Person ihr Verhalten ohne personelle Unterstützung steuern kann. Konkret geht es beispielsweise um folgende Kriterien: nächtliche Unruhe, Beschädigen von Gegenständen, physisch aggressives Verhalten gegenüber anderen Personen, verbale Aggression, Wahnvorstellungen oder Antriebslosigkeit bei depressiver Stimmungslage.
Modul 4: Selbstversorgung	In diesem Bereich geht es um Themen der Grundpflege, Waschen, An- und Auskleiden, zur Toilette gehen, Essen und Trinken. Daneben geht es um Besonderheiten wie die künstliche Ernährung über eine Sonde oder Infusion, die Blasen- und Darmkontrolle und um die Folgen einer Harn- oder Stuhlinkontinenz.
Modul 5: Bewältigung von und selbstständiger Umgang mit krankheits- oder therapiebedingten Anforderungen und Belastungen	In diesem Bereich geht es um die Durchführung ärztlich verordneter Maßnahmen, die gezielt auf eine bestehende Krankheit ausgerichtet und mindestens sechs Monate erforderlich sind. Maßgebend ist, ob die Person die jeweilige Aktivität (z.B. Medikation, Versorgung intravenöser Zugänge, Verbandswechsel und Wundversorgung) praktisch durchführen kann.
Modul 6: Gestaltung des Alltagslebens und sozialer Kontakte	Der Gutachter prüft, ob die Person individuell und bewusst ihren Tagesablauf gestalten kann (z.B. einen Tag-Nacht-Rhythmus einzuhalten, sich in der Freizeit beschäftigen oder in die Zukunft planen) und ob sie in der Lage ist, mit Menschen in ihrem unmittelbaren Umfeld (z.B. die Pflegeperson anzusprechen) oder außerhalb des direkten Umfelds Kontakt aufzunehmen (z.B. Telefon-, Brief- oder Mail-Kontakte).

Innerhalb eines Moduls werden die einzelnen Kriterien mit Einzelpunkten bewertet. Danach werden die Gesamtpunkte jedes Moduls ermittelt und die jeweiligen Gesamtpunkte innerhalb aller Module gewichtet. Auf der Grundlage der danach ermittelten Gesamtpunktzahl erfolgt dann die Einstufung in den jeweiligen Pflegegrad. Dieser ist entscheidend dafür, welche Leistungen der Pflegeversicherung dem Pflegebedürftigen zustehen.

Pflegegrad	Einschätzung	Gewichtete Punkte
1	Geringe Beeinträchtigungen der Selbstständigkeit oder der Fähigkeiten	Ab 12,5 bis unter 27 Gesamtpunkte
2	Erhebliche Beeinträchtigungen der Selbstständigkeit oder der Fähigkeiten	Ab 27 bis unter 47,5 Gesamtpunkte
3	Schwere Beeinträchtigungen der Selbstständigkeit oder der Fähigkeiten	Ab 47,5 bis unter 70 Gesamtpunkte
4	Schwerste Beeinträchtigungen der Selbstständigkeit oder der Fähigkeiten	Ab 70 bis unter 90 Gesamtpunkte
5	Schwerste Beeinträchtigungen der Selbstständigkeit oder der Fähigkeiten mit besonderen Anforderungen an die pflegerische Versorgung	Ab 90 bis 100 Gesamtpunkte

Pflegebescheid der Pflegekasse

Das Ergebnis der Begutachtung teilt der Gutachter als Empfehlung der Pflegekasse mit. Diese entscheidet dann über den Pflegeantrag des Pflegebedürftigen. Regelmäßig stützt die Pflegekasse ihre Entscheidung auf das Gutachten des Medizinischen Dienstes. Dieses wird dem Pflegebedürftigen mit dem Pflegebescheid zugeschickt.

Ob und in welcher Höhe ein Pflegegrad zuerkannt wird, muss die Pflegekasse dem Pflegebedürftigen schriftlich mitteilen. Zwischen der Antragstellung und der Entscheidung der Pflegekasse dürfen höchstens 25 Arbeitstage liegen. Wenn die Pflegekasse nicht innerhalb der Frist entscheidet, hat der Pflegebedürftige Anspruch auf Zahlung einer Pauschale von 70,– € für jede weitere Woche, die verstreicht.

! Werden von der Pflegekasse die beantragten Pflegeleistungen bewilligt, so werden diese regelmäßig rückwirkend ab dem Antragsmonat gewährt.

Ist der Pflegebedürftige mit dem Pflegebescheid nicht einverstanden, kann er dagegen innerhalb eines Monats Widerspruch bei der Pflegekasse einlegen. Der Widerspruch muss gegen den Bescheid der Pflegekasse erhoben werden. Nicht zulässig ist es, das Gutachten des Medizinischen Dienstes mit dem Widerspruch anzufechten.

Wurde gegen den Pflegebescheid Widerspruch eingelegt, überprüft die Pflegekasse ihre Entscheidung noch einmal und in der Regel wird ein Zweitgutachten erstellt. Bei der neuen Begutachtung müssen die zwischenzeitliche Entwicklung gewürdigt, der Zeitpunkt eventueller Änderungen der Pflegesituation gegenüber dem Erstgutachten benannt und auf die jeweilige Begründung des Widerspruchs eingegangen werden. Hat der Widerspruch Erfolg, stellt die Pflegekasse die Pflegebedürftigkeit fest bzw. gewährt einen höheren Pflegegrad. Andernfalls lehnt sie den Widerspruch ab und erteilt einen Widerspruchsbescheid. Gegen den Widerspruchsbescheid kann Klage vor dem Sozialgericht erhoben werden. Die Klage muss innerhalb eines Monats nach Bekanntgabe des Widerspruchsbescheids erhoben werden.

! Das Verfahren vor den Gerichten der Sozialgerichtsbarkeit ist in allen Instanzen kostenfrei. Dem Kläger entstehen also weder für die Tätigkeit des Gerichts selbst noch durch Zeugen und Sachverständigengebühren Kosten. Auch die Aufwendungen der Pflegekasse sind nicht erstattungsfähig. Diese muss also ihre Kosten unabhängig vom Ausgang des Rechtsstreits selbst tragen.

9.2.2 Leistungen bei häuslicher Pflege

Wird der Pflegebedürftige zu Hause gepflegt, kann er Pflegesachleistungen (z.B. für Pflegeeinsätze zugelassener ambulanter Pflegedienste) oder als Geldleistung Pflegegeld in Anspruch nehmen. Es besteht auch die Möglichkeit, Pflegegeld und Pflegesachleistung miteinander zu kombinieren. Ist die private Pflegeperson durch Krankheit oder aus anderen Gründen vorübergehend an der Pflege gehindert, übernimmt die Pflegekasse für eine bestimmte Zeit die Kosten einer Ersatzpflege.

Zusätzlich gibt es weitere Leistungsansprüche, so unter anderem auf einen Entlastungsbetrag in Höhe von 125,– € monatlich, auf Übernahme der Kosten für die Beschaffung von Pflegehilfsmitteln und auf Zuschüsse, wenn ein Wohnungsumbau erforderlich ist, um die Pflege zu erleichtern.

Pflegegeld

Pflegebedürftige der Pflegegrade 2 bis 5, die zu Hause von ehrenamtlichen Pflegepersonen gepflegt werden, haben Anspruch auf Pflegegeld, das auf Antrag des Pflegebedürftigen von der Pflegekasse gewährt wird. In diesem Fall muss der Pflegebedürftige mit dem Pflegegeld die erforderlichen körperbezogenen Pflegemaßnahmen und pflegerischen Betreuungsmaßnahmen sowie Hilfen bei der Haushaltsführung in geeigneter Weise selbst sicherstellen. Die entsprechenden Maßnahmen müssen also nach Art und Umfang tatsächlich erbracht werden. Hierfür kann der Pflegebedürftige auf ehrenamtliche Pflegekräfte wie Familienangehörige, Bekannte oder Nachbarn zurückgreifen oder erwerbsmäßige Pflegekräfte heranziehen (z.B. Unterstützung durch eine ausländische Haushalts- und Betreuungskraft).

Das Pflegegeld beträgt aktuell (2025) monatlich

- 347,– € in Pflegegrad 2,
- 599,– € in Pflegegrad 3,
- 800,– € in Pflegegrad 4 und
- 990,– € in Pflegegrad 5.

Bei den genannten Beträgen handelt es sich um Festbeträge, die allein von der Zuordnung eines Pflegegrads und nicht vom konkreten

Bedarf bestimmt werden. Der Pflegebedürftige kann über die Verwendung des Pflegegelds frei verfügen, er muss aber mit diesem Geld die körperbezogenen Pflegemaßnahmen und pflegerischen Betreuungsmaßnahmen sowie die Haushaltsführung sicherstellen. Ein ambulanter Pflegedienst oder eine teil- oder vollstationäre Pflege darf nicht erforderlich sein.

Pflegesachleistung

Die Pflegeversicherung übernimmt für Pflegebedürftige mit mindestens Pflegegrad 2 als ambulante Pflegesachleistungen die Kosten für die Inanspruchnahme eines Pflegedienstes für körperbezogene Pflegemaßnahmen (z.B. Hilfen bei der Benutzung der Toilette oder beim An- und Auskleiden), pflegerische Betreuungsmaßnahmen (z.B. Begleitung bei Spaziergängen) und Hilfen bei der Haushaltsführung (z.B. Kochen, Waschen und Wechseln der Kleidung) bis zu einem gesetzlich festgelegten Höchstbetrag.

Die Kosten für einen ambulanten Pflegedienst werden von der Pflegeversicherung übernommen. Das Geld wird also nicht auf das Konto des Pflegebedürftigen überwiesen. Vielmehr rechnet der Pflegedienst direkt mit der Pflegekasse ab. Für Pflegesachleistungen gelten allerdings Höchstwerte. Dieser Gesamtwert der von der Pflegekasse im Monat maximal zu erbringenden Sachleistung richtet sich nach dem Pflegegrad. Er beträgt aktuell (2025) monatlich

- bis zu 796,– € in Pflegegrad 2,
- bis zu 1.497,– € in Pflegegrad 3,
- bis zu 1.859,– € in Pflegegrad 4 und
- bis zu 2.299,– € in Pflegegrad 5.

Der Pflegebedürftige kann den ihm zustehenden Gesamtwert nach seinem Belieben ausschöpfen. Er kann im festgelegten finanziellen Rahmen aus den Angeboten zugelassener Pflegedienste nach seinen Wünschen und Bedürfnissen frei wählen, unabhängig davon, ob diese Angebote körperbezogene Pflegemaßnahmen, pflegerische Betreuungsmaßnahmen oder Hilfen bei der Haushaltsführung betreffen.

Kombination von Pflegegeld und Pflegesachleistung

Bei häuslicher Pflege können Pflegesachleistung und Pflegegeld miteinander kombiniert und so eine auf die individuellen Bedürfnisse des Pflegebedürftigen zugeschnittene Pflege sichergestellt werden. In diesem Fall vermindert sich das Pflegegeld anteilig im Verhältnis zum Wert der in Anspruch genommen ambulanten Sachleistungen.

! Die Kombination von Pflegesachleistung und Pflegegeld kommt insbesondere dann in Betracht, wenn der pflegende Angehörige oder andere ehrenamtlich Pflegende bestimmte Verrichtungen nicht bzw. nicht allein durchführen und das Ausmaß der Pflegesachleistung im Voraus bestimmt werden kann. Darüber hinaus kann eine Kombination zur Entlastung der ehrenamtlich pflegenden Person beitragen. So kann es beispielsweise sinnvoll sein, für einzelne Verrichtungen (z.B. für das Baden des Pflegebedürftigen) die Hilfe eines Pflegedienstes in Anspruch zu nehmen, während die übrige Hilfe von den Angehörigen geleistet wird.

Für die Höhe des anteiligen Pflegegeldes ist das Verhältnis zwischen dem vom Pflegebedürftigen beanspruchten Umfang der Pflegesachleistung und dem für den Pflegegrad maßgebenden Höchstbetrag entscheidende. Das Pflegegeld wird um den Prozentsatz vermindert, den der Pflegebedürftige in Form von Sachleistungen in Anspruch genommen hat. Insgesamt dürfen beide Leistungen zusammen 100 % nicht übersteigen.

» Ein Pflegebedürftiger des Pflegegrades 2 hat Anspruch auf Pflegesachleistung bis zu einem Gesamtwert von monatlich 796,– €. Davon hat der Pflegebedürftige 398,– € in Anspruch genommen. Er hat also 50 % des ihm zustehenden ambulanten Sachleistungsbetrags ausgeschöpft. Es besteht daher noch ein Anspruch auf 50 % des Pflegegelds im Pflegegrad 2 (347,– € × 50 % = 173,50 €).

Verhinderungspflege

Ist eine Pflegeperson wegen Erholungsurlaubs, Krankheit oder aus anderen Gründen an der Pflege gehindert, übernimmt die Pflegekasse die nachgewiesenen Kosten einer notwendigen Verhinderungspflege für längstens sechs Wochen je Kalenderjahr. Voraussetzung ist, dass der Pflegebedürftige mindestens in Pflegegrad 2 eingestuft ist und die Pflegeperson den Pflegebedürftigen vor der erstmaligen Verhinderung mindestens sechs Monate in seiner häuslichen Umgebung gepflegt hat.

Wird die Verhinderungspflege von Personen sichergestellt, die nicht mit der pflegebedürftigen Person bis zum zweiten Grad verwandt oder verschwägert sind und nicht mit der pflegebedürftigen Person in häuslicher Gemeinschaft leben, beläuft sich die Leistung auf bis zu 1.685,– € je Kalenderjahr.

Bei der Verhinderungspflege durch nahe Familienangehörige darf der auszuzahlende Betrag den des Pflegegeldes für acht Wochen, also den 1,5-fachen Monatsbetrag des Pflegegeldes, nicht überschreiten; das sind aktuell (2025)

- 520,50 € im Pflegegrad 2,
- 898,50 € im Pflegegrad 3,
- 1.200,– € im Pflegegrad 4 und
- 1.485,– € im Pflegegrad 5.

Pflegehilfsmittel

Pflegebedürftige aller Pflegegrade haben Anspruch auf Versorgung mit Pflegehilfsmitteln, wenn diese dazu beitragen, die Pflege zu erleichtern, Beschwerden zu lindern oder ihnen eine selbstständigere Lebensführung zu ermöglichen. Die Kosten werden von der Pflegeversicherung aber nur übernommen, wenn die Krankenversicherung nicht zur Leistung verpflichtet ist. Unter Pflegehilfsmitteln versteht man Geräte und Sachmittel, die zur häuslichen Pflege notwendig sind, diese erleichtern und dazu beitragen, dem pflegebedürftigen

Menschen eine selbstständige Lebensführung zu ermöglichen. Die Pflegekasse unterscheidet zwischen technischen Pflegehilfsmitteln (z.B. Pflegebett, Lagerungshilfen, Rollstühle) und Verbrauchsprodukten (z.B. Einmalhandschuhe, Betteinlagen, Mundschutz).

Die Notwendigkeit der Versorgung mit den beantragten Pflegehilfsmitteln wird von der Pflegekasse unter Beteiligung einer Pflegefachkraft oder des Medizinischen Dienstes überprüft. Im Regelfall ist es deshalb ausreichend, wenn der Pflegebedürftige seinem Antrag eine Erklärung seiner Pflegefachkraft beifügt, aus der sich der Bedarf ergibt. Eine ärztliche Verordnung des Pflegehilfsmittels ist gesetzlich nicht vorgesehen.

Achtung: Zu den Kosten für technische Pflegehilfsmittel müssen Pflegebedürftige ab dem 18. Lebensjahr einen Eigenanteil von 10 %, maximal jedoch 25,– € je Pflegehilfsmittel, zuzahlen. Größere technische Pflegehilfsmittel werden oft leihweise überlassen, sodass eine Zuzahlung entfällt. Die Kosten für zum Verbrauch bestimmte Pflegehilfsmittel werden bis zu 42,– € pro Monat von der Pflegekasse erstattet.

Entlastungsbetrag

Pflegebedürftige in den Pflegegraden 1 bis 5 haben Anspruch auf einen Entlastungsbetrag in Höhe von 131,– € monatlich, wenn die Pflege ambulant, also im häuslichen Bereich erfolgt. Mit dem Entlastungsbetrag werden die ambulanten und teilstationären Pflegeleistungen im häuslichen Bereich ergänzt. Ausgeschlossen ist der Anspruch bei stationärer Pflege.

! Der Entlastungsbetrag wird zusätzlich zu den sonstigen Leistungen der Pflegeversicherung bei häuslicher Pflege gewährt, er wird mit den anderen Leistungsansprüchen also nicht verrechnet. Nicht (vollständig) ausgeschöpfte Beträge können innerhalb des jeweiligen Kalenderjahres in die Folgemonate bzw. am Ende des Kalenderjahres noch nicht verbrauchte Beträge können in das darauffolgende Kalenderhalbjahr übertragen werden. Ein Antrag auf Übertragung eines nicht beanspruchten Leistungsbetrags auf das folgende Kalenderjahr muss nicht gestellt werden.

Der Entlastungsbetrag ist zweckgebunden. Der Pflegebedürftige ist also nicht frei in der Verwendung. Der Erstattungsbetrag dient der Erstattung von Aufwendungen, die dem Pflegebedürftigen insbesondere im Zusammenhang mit der Inanspruchnahme von Leistungen der Tages- oder Nachtpflege, der Kurzzeitpflege und der ambulanten Pflegedienste, in den Pflegegraden 2 bis 5 jedoch nicht von Leistungen im Bereich der Selbstversorgung entstehen.

Zuschuss für wohnumfeldverbessernde Maßnahme

Wird der Pflegebedürftige zu Hause gepflegt und betreut, kann es notwendig sein, die Wohnung an die besonderen Belange des Pflege- oder Betreuungsbedürftigen anzupassen. Hierzu leistet die Pflegeversicherung unter bestimmten Voraussetzungen Zuschüsse. Voraussetzung dafür ist, dass dadurch im Einzelfall die häusliche Pflege ermöglicht, erheblich erleichtert oder eine möglichst selbstständige Lebensführung des Pflegebedürftigen wiederhergestellt wird. Das ist beispielsweise der Fall, wenn ohne Durchführung der Maßnahme der Pflegebedürftige stationär gepflegt werden müsste oder mit einer Überforderung der Pflegeperson zu rechnen ist. Ein bestimmter Pflegegrad muss nicht vorliegen.

Als zuschussfähige Maßnahmen kommen insbesondere in Betracht:

- Maßnahmen, die mit wesentlichen Eingriffen in die Bausubstanz verbunden sind (z.B. Verbreiterung von Türen),
- Maßnahmen, die eine Anpassung der konkreten Wohnumgebung an die Bedürfnisse des Pflegebedürftigen bezwecken und deshalb in einer anderen Wohnumgebung nicht notwendigerweise benötigt werden (z.B. Treppenlifter, Aufzüge),

- Ein- oder Umbau von Mobiliar entsprechend den Erfordernissen der Pflegesituation (z.B. Haltegriffe, mit dem Rollstuhl unterfahrbare Einrichtungsgegenstände, Absenkung von Küchenhängeschränken).

Maßnahmen zur Wohnumfeldverbesserung werden bis zu 4.180,– € bezuschusst. Einen Eigenanteil muss der Pflegebedürftige nicht leisten. Überschreiten die Kosten der Maßnahme 4.180,– €, ist der über dem Zuschuss liegende Betrag vom Pflegebedürftigen selbst zu tragen. Leben mehrere Pflegebedürftige in einer gemeinsamen Wohnung, werden bis zu 16.720,– € von der Pflegekasse übernommen.

9.2.3 Leistungen zur Unterstützung der häuslichen Pflege

Neben den Pflegeleistungen, die unmittelbar der Pflege zu Hause zugutekommen, gibt es Leistungen, die die häusliche Pflege begleitend unterstützen können. In Betracht kommen die teilstationäre Versorgung der Tages- oder Nachtpflege und die vorübergehende vollstationäre Versorgung in Kurzzeitpflege.

Teilstationäre Tages- und Nachtpflege kann von Pflegebedürftigen zusätzlich zur ambulanten Pflegesachleistung, zum Pflegegeld oder in der Kombination von Pflegesachleistung und Pflegegeld in Anspruch genommen werden. Während der Kurzzeitpflege wird bis zu acht Wochen je Kalenderjahr die Hälfte des bisher bezogenen Pflegegelds weitergezahlt.

Teilstationäre Pflege

Die Tages- und Nachtpflege gehört zu den teilstationären Pflegeleistungen, die Pflegebedürftigen zugutekommt, die zu Hause versorgt werden. Die teilstationäre Pflege soll die ambulante Versorgung des Pflegebedürftigen ergänzen und die häusliche Pflege stärken. Häufig lässt sich dadurch der Einzug in ein Heim verhindern oder verzögern. Teilstationäre Pflege liegt vor, wenn sich der Pflegebedürftige nur einen Teil des Tages in einer Pflegeeinrichtung aufhält, während er den anderen Teil des Tages im eigenen Haushalt oder im Haushalt einer Pflegeperson verbringt, in den er aufgenommen worden ist. In Einrichtungen der Tagespflege werden Pflegebedürftige tagsüber untergebracht und versorgt, während er die Nacht zu Hause verbringt. Bei der Nachtpflege ist es umgekehrt. Hier wird der Pflegebedürftige über Nacht in einer Pflegeeinrichtung untergebracht und versorgt, während er tagsüber häuslich gepflegt wird.

Pflegebedürftige der Pflegegrade 2 bis 5 haben Anspruch auf teilstationäre Pflege in Einrichtungen der Tages- oder Nachtpflege, wenn häusliche Pflege nicht in ausreichendem Umfang sichergestellt werden kann oder wenn dies zur Ergänzung oder Stärkung der häuslichen Pflege erforderlich ist. Pflegebedürftige des Pflegegrads 1 können den ihnen zustehenden Entlastungsbetrag für Leistungen der Tages- und Nachtpflege einsetzen.

Die Pflegekasse übernimmt die Pflegekosten bis zu einem Höchstsatz. Dieser beträgt aktuell (2025)

- bis zu 721,– € in Pflegegrad 2,
- bis 1.357,– € in Pflegegrad 3,
- bis 1.685,– € in Pflegegrad 4 und
- bis 2.085,– € in Pflegegrad 5.

Kurzzeitpflege

Können Pflegebedürftige vorübergehend nicht zu Hause betreut werden, besteht die Möglichkeit, sie für kurze Zeit stationär in einer Pflegeeinrichtung unterzubringen. Durch die sogenannte Kurzzeitpflege sollen Pflegepersonen, die die häusliche Pflege sicherstellen, entlastet und verhindert werden, dass der Pflegebedürftige bei Ausfall der Pflegeperson auf Dauer in vollstationäre Pflege überwechseln muss.

Anspruch auf Pflege in einer vollstationären Einrichtung besteht für Pflegebedürftige der Pflegegrade 2 bis 5, wenn die häusliche Pflege zeitweise nicht, noch nicht oder nicht im erforderlichen Umfang erbracht werden kann und auch teilstationäre Pflege nicht ausreicht. Dies gilt für eine Übergangszeit im Anschluss an eine stationäre Behandlung des Pflegebedürftigen oder in sonstigen Krisensituationen, in denen vorübergehend häusliche oder teilstationäre Pflege nicht möglich oder nicht ausreichend ist.

» Kurzzeitpflege kommt in Betracht für Zeiten der Krankheit, des Urlaubs oder einer sonstigen Verhinderung, die nicht mit Leistungen der Verhinderungspflege überbrückt werden können oder in Krisenzeiten, wenn sich die Pflegebedürftigkeit kurzfristig erheblich verschlimmert.

Die Pflegekasse übernimmt die pflegebedingten Aufwendungen einschließlich der Aufwendungen für Betreuung sowie die Aufwendungen für Leistungen der medizinischen Behandlungspflege bis zum Gesamtbetrag von 1.854,– € im Kalenderjahr. Der Leistungsbetrag kann um bis zu 1.685,– € aus noch nicht in Anspruch genommenen Mitteln der Verhinderungspflege auf insgesamt bis zu 3.539,– € im Kalenderjahr erhöht werden. Die Pflegekasse zahlt den dem Pflegebedürftigen zustehenden Leistungsbetrag unmittelbar an die zugelassene Pflegeeinrichtung.

! Zum 1.7.2025 wird das Entlastungsbudget für alle Menschen mit Pflegebedürftigkeit eingeführt. In der häuslichen Pflege können dann Leistungen der Verhinderungspflege (bisher bis zu 1.685,– €) und Kurzzeitpflege (bisher bis zu 1.854,– €) im Gesamtumfang von 3.539,– € flexibel kombiniert werden.

9.2.4 Vollstationäre Pflege im Heim

Wegen des Vorrangs häuslicher und teilstationärer Pflege vor vollstationärer Pflege besteht ein Anspruch auf Pflege in vollstationären Einrichtungen erst, wenn häusliche und teilstationäre Pflege nicht möglich sind oder wegen Besonderheiten des einzelnen Falls nicht in Betracht kommt. Der Anspruch besteht nur für Pflegebedürftige der Pflegegrade 2 bis 5. Einen Zuschuss erhalten Pflegebedürftige des Pflegegrads 1, die vollstationäre Pflege wählen. Besonderheiten bestehen bei der Pflege von Menschen mit Behinderungen in vollstationären Einrichtungen.

Leistungen

Vollstationäre Pflege kommt in Betracht, wenn mögliche Pflegepersonen nicht bereit sind, den Pflegebedürftigen zu pflegen oder Pflegepersonen mit der Pflege überfordert sind bzw. eine Überforderung droht. Möglich ist die vollstationäre Versorgung auch dann, wenn die räumlichen Gegebenheiten im häuslichen Bereich keine Pflege zu Hause ermöglichen und auch durch bauliche Veränderungen nicht verbessert werden können, ebenso wenn eine Verwahrlosung des Pflegebedürftigen droht oder bereits eingetreten ist.

Die Pflegekasse übernimmt bei vollstationärer Versorgung für pflegebedingte Aufwendungen einschließlich der Aufwendungen für Betreuung und die Aufwendungen für Leistungen der medizinischen Behandlungspflege pauschale Beträge, die sich nach Pflegegraden richten. Diese betragen aktuell (2025) monatlich

- bis zu 805,– € in Pflegegrad 2,
- bis 1.319,– € in Pflegegrad 3,
- bis 1.855,– € in Pflegegrad 4 und
- bis 2.096,– € in Pflegegrad 5.

Wählt ein Pflegebedürftiger mit Pflegegrad 1 vollstationäre Pflege, erhält er von der Pflegekasse einen Zuschuss von 131,– € monatlich.

Achtung: Reicht die Leistung der Pflegeversicherung nicht aus, um die pflegebedingten Aufwendungen abzudecken, ist von der pflegebedürftigen Person ein Eigenanteil zu zahlen, der sich von Einrichtung zu Einrichtung unterscheidet. Auch die Kosten für Unterkunft und Verpflegung muss der Pflegebedürftige selbst zahlen. Ebenfalls nicht von der Pflegekasse übernommen werden Investitionskosten des Heims etwa für Umbau- und Ausbaumaßnahmen, die auf einen monatlichen Betrag umgerechnet und jedem Bewohner in Rechnung gestellt werden.

Leistungen für die Pflege in vollstationären Einrichtungen für Menschen mit Behinderung

Eine Pauschalleistung für die Pflege erhalten Pflegebedürftige der Pflegegrade 2 bis 5 in vollstationären Einrichtungen, in denen die Teilhabe von Menschen mit Behinderung im Vordergrund steht, zur Abgeltung der pflegebedingten Aufwendungen einschließlich Aufwendungen für Betreuung und für Leistungen der medizinischen Behandlungspflege. Es besteht ein Anspruch auf 15 % des vereinbarten Heimentgelts, höchstens 266,– € je Kalendermonat. Neben der Pauschalleistung besteht für die Pflege zu Hause (z.B. am Wochenende oder in den Ferien) ein Anspruch auf Pflegegeld bzw. Pflegesachleistung.

Übersicht über die Pflegeleistungen

Leistungen	**Pflegegrad**		
	1	**2**	**3**
Häusliche Pflege			
Pflegesachleistung	Anspruch nur über Pflegeentlastungsbetrag von 131,– €	796,– €	1.497,– €
Pflegegeld	–	347,– €	599,– €

Leistungen	Pflegegrad		
	1	2	3
Verhinderungspflege			
durch nahe Angehörige Aufwendungen bis zu 8 Wochen im Kalenderjahr	–	520,50 €	898,50 €
durch erwerbsmäßige Pflegevertretung Aufwendungen bis zu 8 Wochen im Kalenderjahr	–	1.685,– €	1.685,– €
Kurzzeitpflege Aufwendungen bis zu 8 Wochen im Kalenderjahr	Anspruch nur über Pflegeentlastungsbetrag von 131,– €	1.854,– €	1.854,– €
Teilstationäre Tages- und Nachtpflege	Anspruch nur über Pflegeentlastungsbetrag von 131,– €	721,– €	1.357,– €
Entlastungsbetrag	131,– €	131,– €	131,– €
Vollstationäre Pflege	Zuschuss von 131,– €	805,– €	1.319,– €
Pflege in vollstationären Einrichtungen der Hilfe für behinderte Menschen	–	15 % des vereinbarten Heimentgelts höchstens 278,– €	15 % des vereinbarten Heimentgelts höchstens 278,– €
zum Verbrauch bestimmte Pflegehilfsmittel	42,– €	42,– €	42,– €
Maßnahmen zur Verbesserung des Wohnumfelds Aufwendungen in Höhe von bis zu	4.180,– €	4.180,– €	4.180,– €

Leistungen		
	4	**5**
Häusliche Pflege		
Pflegesachleistung	1.859,– €	2.299,– €
Pflegegeld	800,– €	990,– €
Verhinderungspflege		
durch nahe Angehörige Aufwendungen bis zu 8 Wochen im Kalenderjahr	1.200,– €	1.485,– €
durch erwerbsmäßige Pflegevertretung Aufwendungen bis zu 8 Wochen im Kalenderjahr	1.685,– €	1.685,– €
Kurzzeitpflege Aufwendungen bis zu 8 Wochen im Kalenderjahr	1.854,– €	1.854,– €
Teilstationäre Tages- und Nachtpflege	1.685,– €	2.085,– €
Entlastungsbetrag	131,– €	131,– €
Vollstationäre Pflege	1.855,– €	2.096,– €
Pflege in vollstationären Einrichtungen der Hilfe für behinderte Menschen	15 % des vereinbarten Heimentgelts höchstens 278,– €	15 % des vereinbarten Heimentgelts höchstens 278,– €
zum Verbrauch bestimmte Pflegehilfsmittel	42,– €	42,– €
Maßnahmen zur Verbesserung des Wohnumfelds Aufwendungen in Höhe von bis zu	4.180,– €	4.180,– €

9.3 Gesetzliche Rentenversicherung

In der gesetzlichen Rentenversicherung sind Menschen mit Behinderung durch die vorzeitig gewährten Altersrenten für schwerbehinderte Menschen und die Renten wegen verminderter Erwerbsfähigkeit abgesichert. Unter Umständen besteht sowohl bei der Altersrente als auch bei der Rente wegen Erwerbsminderung Anspruch auf den Grundrentenzuschlag.

9.3.1 Altersrente für schwerbehinderte Menschen

Die reguläre Altersrente, die sogenannte Regelaltersrente, bekommen fast alle, die gearbeitet oder Kinder erzogen haben, wenn sie die Regelaltersgrenze erreicht und eine Wartezeit von fünf Jahren erfüllt haben. Die Altersgrenze für die Regelaltersrente ohne Abschläge wird bis 2031 schrittweise auf 67 Jahre angehoben. Angefangen mit dem Geburtsjahrgang 1947 wird die Altersgrenze bis 2023 um jährlich einen Monat angehoben. Sind Sie beispielsweise Jahrgang 1956, können Sie mit einem Alter von 65 Jahren und zehn Monaten in Rente gehen. Ab 2024 wird die Altersgrenze beginnend mit dem Geburtsjahrgang 1959 in Zweimonatsschritten angehoben. Für Versicherte ab Jahrgang 1964 gilt dann die Regelaltersgrenze von 67 Jahren.

Das Renteneintrittsalter wird allerdings nicht für alle Versicherten auf 67 Jahre angehoben. Einige Altersrenten sind davon ausgenommen, so auch die Altersrente für schwerbehinderte Menschen. Diese Rente können Versicherte erhalten, die

- bei Beginn der Rente schwerbehindert sind und
- die Mindestversicherungszeit (Wartezeit) von 35 Jahren erfüllen.

! Bezieher einer Altersente für schwerbehinderte Menschen dürfen nebenher arbeiten und sich etwas dazu verdienen. Seit dem 1.1.2023 gelten keine Hinzuverdienstgrenzen mehr, selbst wenn der Versicherte die Regelaltersgrenze noch nicht erreicht hat.

Schwerbebehinderung

Für den Rentenanspruch muss ein Grad der Behinderung von mindestens 50 vorliegen. Zwar können behinderte Menschen mit einem Grad der Behinderung von mindestens 30 schwerbehinderten Menschen gleichgestellt werden (vgl. dazu 1.3.4), die Gleichstellung begründet allerdings keinen Anspruch auf die Altersrente wegen Schwerbehinderung.

Die Schwerbehinderteneigenschaft muss beim Rentenbeginn, also direkt an diesem Tag, vorliegen. Der Zeitpunkt der Anerkennung der Schwerbehinderteneigenschaft durch das Versorgungsamt spielt keine Rolle.

! Wird der Bescheid über die Anerkennung der Schwerbehinderung aufgehoben, weil der Grad der Behinderung unter 50 liegt, besteht die Schwerbehinderteneigenschaft gleichwohl für eine Schutzfrist von drei Kalendermonaten fort. Auch während der Schutzfrist besteht Anspruch auf die Altersente für schwerbehinderte Menschen.

Wartezeit

Versicherungsrechtliche Voraussetzung für die Altersrente für schwerbehinderte Menschen ist, dass eine Wartezeit von 35 Jahren erfüllt ist. Hierzu zählen unter anderem

- Beiträge aus einer Beschäftigung oder selbstständigen Tätigkeit,
- freiwillige Beiträge, die der Versicherte allein gezahlt hat,
- Anrechnungszeiten, in denen der Versicherte aus persönlichen Gründen an der Beitragszahlung gehindert war (z.B. Arbeitsunfähigkeit, Arbeitslosigkeit, Bezug von Bürgergeld, Schwangerschaft),
- Berücksichtigungszeiten (Zeiten der Erziehung eines Kindes, das noch keine zehn Jahre alt ist, Zeiten der nicht erwerbsmäßigen Pflege eines Pflegebedürftigen).

Altersgrenze

Für vor 1952 Geborene liegt die Altersgrenze für die Rente bei 63 Jahren. Sie kann aber vorzeitig mit einem Abschlag ab 60 bezogen werden. Wurde der Versicherte in der Zeit nach 1951 und vor 1964 geboren, wird die Altersgrenze für eine abschlagsfreie Rente stufenweise angehoben. Für die Jahrgänge 1952 bis 1958 erfolgt die Anhebung in Einmonatsschritten, für Versicherte der Jahrgänge 1959 bis 1963 in 2-Monats-Schritten. Für 1964 und später geborene Versicherte liegt die Altersgrenze dann beim 65. Lebensjahr.

Achtung: Wer die Altersrente für schwerbehinderte Menschen vorzeitig – also vor dem für eine abschlagsfreie Rente maßgebenden Lebensalter – in Anspruch nimmt, muss einen dauerhaften Rentenabschlag in Kauf nehmen. Er beträgt 0,3 % pro Monat, für den die Rente vorzeitig gezahlt wird, höchstens jedoch 10,8 %.

9.3.2 Rente wegen Erwerbsminderung

Die gesetzliche Rentenversicherung bietet auch Leistungen für den Fall, dass ein Versicherter aufgrund seines Gesundheitszustands nicht mehr in der Lage ist, einer Vollzeitbeschäftigung nachzugehen und sich auf diesem Weg seinen Lebensunterhalt zu verdienen. Abhängig vom Grad der Einschränkung der Erwerbsfähigkeit unterscheidet das Gesetz zwischen der Rente wegen voller und wegen teilweiser Erwerbsminderung (§ 43 SGB VI).

Reha vor Rente

Laut Gesetz ist Ziel der Rehabilitation, die Beeinträchtigung der Erwerbsfähigkeit zu beseitigen bzw. das vorzeitige Ausscheiden aus dem Erwerbsleben zu verhindern oder hinauszuschieben. Deshalb haben Leistungen zur Rehabilitation immer Vorrang vor der Zahlung einer Rente wegen verminderter Erwerbsfähigkeit. Nur wenn eine Rehabilitationsleistung dieses Ziel voraussichtlich nicht erreichen kann, kann eine vorzeitige Rente gezahlt werden. Auch wenn bereits eine Erwerbsminderungsrente gezahlt wird, wird nachträglich geprüft, ob eine Rehabilitation für den Versicherten zumutbar und geeignet ist, um seine Erwerbsfähigkeit wiederherzustellen.

Medizinische Voraussetzungen

Rente wegen verminderter Erwerbsfähigkeit wird bis zum Erreichen der Regelaltersgrenze des Versicherten gezahlt, wenn eine volle oder teilweise Erwerbsminderung vorliegt.

Achtung: In welchem Umfang, wie viele Stunden am Tag der Versicherte also mit seiner Krankheit oder Behinderung noch arbeiten kann, wird von einem Arzt des Rentenversicherungsträgers festgestellt. Bei der Beurteilung der Leistungsfähigkeit wird von einem üblichen Arbeitsverhältnis im Rahmen einer 5-Tage-Woche ausgegangen und die Leistungsfähigkeit des Versicherten nicht nur in seinem bisherigen Beruf, sondern auch in anderen Tätigkeiten, die auf dem Arbeitsmarkt angeboten werden, geprüft.

Volle Erwerbsminderung

Eine volle Erwerbsminderung liegt vor, wenn der Versicherte wegen Krankheit oder Behinderung auf nicht absehbare Zeit und den üblichen Bedingungen des Arbeitsmarktes nur noch weniger als drei Stunden täglich erwerbstätig sein kann. Und zwar nicht nur in seinem, sondern in allen Tätigkeitsfeldern.

Volle Erwerbsminderung für Menschen mit Behinderungen

Voll erwerbsgemindert ist der Versicherte grundsätzlich auch, wenn er

- in einer anerkannten Werkstatt für behinderte Menschen arbeitet oder
- in einer anderen beschützenden Einrichtung beschäftigt ist und
- wegen der Art und Schwere der Behinderung nicht auf dem allgemeinen Arbeitsmarkt tätig sein kann.

Die Rente kommt für Personen in Betracht, die seit Geburt oder durch einen frühen Unfall oder ähnliche Ereignisse voll erwerbsgemindert sind und deshalb die allgemeine Wartezeit von fünf Jahren vor dem Eintritt der vollen Erwerbsminderung (vgl. dazu unten) nicht erfüllen konnten.

Versicherte, die bereits vor Erfüllung der allgemeinen Wartezeit von fünf Jahren voll erwerbsgemindert waren und seitdem ununterbrochen voll erwerbsgemindert sind, haben Anspruch auf die Rente wegen voller Erwerbsminderung, wenn die Wartezeit von 20 Jahren erfüllt ist. Die Wartezeit kann durch Pflichtbeiträge aus einer Beschäftigung, etwa in einer anerkannten Werkstätte für Menschen mit Behinderungen, oder durch freiwillige Beiträge erfüllt werden. Die Voraussetzung, in den letzten fünf Jahren vor Eintritt der vollen Erwerbsminderung mindestens drei Jahre Pflichtbeitragszeiten nachzuweisen (vgl. dazu unten), muss bei dieser Rente nicht erfüllt werden.

Teilweise Erwerbsminderung

Eine teilweise Erwerbsminderung liegt vor, wenn der Versicherte wegen Krankheit oder Behinderung auf nicht absehbare Zeit außerstande ist, unter den üblichen Bedingungen täglich noch drei bis sechs Stunden zu arbeiten. Die Rente bei teilweiser Erwerbsminderung ist halb so hoch wie die Rente bei voller Erwerbsminderung.

! Wenn die versicherte Person zwar mindestens drei Stunden, aber nur noch weniger als sechs Stunden täglich arbeiten kann und gleichzeitig arbeitslos ist, weil ein entsprechender Teilzeitarbeitsplatz nicht vorhanden ist, kann ein Anspruch auf Rente wegen voller Erwerbsunfähigkeit bestehen, obwohl aus medizinischer Sicht nur eine teilweise Erwerbsminderung vorliegt.

Teilweise Erwerbsminderung bei Berufsunfähigkeit

Anspruch auf Rente wegen teilweiser Erwerbsminderung wegen Berufsunfähigkeit können nur Versicherte haben, die vor dem 2.1.1961 geboren sind und deren Berufsunfähigkeit durch Krankheit oder Behinderung verursacht ist. Diese Personen können bei gesundheitlichen Einschränkungen allein in ihrem bisherigen Beruf eine Rente wegen teilweiser Erwerbsminderung bekommen. Voraussetzung ist, dass sie ihren bisherigen qualifizierten Beruf nicht mehr oder nur noch weniger als sechs Stunden täglich ausüben können, in einem anderen Beruf aber noch mindestens sechs Stunden täglich einsetzbar sind.

Ob dem Versicherten eine andere Tätigkeit zugemutet werden kann, wird vom Rentenversicherungsträger geprüft. Die andere Tätigkeit muss dem Leistungsvermögen und den Fähigkeiten des Versicherten entsprechen und ihm im Hinblick auf seine Ausbildung, seinem bisherigen beruflichen Werdegang und seiner erlangten sozialen Stellung zumutbar sein. Ferner müssen auf dem Arbeitsmarkt genügend solcher Arbeitsplätze bereitstehen. Es ist aber nicht erforderlich, dass diese Arbeitsplätze auch frei sind und damit tatsächlich zur Verfügung stehen.

Versicherungsrechtliche Voraussetzungen

Neben den medizinischen Voraussetzungen sind für die Rente wegen Erwerbsminderung auch bestimmte allgemeine und besondere versicherungsrechtliche Voraussetzungen erforderlich.

Die Zahlung einer Erwerbsminderungsrente erfordert außer der vollen oder teilweisen Erwerbsminderung, dass der Versicherte vor der Erwerbsminderung die sogenannte allgemeine Wartezeit von fünf Jahren erfüllt hat. Zur Wartezeit zählen unter anderem Beitragszeiten, Zeiten der Kindererziehung, der Pflege von Pflegebedürftigen oder Zeiten des Bezugs von Arbeitslosen- oder Krankengeld. Unter bestimmten Voraussetzungen ist die fünfjährige Wartezeit vorzeitig erfüllt; so etwa, wenn die Erwerbsminderung aufgrund eines Arbeitsunfalls oder einer Berufskrankheit eingetreten ist.

Besondere versicherungsrechtliche Voraussetzung für die Erwerbsminderungsrente ist, dass der Versicherte in den letzten fünf Jahren vor Beginn der Erwerbsminderung mindestens drei Jahre Pflichtbeiträge in die gesetzliche Rentenversicherung eingezahlt hat.

! Zu den Pflichtbeitragszeiten gehören auch bestimmte Zeiten des Bezugs von Übergangsgeld (vgl. dazu 7.1.7).

Zurechnungszeiten und Abschläge

Für die Höhe der Erwerbsminderungsrente sind die während des Berufslebens des Versicherten gezahlten Beiträge zur Rentenversicherung, Anrechnungszeiten (z.B. wegen Fachschulausbildung, Arbeitsunfähigkeit oder Arbeitslosigkeit) und Berücksichtigungszeiten (z.B. wegen Kindererziehung) maßgebend. Die Rente wegen teilweiser Erwerbsminderung hat keine volle Lohnersatzfunktion, da hier davon ausgegangen wird, dass die Versicherten noch selbst zur Sicherung ihres Lebensunterhalts beitragen können. Die Rente beträgt deshalb nur die Hälfte der Rente wegen voller Erwerbsminderung.

Zurechnungszeit

Bei der Berechnung der Erwerbsminderungsrente spielen sogenannte Zurechnungszeiten eine wichtige Rolle. Ohne die Zurechnungszeit würden diese Renten sehr niedrig ausfallen, wenn nur die bis zum Eintritt der Erwerbsminderung bzw. des Sterbefalls gezahlten Beiträge Grundlage für die Rentenberechnung wären. Deshalb wird zur Berechnung der Rentenhöhe ein fiktives Renteneintrittsalter herangezogen und damit ermittelt, wie sich die Rentenansprüche bei gleichbleibender Berufstätigkeit entwickelt hätten. Zurechnungszeit ist die Zeit zwischen dem Eintritt der Erwerbsminderung und einem bestimmten, gesetzlich festgelegten Lebensalter. Durch die Zurechnungszeit wird der Versicherte so gestellt, als hätte er bis zu diesem Lebensalter Beiträge gezahlt. Bei einem Beginn der Rente wegen verminderter Erwerbsfähigkeit seit dem 1.1.2020 verlängert sich die Zurechnungszeit in einer Übergangszeit bis zum 31.12.2030 schrittweise bis zum 67. Lebensjahr, höchstens jedoch bis zum Erreichen der individuellen Regelaltersgrenze.

Abschläge

Die Rente wegen teilweiser oder voller Erwerbsminderung mindert sich um einen Abschlag, wenn sie vor dem für den Versicherten maßgebenden Lebensalter in Anspruch genommen wird. Ab 2024 wird eine abschlagfreie Rente wegen verminderter Erwerbsfähigkeit erst mit 65 Jahren gezahlt. Für jeden Monat, den der Versicherte vor Erreichen dieses Lebensalters in Rente geht, beträgt der Abschlag 0,3 %, höchstens jedoch 10,8 %.

Achtung: Der für Ihre Erwerbsminderungsrente geltende Abschlag bleibt im Allgemeinen auch bei einer Folgerente bestehen, beispielsweise bei einer Altersrente.

Berücksichtigung von eigenem Einkommen

Hat der Versicherte neben einer Rente wegen teilweiser Erwerbsminderung weiteres Einkommen (z.B. Einkünfte aus einer Teilzeitbeschäftigung), kann sich dieses auf die Rentenhöhe auswirken. Erwerbsminderungsrenten können seit 1.1.2023 unter Beachtung dynamischer Hinzuverdienstgrenzen bezogen werden. Beim Bezug einer Rente wegen teilweiser Erwerbsminderung ergibt sich 2025 eine Hinzuverdienstgrenze von rund 39.322,50 €, bei Renten wegen voller Erwerbsminderung von rund 19.661,25 €.

Achtung: Unabhängig von den geltenden Hinzuverdienstgrenzen dürfen Menschen, die eine Erwerbsminderungsrente beziehen, einer Beschäftigung oder selbstständigen Tätigkeit nur im Rahmen des festgestellten Leistungsvermögens nachgehen. Anderenfalls kann der Rentenanspruch trotz Einhaltung der Hinzuverdienstgrenzen entfallen. Das heißt, bei einer Rente wegen voller Erwerbsminderung ist eine Arbeitszeit von weniger als drei Stunden täglich und bei einer Rente wegen teilweiser Erwerbsminderung eine Arbeitszeit von weniger als sechs Stunden täglich einzuhalten.

Dauer des Rentenbezugs

Renten wegen Minderung der Erwerbsfähigkeit werden grundsätzlich als Zeitrenten gezahlt, und zwar für höchstens drei Jahre nach dem Zeitpunkt des Rentenbeginns. Nur wenn es unwahrscheinlich ist, dass die Erwerbsminderung behoben werden kann und der Rentenanspruch unabhängig von der Arbeitsmarktlage besteht, wird die Rente unbefristet gewährt.

Die Erwerbsminderungsrente beginnt frühestens mit dem siebten Monat nach Eintritt der Erwerbsminderung. Damit sie rechtzeitig gezahlt werden kann, reicht es aus, wenn die Rente bis zum Ablauf dieses siebten Kalendermonats beantragt wird. Wird der Antrag erst später gestellt, beginnt die Rente erst mit dem Antragsmonat.

Bessert sich der Gesundheitszustand des Versicherten während des Rentenbezuges, kann die Rente ganz oder teilweise entzogen werden. Bevor die Rentenversicherung einen entsprechenden Bescheid erteilt, kann dazu Stellung genommen werden.

9.3.3 Grundrentenzuschlag

Wenn ein Versicherter jahrelang hart gearbeitet und in die Rentenversicherung eingezahlt, aber wenig verdient hat, fällt die gesetzliche Rente am Ende ziemlich schmal aus. Seit 2021 können Rentner deshalb einen Anspruch auf einen sogenannten Grundrentenzuschlag haben, wenn sie lange gearbeitet und dabei unterdurchschnittlich verdient haben. Die Grundrente ist allerdings keine neue Rentenart, sondern fließt als Bestandteil in die Rente ein. Sie gibt es sowohl zu Altersrenten als auch zu Renten wegen Erwerbsminderung.

! Um den Grundrentenzuschlag zu bekommen, muss kein Antrag gestellt werden. Die Deutsche Rentenversicherung prüft von sich aus bei allen, die eine Rente beziehen, ob die Voraussetzungen für den Zuschlag erfüllt werden.

Anspruch

Anspruch auf den vollen Grundrentenzuschlag besteht, wenn mindestens 35 Jahre Grundrentenzeiten vorhanden sind. Dazu gehören unter anderem folgende Zeiten:

- Beitragszeiten mit Pflichtbeiträgen, in denen der Versicherte versicherungspflichtig beschäftigt oder versicherungspflichtig selbstständig tätig war;
- Berücksichtigungszeiten wegen Kindererziehung bis zum 10. Lebensjahr des Kindes,
- Beitragszeiten mit Pflichtbeiträgen für die Pflege von Angehörigen,
- Zeiten, in denen der Versicherte Leistungen bei Krankheit oder Rehabilitation bekommen hat,
- Zeiten, in denen Übergangsgeld gezahlt wurde.

Achtung: Keine Grundrentenzeiten sind Zeiten, in denen der Versicherte Arbeitslosengeld oder Arbeitslosengeld II bzw. Bürgergeld bezogen hat. Auch Zeiten mit freiwilligen Beiträgen werden nicht berücksichtigt.

Berechnung

Die Berechnung des Zuschlags ist kompliziert. Grundsätzlich sollen die Rentenansprüche für alle relevanten Jahre, in denen zwischen 30 % und 80 % des allgemeinen Durchschnitts verdient wurde, so aufgestockt werden, dass sie dem Rentenanspruch bei 80 % des allgemeinen Verdienstes entsprechen (abzüglich 12,5 %). Den Anspruch auf die volle Grundrente gibt es aber nur, wenn Rentner auf 35 relevante Jahre kommen. Ab 33 relevanten Jahren greift eine Gleitzone mit einer teilweisen Aufstockung.

Anrechnung von Einkommen

Unter Umständen wird auf den Grundrentenzuschlag Einkommen des Versicherten angerechnet. Dann wird der Zuschlag nicht in voller Höhe oder gar nicht gezahlt. Angerechnet wird das zu versteuernde Einkommen sowie der steuerfreie Teil der Rente oder Versorgungsbezüge, aber nicht der Grundrentenzuschlag selbst. Ebenfalls nicht angerechnet werden steuerfreie Einkünfte (z.B. Einnahmen aus sog. Minijobs, Bürgergeld, Wohngeld, Blindengeld).

Aktuell (2025) gelten folgende Grenzen:

- Bei Unverheirateten wird ein monatliches Einkommen bis zu 1.438,– € nicht angerechnet. Wer dieses Einkommen nicht überschreitet, kann den vollen Grundrentenzuschlag bekommen. Einkommen über 1.438,– € im Monat wird zu 60 % auf den Zuschlag angerechnet. Ist das Einkommen höher als 1.840,– € im Monat, wird dieser Teil des Einkommens voll auf den Zuschlag angerechnet.
- Bei Eheleuten wird das Einkommen beider Partner zusammen betrachtet. Monatliches Einkommen bis zu 2.243,– € wird nicht angerechnet. Wenn das gemeinsame Einkommen diese Höhe nicht überschreitet, wird der volle Grundrentenzuschlag gezahlt. Gemeinsames Einkommen über 2.243,– € im Monat wird zu 60 % auf den Grundrentenzuschlag angerechnet. Ist das gemeinsame Einkommen höher als 2.646,– € im Monat, wird dieser Teil des Einkommens voll auf den Grundrentenzuschlag angerechnet.

9.4 Grundsicherung

Menschen mit Behinderung haben einen Anspruch auf Grundsicherung, wenn sie das 18. Lebensjahr vollendet haben, voll erwerbsgemindert sind und sie ihren notwendigen Lebensunterhalt nicht aus Einkommen und Vermögen bestreiten können. Voll erwerbsgemindert sind Menschen, die wegen einer Krankheit oder Behinderung außer Stande sind, mindestens drei Stunden täglich auf dem allgemeinen Arbeitsmarkt erwerbstätig zu sein. Der Anspruch auf Grundsicherung ist nicht von bestimmten Wohnsituationen abhängig. Grundsicherung können sowohl Menschen mit Behinderung erhalten, die in einer eigenen Wohnung leben, als auch Menschen, die im Haushalt der Eltern leben.

Die Grundsicherung ist keine Rente. Sie wird aus Steuermitteln finanziert und vom Sozialhilfeträger gezahlt. Die Grundsicherung tritt an die Stelle der Hilfe zum Lebensunterhalt (vgl. dazu Seite 9.6), wenn entweder aus Altersgründen nicht mehr erwartet werden kann, dass die materielle Notlage einer Person durch Ausübung einer Erwerbstätigkeit überwunden wird oder dies aus gesundheitlichen Gründen dauerhaft nicht möglich ist.

! Die Grundsicherung wird unabhängig davon gezahlt, ob bereits eine Altersrente oder eine Rente wegen voller Erwerbsminderung gewährt wird. Wer bereits eine Erwerbsminderungsrente erhält, kann Grundsicherung nur dann beziehen, wenn die Rente dauerhaft allein wegen voller Erwerbsminderung und nicht nur wegen der Lage am Arbeitsmarkt gezahlt wird.

9.4.1 Anrechnung von Einkommen und Vermögen

Die Höhe der Grundsicherung hängt vom Einkommen und Vermögen des Antragstellers sowie dem seines Ehepartners ab.

Anspruch auf Grundsicherung besteht nur, wenn der Bedarf nicht durch eigenes Einkommen oder Vermögen bestritten werden kann. Zum Einkommen gehören neben dem Erwerbseinkommen insbesondere auch Kindergeld, Krankengeld, Renten und Pensionen jeder Art, Miet- und Pachteinnahmen, Einkünfte aus Kapitalvermögen, Unterhalt des getrennt lebenden Ehepartners und Einkünfte aus Wohnrechten. Berücksichtigt wird nicht das volle (Brutto-)Einkommen. Steuern, Beiträge zur Sozialversicherung und zu privaten Versicherungen (soweit diese vorgeschrieben und angemessen sind) werden abgezogen. Auch die Einkünfte des Ehe- oder Lebenspartners werden angerechnet.

Vorhandenes Vermögen muss erst aufgebraucht werden, bevor Grundsicherung beansprucht werden kann. Zum Vermögen zählen unter anderem Bargeld, Sparguthaben, Wertpapiere, Rückkaufswerte von Lebensversicherungen, Haus- und Grundvermögen. Bei der Verwertung von Vermögen sind unter anderem kleinere Barbeträge bis zu einer Vermögensfreigrenze von 10.000,– €, ein selbstgenutztes Hausgrundstück oder eine Wohnung sowie gefördertes Altersvorsorgevermögen ausgenommen.

9.4.2 Leistungen

Grundsicherung wird in sogenannten Leistungen zur Deckung von Regelbedarfen gewährt. Bestimmte Gruppen von Hilfebedürftigen, bei denen von vornherein feststeht, dass der in der Regelleistung pauschalierte Bedarf wegen der besonderen Verhältnisse nicht ausreicht, haben einen gesetzlich verankerten Anspruch auf einen prozentual pauschalierten Mehrbedarf. Unter Umständen kommen auch einmalige Leistungen in Betracht. Schließlich werden die Kosten der Unterkunft und Heizkosten, soweit sie angemessen sind, übernommen und an den Hilfebedürftigen gezahlt.

Regelbedarf zur Sicherung des Lebensunterhalts

Der Regelbedarf zur Sicherung des Lebensunterhalts bzw. zur Gewährleistung des Existenzminimums umfasst insbesondere Ernährung, Kleidung, Körperpflege, Hausrat, Haushaltsenergie ohne die auf die Heizung und Erzeugung von Warmwasser entfallenden Anteile sowie persönliche Bedürfnisse des täglichen Lebens. Zu den persönlichen Bedürfnissen des täglichen Lebens gehört in vertretbarem Umfang eine Teilhabe am sozialen und kulturellen Leben in der Gemeinschaft. Der Regelbedarf wird als monatlicher Pauschalbetrag berücksichtigt.

Zurzeit (2025) gelten folgende Leistungen zur Deckung des Regelbedarfs:

Berechtigte	Betrag
alleinstehende Personen	563,– €
volljährige Partner innerhalb einer Bedarfsgemeinschaft	451,– €
Kinder bis fünf Jahre	357,– €
Kinder (6 bis 13 Jahre)	390,– €
Kinder (14 bis 17 Jahre)	471,– €
Volljährige bis zur Vollendung des 25. Lebensjahres in einer Bedarfsgemeinschaft	451,– €

Bedarfe für Unterkunft und Heizung werden in Höhe der tatsächlichen Aufwendungen anerkannt, soweit diese angemessen sind. Für die Anerkennung der Bedarfe für Unterkunft und Heizung gilt eine Karenzzeit von zwei Jahren ab Beginn des Monats, für den erstmals Leistungen bezogen werden. Innerhalb dieser Karenzzeit werden die Bedarfe für Unterkunft und Heizung in Höhe der tatsächlichen Aufwendungen anerkannt.

Mehrbedarf

Neben der Regelleistung können Hilfebedürftige noch Anspruch auf den Mehrbedarf haben. Dabei handelt es sich um Bedarfe, die nicht durch den Regelbedarf gedeckt sind.

- Für Personen, die eine gesetzlich festgelegte Altersgrenze erreicht haben (z.B. bei ab 1964 Geborenen das 67. Lebensjahr vollendet haben) oder diese Altersgrenze noch nicht erreicht haben und voll erwerbsgemindert und einen Schwerbehindertenausweis mit dem Merkzeichen G besitzen, wird ein Mehrbedarf von 17 % der maßgebenden Regelbedarfsstufe anerkannt, soweit nicht im Einzelfall ein abweichender Bedarf besteht.
- Menschen mit Behinderung, die Grundsicherung erhalten und sich in Ausbildung befinden, wird ein ausbildungsbedingter Mehrbedarf in Höhe von 35 % der maßgebenden Regelbedarfs-

stufe gewährt. Abhängig ist dieser Mehrbedarf davon, dass neben der Grundsicherung Hilfen zur Schulbildung oder Hilfen zur schulischen oder hochschulischen Ausbildung nach dem Recht der Eingliederungshilfe bezogen werden. In besonderen Einzelfällen ist der Mehrbedarf auch nach Beendigung der Hilfen während einer angemessenen Einarbeitungszeit von bis zu drei Monaten weiterhin anzuerkennen. Wird der Mehrbedarf gewährt, ist der gleichzeitige Bezug des Mehrbedarfs von 17 % der maßgebenden Regelbedarfsstufe bei Besitz eines Schwerbehindertenausweises mit dem Merkzeichen G ausgeschlossen.

- Für die Mehraufwendungen bei gemeinschaftlicher Mittagsverpflegung wird ein Mehrbedarf in einer Werkstatt für behinderte Menschen anerkannt, bei einem anderen Leistungsanbieter im Rahmen vergleichbarer anderer tagesstrukturierender Angebote.
- Für Leistungsberechtigte wird ein Mehrbedarf anerkannt, wenn deren Ernährungsbedarf aus medizinischen Gründen von allgemeinen Ernährungsempfehlungen abweicht und die Aufwendungen für die Ernährung deshalb unausweichlich und in mehr als geringem Umfang oberhalb eines durchschnittlichen Bedarfs für Ernährung liegen (ernährungsbedingter Mehrbedarf). Dies gilt entsprechend für aus medizinischen Gründen erforderliche Aufwendungen für Produkte zur erhöhten Versorgung des Stoffwechsels mit bestimmten Nähr- oder Wirkstoffen, soweit hierfür keine vorrangigen Ansprüche bestehen.

Die Summe des insgesamt anerkannten Mehrbedarfs darf die Höhe des für erwerbsfähige Leistungsberechtigte maßgebenden Regelbedarfs nicht übersteigen.

Einmalige Leistungen

Einmalige Leistungen werden für die Erstausstattung der Wohnung einschließlich der Haushaltsgeräte, für Erstausstattung mit Bekleidung sowie für die Erstausstattung bei Schwangerschaft und Geburt und für die Anschaffung und Reparaturen von orthopädischen

Schuhen, Reparaturen von therapeutischen Geräten und Ausrüstungen sowie die Mieten von therapeutischen Geräten erbracht. Einmalige Hilfen können auch Hilfebedürftigen gewährt werden, die keine laufende Hilfe erhalten. Die Leistungen können als Pauschalbeträge erbracht werden.

9.5 Bürgergeld

Bürgergeld erhalten Menschen mit Behinderung zwischen dem 15. Lebensjahr und dem Beginn der Regelaltersrente, die erwerbsfähig und hilfebedürftig sind und ihren gewöhnlichen Aufenthalt in Deutschland haben. Erwerbsfähig sind Personen, die nicht wegen Krankheit oder Behinderung auf absehbare Zeit außerstande sind, unter den üblichen Bedingungen des allgemeinen Arbeitsmarkts mindestens drei Stunden täglich erwerbstätig zu sein. Hilfebedürftig ist, wer seinen Lebensunterhalt nicht oder nicht ausreichend aus dem zu berücksichtigenden Einkommen oder Vermögen sichern kann und die erforderliche Hilfe von anderen, insbesondere von Angehörigen oder von Trägern anderer Sozialleistungen, erhält.

Die Leistungen umfassen insbesondere den Regelbedarf und Mehrbedarfe.

- Der Regelbedarf zur Sicherung des Lebensunterhalts umfasst insbesondere Ernährung, Kleidung, Körperpflege, Hausrat, Haushaltsenergie ohne die auf die Heizung und Erzeugung von Warmwasser entfallenden Anteile sowie persönliche Bedürfnisse des täglichen Lebens. Zu den persönlichen Bedürfnissen des täglichen Lebens gehört in vertretbarem Umfang eine Teilhabe am sozialen und kulturellen Leben in der Gemeinschaft. Der Regelbedarf wird als monatlicher Pauschalbetrag berücksichtigt. Der Regelbedarf wird in Höhe der jeweiligen Regelbedarfsstufe gewährt (vgl. dazu 9.4).

- Bei erwerbsfähigen Leistungsberechtigten mit Behinderungen, denen Leistungen zur Teilhabe am Arbeitsleben sowie sonstige Hilfen zur Erlangung eines geeigneten Platzes im Arbeitsleben oder Eingliederungshilfen erbracht werden, wird ein Mehrbedarf von 35 % des maßgebenden Regelbedarfs anerkannt. Bei Leistungsberechtigten, die aus medizinischen Gründen einer kostenaufwändigen Ernährung bedürfen, wird ein Mehrbedarf in angemessener Höhe anerkannt.

Die Summe des insgesamt anerkannten Mehrbedarfs darf die Höhe des für erwerbsfähige Leistungsberechtigte maßgebenden Regelbedarfs nicht übersteigen.

9.6 Hilfe zum Lebensunterhalt

Hilfe zum Lebensunterhalt ist das, was im allgemeinen Sprachgebrauch als »Sozialhilfe« bezeichnet wird. Anspruch auf Hilfe zum Lebensunterhalt haben Personen, die ihren notwendigen Lebensunterhalt nicht oder nicht ausreichend aus eigenen Kräften und Mitteln bestreiten können. Eigene Mittel sind insbesondere das eigene Einkommen und Vermögen. Hilfe zum Lebensunterhalt ist nachrangig gegenüber dem Bürgergeld und der Grundsicherung im Alter und bei Erwerbsminderung. Im Verhältnis zum Bürgergeld bleiben damit als potentiell Anspruchsberechtigte einerseits Personen, die voll erwerbsgemindert sind und auch nicht als Angehörige Anspruch auf Bürgergeld haben, andererseits Personen, die zwar dem Grunde nach Anspruch auf Bürgergeld haben, die aber ihren im Zusammenhang mit der Leistungsgewährung obliegende Pflichten mit der Folge verletzt haben, dass der Anspruch auf Bürgergeld entfällt.

10 Hilfen für blinde und gehörlose Menschen

Das Wichtigste in Kürze

- **Blindenhilfe als Sozialhilfe:** Blinde Menschen erhalten über die Sozialhilfe eine Blindenhilfe, die den Mehraufwand ausgleichen soll, den die Blindheit verursacht. Blinden Menschen stehen Personen gleich, deren beidäugige Gesamtsehschärfe nicht mehr als ein Fünfzigstel beträgt oder bei denen dem Schweregrad dieser Sehschärfe gleichzuachtende, nicht nur vorübergehende Störungen des Sehvermögens vorliegen.
- **Blindengeld:** In allen Bundesländern besteht Anspruch auf Blindengeld, das ohne Rücksicht auf Einkommen und Vermögen gezahlt wird.
- **Kostenfreie Blindensendungen:** Blinde Menschen können sogenannte Blindensendungen kostenfrei mit der Deutschen Post versenden.
- **Gehörlosengeld:** In einigen Bundesländern erhalten Menschen finanzielle Unterstützung, wenn sie von Geburt, aufgrund einer Krankheit oder durch einen Unfall gehörlos sind.

Sehbehinderte Menschen haben unter bestimmten Voraussetzungen Anspruch auf Blindenhilfe. Hilfen gibt es im Rahmen der Sozialhilfe und als Blindengeld von den Bundesländern. Sie können auch sogenannte Blindensendungen kostenfrei mit der Deutschen Post verschicken. Finanzielle Hilfen gibt es in einigen Bundesländern auch für Gehörlose.

10.1 Blindenhilfe als Sozialhilfe

Blinde Menschen erhalten über die Sozialhilfe eine Blindenhilfe, die den Mehraufwand ausgleichen soll, den die Blindheit verursacht. Blinden Menschen stehen Personen gleich, deren beidäugige Gesamtsehschärfe nicht mehr als ein Fünfzigstel beträgt oder bei denen dem Schweregrad dieser Sehschärfe gleichzuachtende, nicht nur vorübergehende Störungen des Sehvermögens vorliegen (§ 72 SGB XII).

Achtung: Blindenhilfe als Sozialhilfe wird (gegenüber dem Blindengeld in den Ländern) nachrangig nur bei Bedürftigkeit gezahlt. Es gelten also die allgemeinen Einkommens- und Vermögensgrenzen der Sozialhilfe.

Die Blindenhilfe beträgt aktuell (2025) 440,90 € bis zum vollendeten 18. Lebensjahr und 880,28 € ab dem vollendeten 18. Lebensjahr. Sie wird jeweils zu dem Zeitpunkt und in dem Umfang angepasst, wie sich der aktuelle Rentenwert in der gesetzlichen Rentenversicherung verändert. Anspruch auf Blindenhilfe besteht allerdings nur, soweit Leistungen, die dem gleichen Zweck dienen, nicht von anderer Seite gewährt werden. Zu solchen Leistungen zählt vor allem das Blindengeld der Länder (vgl. dazu 10.2).

Erhalten blinde Menschen Leistungen der Pflegekasse, privater Pflegeversicherungen oder Beihilfe wegen häuslicher Pflege, Tages-, Nacht- oder Kurzzeitpflege, wird das Pflegegeld bei Pflegebedürftigen des Pflegegrades 2 mit 50 % des Pflegegeldes des Pflegegrades 2 und bei Pflegebedürftigen der Pflegegrade 3, 4 oder 5 mit 40 % des Pflegegeldes des Pflegegrades 3, höchstens jedoch mit 50 % des Betrages der Blindenhilfe (vgl. oben) angerechnet. Bei stationärer Pflege in einem Pflegeheim wird das Blindengeld in voller Höhe gezahlt. Lebt der blinde Mensch in einer stationären Einrichtung und werden die Kosten des Aufenthalts ganz oder teilweise aus Mitteln öffentlich-rechtlicher Leistungsträger getragen, verringert sich die Blindenhilfe um diese Kosten, jedoch höchstens um die Hälfte.

10.2 Blindengeld in den Bundesländern

Blindengeld ist eine Leistung des Bundeslandes, in dem die betroffene Person wohnt. Die Höhe des Blindengelds ist je nach Bundesland sehr unterschiedlich. Zudem variieren die Leistungsbeträge für Erwachsene und Minderjährige, unter Umständen auch für Heimbewohner und für Pflegebedürftige. Auf das Blindengeld angerechnet werden regelmäßig Pflegeleistungen bei häuslicher, bei teilstationärer Pflege und bei Kurzzeitpflege, auch soweit es sich um Sachleistungen handelt.

! Das Blindengeld wird ohne Rücksicht auf Einkommen und Vermögen des Blinden gewährt. Die Hilfe ist als Pauschale zum Ausgleich bestehender Nachteile, über die die Betroffenen aber frei verfügen können und für die sie keinen Verwendungsnachweis erbringen müssen (z.B. erhöhter Fahrkostenbedarf, Kosten für Blindenzeitschriften oder Hörbücher), gedacht.

Wenn keine anderen Leistungen wie Pflegegeld, Zuschüsse bei Heimunterbringung usw. angerechnet werden, erhalten Blinde in den Bundesländern folgende Beträge (Stand 2025):

Bundesland	Berechtigter Personenkreis	Leistung
Baden-Württemberg	▪ Blinde Menschen. ▪ Menschen, deren Sehschärfe auf keinem Auge und auch nicht bei beidäugiger Prüfung mehr als 1/50 beträgt oder Menschen mit gleichwertiger Beeinträchtigung der Sehfähigkeit.	▪ Volljährige: 410,– € monatlich ▪ Minderjährige: 205,– € monatlich

Bundesland	Berechtigter Personenkreis	Leistung
Bayern	▪ Blinde Menschen. ▪ Menschen, deren Sehschärfe auf keinem Auge und auch beidäugig Prüfung nicht mehr als 1/50 beträgt oder Menschen mit gleichwertiger Beeinträchtigung der Sehfähigkeit. ▪ Hochgradig sehbehinderte Personen: Personen, deren Sehschärfe auf keinem Auge und auch beidäugig nicht mehr als 1/20 beträgt oder bei denen so schwere Störungen des Sehvermögens bestehen, die einen GdB von 100 bedingen).	▪ Blinde unabhängig vom Lebensalter: 748,– € monatlich ▪ Hochgradig Sehbehinderte: 224,40 € monatlich ▪ Taubblinde: 1.496,– € monatlich ▪ Hochgradig sehbehinderte und gleichzeitig taube Menschen: 448,80 € monatlich
Berlin	▪ Blinde Menschen. ▪ Menschen, deren Sehschärfe auf keinem Auge und auch nicht bei beidäugiger Prüfung mehr als 1/50 beträgt oder Menschen mit gleichwertiger Beeinträchtigung der Sehfähigkeit. ▪ Hochgradig Sehbehinderte: Personen, deren Sehschärfe auf keinem Auge und auch nicht bei beidäugiger Prüfung mehr als 1/20 beträgt bei denen die Einschränkung des Sehvermögens einen GdB von 100 bedingt.	▪ Blinde unabhängig vom Lebensalter: 673,42 € monatlich ▪ Hochgradig Sehbehinderte: 168,35 € monatlich ▪ Taubblinde unabhängig vom Lebensalter: 1.189,– € monatlich
Brandenburg	▪ Blinde Menschen. ▪ Menschen, deren beidäugige Gesamtsehschärfe nicht mehr als 1/50 beträgt oder bei denen dem Schweregrad dieser Sehschärfe gleichzuachtende, nicht nur vorübergehende Störungen des Sehvermögens vorliegen.	▪ Volljährige: 425,– € monatlich ▪ Minderjährige: 212,50 € monatlich ▪ Taubblinde: 850,– € monatlich

Bundesland	Berechtigter Personenkreis	Leistung
Bremen	▪ Blinde Menschen. ▪ Personen, deren Sehschärfe auf dem besseren Auge nicht mehr als 1/50 beträgt oder bei denen dem Schweregrad dieser Sehschärfe gleichzuachtende, nicht nur vorübergehende Störungen des Sehvermögens vorliegen.	▪ Volljährige: 517,61 € monatlich ▪ Minderjährige: 258,81 € monatlich
Hamburg	▪ Blinde Menschen. ▪ Personen, deren Sehschärfe auf dem besseren Auge nicht mehr als 1/50 beträgt oder bei denen dem Schweregrad dieser Sehschärfe gleichzuachtende, nicht nur vorübergehende Störungen des Sehvermögens vorliegen.	▪ Blinde unabhängig vom Lebensalter: 670,43 € monatlich
Hessen	▪ Blinde Menschen. ▪ Personen, deren Sehschärfe auf keinem Auge und auch nicht bei beidäugiger Prüfung mehr als 1/50 beträgt oder bei denen nicht nur vorübergehende Störungen des Sehvermögens im Bereich des zentralen visuellen Systems von einem solchen Schweregrad vorliegen, dass sie dieser Beeinträchtigung der Sehschärfe gleichzuachten sind. ▪ Hochgradig Sehbehinderte: Personen, deren Sehschärfe auf keinem Auge und auch nicht bei beidäugiger Prüfung mehr als 1/20 beträgt oder bei denen nicht nur vorübergehend andere hinsichtlich des Schweregrades gleichzusetzende Störungen der Sehfunktion vorliegen.	▪ Blinde Volljährige: 757,04 € monatlich ▪ Blinde Minderjährige: 440,90 € monatlich ▪ Hochgradig sehbehinderte Volljährige: 227,11 € monatlich ▪ Hochgradig sehbehinderte Minderjährige: 132,27 € monatlich ▪ Taubblindheit: 1.514,08 €

Bundesland	Berechtigter Personenkreis	Leistung
Mecklenburg-Vorpommern	▪ Blinde Menschen. ▪ Personen, deren Sehschärfe auf keinem Auge und auch nicht bei beidäugiger Prüfung mehr als 1/50 beträgt oder wenn andere, nicht nur vorübergehende Störungen des Sehvermögens von einem solchen Schweregrad vorliegen, dass sie dieser Beeinträchtigung der Sehschärfe gleichzuachten sind oder mit einem nachgewiesenen vollständigen Ausfall der Sehrinde (Rindenblindheit), nicht aber mit einer visuellen Agnosie oder anderen gnostischen Störungen. ▪ Hochgradig sehbehinderte Personen: Personen, deren Sehschärfe auf keinem Auge und auch beidäugig nicht mehr als 1/20 beträgt oder bei denen so schwere Störungen des Sehvermögens bestehen, die einen GdB von 100 bedingen.	▪ Blinde Volljährige: 430,– € monatlich ▪ Blinde Minderjährige: 273,05 € monatlich ▪ Hochgradig sehbehinderte Volljährige: 107,50 € monatlich ▪ Hochgradig sehbehinderte Minderjährige: 68,26 € monatlich
Niedersachsen	▪ Blinde Menschen. ▪ Personen, deren Sehschärfe auf dem besseren Auge nicht mehr als 1/50 beträgt oder bei denen nicht nur vorübergehende Störungen des Sehvermögens von einem solchen Schwergerad vorliegt, dass sie dieser Beeinträchtigung der Sehschärfe gleichzusetzen sind.	▪ Blinde unabhängig vom Lebensalter: 410,– € monatlich

Bundesland	Berechtigter Personenkreis	Leistung
Nordrhein-Westfalen	▪ Blinde Menschen. ▪ Personen, deren Sehschärfe auf dem besseren Auge nicht mehr als 1/50 beträgt oder bei denen nicht nur vorübergehende Störungen des Sehvermögens von einem solchen Schwergerad vorliegt, dass sie dieser Beeinträchtigung der Sehschärfe gleichzuachten sind. ▪ Hochgradig Sehbehinderte: Personen, bei denen das bessere Auge mit Gläserkorrektion ohne besondere optische Hilfsmittel eine Sehschärfe von nicht mehr als 1/20 oder krankhafte Veränderungen aufweist, die das Sehvermögen in entsprechendem Maße einschränken.	▪ Blinde Volljährige bis zum 60. Lebensjahr: 880,28 € monatlich ▪ Blinde Volljährige ab dem 60. Lebensjahr: 473,– € monatlich ▪ Blinde Minderjährige: 440,90 € monatlich ▪ Hochgradig Sehbehinderte ab 16 Jahren: 77,– € monatlich
Rheinland-Pfalz	▪ Blinde Menschen. ▪ Personen, deren Sehschärfe auf dem besseren Auge nicht mehr als 1/50 beträgt oder bei denen dem Schweregrad dieser Sehschärfe gleichzuachtende, nicht nur vorübergehende Störungen des Sehvermögens vorliegen.	▪ Volljährige: 410,– € ▪ Minderjährige: 205,– € monatlich
Saarland	▪ Blinde Menschen. ▪ Personen, deren beidäugige Gesamtsehschärfe nicht mehr als ein Fünfzigstel beträgt oder bei denen dem Schweregrad dieser Sehschärfe gleichzuachtende, nicht nur vorübergehende Störungen des Sehvermögens vorliegen.	▪ Volljährige: 450,– € monatlich ▪ Minderjährige: 317,– € monatlich

Bundesland	Berechtigter Personenkreis	Leistung
Sachsen	▪ Blinde Menschen. ▪ Personen, deren Sehschärfe auf keinem Auge und auch nicht bei beidäugiger Prüfung mehr als 1/50 beträgt oder bei denen dadurch nicht erfasste, nicht nur vorübergehende Störungen des Sehvermögens von einem solchen Schweregrad vorliegen, dass sie dieser Beeinträchtigung der Sehschärfe gleichzusetzen sind. ▪ Hochgradig sehbehinderte Personen: Personen, deren Sehschärfe auf keinem Auge und auch beidäugig nicht mehr als 1/20 beträgt oder bei denen die Einschränkung des Sehvermögens einen GdB von 100 bedingt und Blindheit noch nicht vorliegt.	▪ Blinde ab dem 14. Lebensjahr: 380,– € monatlich ▪ Blinde bis zum 14. Lebensjahr: 285,– € monatlich ▪ Hochgradig Sehschwache unabhängig vom Lebensalter: 100,– € monatlich ▪ Taubblinde: 850,– € monatlich
Sachsen-Anhalt	▪ Blinde Menschen. ▪ Personen, deren Sehschärfe auf keinem Auge und auch nicht bei beidäugiger Prüfung mehr als 1/50 beträgt oder bei denen dem Schweregrad dieser Sehschärfe gleichzuachtende, nicht nur vorübergehende Störungen des Sehvermögens vorliegen. ▪ Hochgradig Sehbehinderte: Personen mit einer Sehschärfe auf keinem Auge und auch nicht bei beidäugiger Prüfung von mehr als 1/20 oder bei denen dadurch nicht erfasste Störungen der Sehfunktion von einem solchen Schweregrad vorliegen, dass sie der Beeinträchtigung der Sehschärfe gleichzuachten sind.	▪ Volljährige: 443,84 € monatlich ▪ Minderjährige: 308,23 € monatlich ▪ Hochgradig Sehbehinderte: 64,10 € monatlich

Bundesland	Berechtigter Personenkreis	Leistung
Schleswig-Holstein	▪ Blinde Menschen. ▪ Personen, deren Sehschärfe auf dem besseren Auge nicht mehr als 1/50 beträgt oder bei denen dem Schweregrad dieser Sehschärfe gleichzuachtende, nicht nur vorübergehende Störungen des Sehvermögens vorliegen.	▪ Volljährige: 325,– € monatlich ▪ Minderjährige: 225,– € monatlich ▪ Taubblinde unabhängig vom Lebensalter: 425,– € monatlich
Thüringen	▪ Blinde Menschen. ▪ Personen, deren Sehschärfe auf keinem Auge und auch nicht beidäugig mehr als ein Fünfzigstel beträgt oder bei denen andere Störungen des Sehvermögens von einem solchen Schweregrad vorliegen, dass sie dieser Beeinträchtigung der Sehschärfe gleichzustellen sind.	▪ Blinde unabhängig vom Alter: 472,– € monatlich ▪ Taubblinde: 644,– € monatlich

10.3 Blindensendungen

Blinde Menschen können sogenannte Blindensendungen kostenfrei mit der Deutschen Post versenden. Als Blindensendungen gelten

- Schriftstücke in Blindenschrift (Braille-Schrift),
- für Blinde bestimmte Tonaufzeichnungen oder sonstige Magnetträger, deren Absender oder Empfänger eine amtlich anerkannte Blindenanstalt ist oder in deren Auftrag der Versand erfolgt,
- Papiere für die Aufnahme von Blindenschrift, wenn sie von einer anerkannten Blindenanstalt an Blinde versandt werden.

! Die Umhüllung von Blindensendungen darf grundsätzlich nicht verschlossen sein. Zudem muss jede Sendung oberhalb der Anschrift den Vermerk »Blindensendung« tragen. Die Kennzeichnung für den Versand ins Ausland lautet »Blindensendung/Cécogramme«.

10.4 Gehörlosengeld in den Bundesländern

In einigen Bundesländern erhalten Menschen finanzielle Unterstützung, wenn sie von Geburt, aufgrund einer Krankheit oder durch einen Unfall gehörlos sind. Die Leistung kann für den Mehraufwand, den der Gehörlose im Vergleich zum Hörenden hat, eingesetzt werden (z.B. für einen Gebärdensprachendolmetscher oder für Hilfsmittelkosten).

Gehörlosengeld wird in den folgenden Bundesländern gewährt (Stand 2025):

Bundesland	Berechtigter Personenkreis	Leistung
Bayern	▪ Taubsehbehinderte Menschen	▪ Taubblinde: 1.496,– € monatlich ▪ Hochgradig sehbehinderte und gleichzeitig taube Menschen: 448,80 € monatlich
Berlin	▪ Gehörlose Menschen ▪ Taubblinde Menschen. ▪ Personen mit angeborener oder bis zum 7. Lebensjahr erworbener Taubheit oder an Taubheit grenzender Schwerhörigkeit. ▪ Personen, die erst später die Taubheit oder an Taubheit grenzende Schwerhörigkeit erworben haben, wenn der GdB wegen schwerer Sprachstörungen mehr als 90 beträgt.	▪ Gehörlose: 176,06 € monatlich ▪ Taubblinde: 1.189,– € monatlich ▪ Hochgradig Sehbehinderte mit Gehörlosigkeit: 352,11 € monatlich
Brandenburg	▪ Menschen mit angeborener oder bis zum 7. Geburtstag eingetretener Taubheit bzw. an Taubheit grenzende Schwerhörigkeit. ▪ Personen, die erst später die Taubheit oder an Taubheit grenzende Schwerhörigkeit erworben haben, wenn der GdB wegen schwerer Sprachstörungen 100 beträgt.	▪ Gehörlose: 130,– € monatlich ▪ Taubblinde: 850,– € monatlich

Bundesland	Berechtigter Personenkreis	Leistung
Bremen	▪ Gehörlose Menschen.	▪ Das Land Bremen bietet die Kostenübernahme für Gebärdensprachdolmetscher an (z.B. für Behördengänge, Notar- oder Anwaltstermine).
Hessen	▪ Personen, bei denen Taubheit oder eine an Taubheit grenzende Schwerhörigkeit beiderseits vorliegt und ein GdB von 100 festgestellt ist.	▪ Gehörlose: 172,51 € monatlich ▪ Taubblinde: 1.514,08 €
Nordrhein-Westfalen	▪ Personen mit angeborener oder bis zum 18. Lebensjahr erworbener Taubheit oder an Taubheit grenzender Schwerhörigkeit.	▪ 77,– € monatlich
Sachsen	▪ Menschen mit angeborener Taubheit oder bis zum 7. Lebensjahr erworbener Taubheit oder an Taubheit grenzende Schwerhörigkeit. ▪ Menschen mit erworbener Taubheit oder an Taubheit grenzende Schwerhörigkeit mit einem Gdb von 100 allein wegen der Taubheit und wegen der mit der Taubheit einhergehenden schweren Störung des Spracherwerbs. ▪ Gehörlose Menschen, die gleichzeitig taubblind sind.	▪ 150,– € monatlich bei Gehörlosigkeit ▪ 850,– € monatlich bei Taubblindheit (Kinder vor dem 14. Geburtstag 755,– € monatlich)
Sachsen-Anhalt	▪ Personen mit angeborener oder bis zum 7. Lebensjahr erworbener Taubheit oder an Taubheit grenzender Schwerhörigkeit, soweit der Grad der Behinderung infolge schwerer Störungen des Spracherwerbs 100 beträgt, ▪ Personen mit später erworbener Taubheit, wenn der Grad der Behinderung allein infolge Taubheit und mit der Taubheit einhergehender schwerer Sprachstörung 100 beträgt.	▪ 64,10 € monatlich

Bundesland	Berechtigter Personenkreis	Leistung
Schleswig-Holstein	▪ Taubsehbehinderte Menschen	▪ 425,– € monatlich
Thüringen	▪ Gehörlose Menschen ▪ Taubblinde Menschen	▪ Gehörlose: 172,– € monatlich ▪ Taubblinde: 644,– € monatlich ▪ Gehörlose bzw. Taubblinde in einer stationären Einrichtung: 215,24 € monatlich

11 Steuervergünstigungen für Menschen mit Behinderung und Pflegepersonen

Das Wichtigste in Kürze

- **Behinderten-Pauschbetrag:** Aufwendungen, die typischerweise mit einer Behinderung zusammenhängen, können mithilfe des Behinderten-Pauschbetrages pauschal steuermindernd geltend gemacht werden. Neben dem Behinderten-Pauschbetrag kann der Steuerpflichtige für die atypischen Kosten (z.B. Fahrtkosten, Kosten für einen behindertengerechten Umbau) zusätzlich außergewöhnliche Belastungen geltend machen.
- **Außergewöhnliche Belastungen statt Behinderten-Pauschbetrag:** Anstelle des Behinderten-Pauschbetrags können **alle** typischen und atypischen behinderungsbedingten Kosten als außergewöhnliche Belastungen allgemeiner Art geltend gemacht werden.
- **Kraftfahrzeugsteuerermäßigung und -befreiung:** Für Fahrzeuge, die auf schwerbehinderte Menschen zugelassen sind, sieht das Kraftfahrzeugsteuergesetz Steuervergünstigungen in Form einer vollständigen Steuerbefreiung oder einer Steuerermäßigung vor.
- **Befreiung von der Hundesteuer:** Blindenführhunde, Behindertenbegleithunde und andere speziell ausgebildete Hunde von schwerbehinderten Menschen werden von der Hundesteuer befreit.
- **Freibetrag bei Erbschaft- und Schenkungsteuer:** Personen, die wegen körperlicher oder geistiger Gebrechen und unter Berücksichtigung ihrer bisherigen Lebensstellung als erwerbsunfähig anzusehen oder durch die Führung eines gemeinsamen Hausstandes mit erwerbsunfähigen oder in der Ausbildung befindlichen Abkömmlingen an der Ausübung einer Erwerbstätigkeit gehindert sind, steht bei der Erbschaft- und Schenkungsteuer ein Freibetrag zu.

- **Pflege-Pauschbetrag:** Wer als Privatperson einen ständig hilflosen Menschen pflegt, kann den Pflege-Pauschbetrag beanspruchen. Dieser mindert die Steuerlast des Pflegenden, ohne dass im Einzelnen die im Zusammenhang der Pflege entstandenen Aufwendungen nachgewiesen werden müssen.
- **Pflegeaufwendungen als außergewöhnliche Belastungen:** Übersteigen die Aufwendungen der persönlichen Pflege den Pflege-Pauschbetrag, kann die steuerpflichtige Pflegeperson stattdessen die höheren tatsächlichen Kosten nachweisen und als außergewöhnliche Belastungen allgemeiner Art geltend machen.
- **Pflegeaufwendungen als haushaltsnahe Dienstleistungen:** Aufwendungen für die Pflege von Angehörigen (z.B. durch die Inanspruchnahme eines Pflegedienstes) können unter Umständen als sogenannte haushaltsnahe Dienstleistungen steuerlich geltend gemacht werden.

Menschen mit Behinderungen haben im Vergleich zu gesunden Menschen oft höhere Kosten. Deshalb werden ihnen eine Reihe von Steuervergünstigungen eingeräumt. So steht ihnen der sogenannte Behinderten-Pauschbetrag zur Verfügung. Damit werden die typischen behinderungsbedingten Kosten abgegolten. Der Steuerpflichtige kann allerdings auch auf den Behinderten-Pauschbetrag verzichten und alle typischen und atypischen behinderungsbedingten Kosten als außergewöhnliche Belastungen steuerlich geltend machen.

Über die einkommensteuerlichen Vorteile hinaus bestehen weitere Steuervergünstigungen, so etwa die Kraftfahrzeugsteuerermäßigung bzw. -befreiung und Freibeträge bei der Erbschaft- und Schenkungsteuer. Daneben bestehen auch für Pflegepersonen Steuervergünstigungen.

! Die nachfolgenden Ausführungen müssen sich auf die wichtigsten steuerlichen Grundsätze beschränken. Einzelheiten zu den Steuererleichterungen für Menschen mit Behinderungen enthält der Ratgeber »Behinderung – Abziehbare Kosten in der Steuererklärung« von Steuertipps.

11.1 Behinderten-Pauschbetrag oder außergewöhnliche Belastungen

Behinderungsbedingte Aufwendungen können als außergewöhnliche Belastungen steuermindernd geltend gemacht werden. Hierbei wird unterschieden zwischen typischen und atypischen behinderungsbedingten Kosten:

- Die atypischen Kosten werden als außergewöhnliche Belastungen allgemeiner Art berücksichtigt.
- Soweit es sich um typische behinderungsbedingte Kosten handelt, steht dem Steuerpflichtigen dafür grundsätzlich der sogenannte Behinderten-Pauschbetrag zu. Durch diesen sind solche Kosten abgegolten.

Sind die typischen Kosten höher als der Pauschbetrag, kann auf den Pauschbetrag verzichtet und es können neben den atypischen auch die typischen behinderungsbedingten Kosten als außergewöhnliche Belastungen allgemeiner Art geltend gemacht werden. Für die steuerliche Entlastung gibt es also zwei Möglichkeiten:

- **Behinderten-Pauschbetrag:** Der Steuerpflichtige nimmt den Behinderten-Pauschbetrag in Anspruch. Dann sind die typischen behinderungsbedingten Kosten mit diesem Pauschbetrag abgegolten. Das sind Aufwendungen für die Hilfe bei den gewöhnlichen und regelmäßig wiederkehrenden Verrichtungen des täglichen Lebens, für die Pflege und für den erhöhten Wäschebedarf. Zusätzlich können die nicht durch den Pauschbetrag abgegoltenen atypischen behinderungsbedingten Kosten als außergewöhnliche Belastungen allgemeiner Art geltend gemacht werden, die zwar grundsätzlich der Höhe nach unbeschränkt sind, aber nachgewiesen werden müssen. Außerdem werden sie um einen bestimmten Betrag, die sogenannte zumutbare Belastung, gekürzt.
- **Außergewöhnliche Belastungen:** Der Steuerpflichtige verzichtet auf den Behinderten-Pauschbetrag. Stattdessen weist er alle typischen und atypischen behinderungsbedingten Kosten nach und

berücksichtigt sie als außergewöhnliche Belastungen allgemeiner Art. Dies kann sich dann lohnen, wenn die tatsächlich angefallenen typischen behinderungsbedingten Kosten über dem Pauschbetrag liegen. Allerdings ist zu bedenken, dass dann die gesamten abzugsfähigen Aufwendungen um die zumutbare Belastung gekürzt werden.

! Unabhängig davon, welche Variante letztlich gewählt wird: Wichtig ist es, die während des Jahres anfallenden Belege zu sammeln. Denn erst am Jahresende kann berechnet werden, ob es besser ist, für die typischen behinderungsbedingten Kosten den Behinderten-Pauschbetrag zu beantragen oder auch diese Kosten als außergewöhnliche Belastungen allgemeiner Art geltend zu machen. Vor allem wenn Kosten einer Unterbringung im Heim ins Spiel kommen, ist der Pauschbetrag schnell überschritten. Um herauszufinden, welche Möglichkeit die höchste Steuerersparnis bringt, muss man rechnen. Dabei spielen sowohl die typischen und atypischen behinderungsbedingten Aufwendungen eine Rolle als auch alle anderen außergewöhnlichen Belastungen allgemeiner Art. Denn bei der Summe aus typischen behinderungsbedingten und anderen außergewöhnlichen Belastungen allgemeiner Art wird die zumutbare Belastung gegengerechnet (vgl. dazu 11.2.2). Die Wahl zwischen dem Behinderten-Pauschbetrag zur pauschalen Abgeltung der typischen behinderungsbedingten Kosten und dem Verzicht auf den Pauschbetrag und Berücksichtigung der typischen und atypischen behinderungsbedingten Kosten als außergewöhnliche Belastungen allgemeiner Art hat der Steuerpflichtige auch dann noch, wenn sein Arbeitgeber den ihm zustehenden Behinderten-Pauschbetrag zunächst bei der Berechnung der monatlichen Lohnsteuer berücksichtigt hat. Denn das Wahlrecht wird im Rahmen der Einkommensteuererklärung ausgeübt.

11.2 Behinderten-Pauschbetrag

Viele Aufwendungen, die typischerweise mit einer Behinderung zusammenhängen, lassen sich nur schwer oder gar nicht belegen. Deshalb werden diese Kosten grundsätzlich mithilfe des Behinderten-Pauschbetrages pauschal steuermindernd berücksichtigt.

! Neben dem Behinderten-Pauschbetrag kann der Steuerpflichtige zusätzlich außergewöhnliche Belastungen geltend machen (vgl. dazu 11.1). Mit dem Pauschbetrag werden nur die typischerweise mit einer Behinderung zusammenhängenden Aufwendungen abgegolten. Zusätzlich können beispielsweise Operationskosten, Kosten für Heilbehandlungen, Arznei- und Arztkosten, Heilkuren, Kosten für den behindertengerechten Umbau eines Wohnhauses und Fahrtkosten bei Schwerbehinderung geltend gemacht werden.

11.2.1 Durch den Pauschbetrag abgedeckte Kosten

Es gibt den »normalen« Behinderten-Pauschbetrag für minder- bzw. schwerbehinderte Menschen, der je nach Grad der Behinderung (GdB) eine unterschiedliche Höhe hat. Und es gibt den »erhöhten« Behinderten-Pauschbetrag, der unabhängig vom GdB Menschen, die hilflos sind, Blinden und Taubblinden zusteht.

Aktuell (2025) gelten folgende Pauschbeträge (jeweils pro Jahr):

Grad der Behinderung	Pauschbetrag
20	384,– €
30	620,– €
40	860,– €
50	1.140,– €
60	1.440,– €
70	1.780,– €
80	2.120,– €
90	2.460,– €
100	2.840,– €

Der »erhöhte« Behinderten-Pauschbetrag für Menschen, die hilflos sind, Blinde und Taubblinde beträgt unabhängig vom GdB 7.400,– €. Hilflos ist eine Person, wenn sie für eine Reihe von häufig und regelmäßig wiederkehrenden Verrichtungen zur Sicherung ihrer persönlichen Existenz im Ablauf eines jeden Tages fremder Hilfe dauernd bedarf. Diese Voraussetzungen sind auch erfüllt, wenn die Hilfe in Form einer Überwachung oder einer Anleitung zu den genannten Verrichtungen erforderlich ist oder wenn die Hilfe zwar nicht dauernd geleistet werden muss, jedoch eine ständige Bereitschaft zur Hilfeleistung erforderlich ist.

Wird der GdB im Laufe des Jahres herauf- oder herabgesetzt, steht dem Steuerpflichtigen für dieses Jahr der höhere Pauschbetrag zu. Wird der GdB rückwirkend für mehrere Jahre erstmals festgestellt oder heraufgesetzt, kann der (höhere) Behinderten-Pauschbetrag nachträglich für zurückliegende Jahre geltend gemacht werden. Das Gleiche gilt, wenn es bei der rückwirkenden Änderung um die Merkzeichen H bzw. Bl geht. Unerheblich ist dabei, weshalb es erst nachträglich zu der Feststellung gekommen ist.

! Beantragt wird der Pauschbetrag in der Einkommensteuererklärung mit der Anlage »Außergewöhnliche Belastungen«. Beantragen Ehegatten statt der Zusammenveranlagung die Einzelveranlagung, werden die außergewöhnlichen Belastungen bei demjenigen berücksichtigt, der die Aufwendungen wirtschaftlich getragen hat. Auf gemeinsamen Antrag der Ehegatten werden sie jeweils zur Hälfte abgezogen. Diese hälftige Verteilung gilt auch für den Behinderten-Pauschbetrag.

Mit dem Pauschbetrag sind typische behinderungsbedingte Kosten abgegolten. Das sind Aufwendungen für die Hilfe bei den gewöhnlichen und regelmäßig wiederkehrenden Verrichtungen des täglichen Lebens. Im Einzelnen gehören dazu unter anderem

- die Körperpflege (Waschen, Zahnpflege, Kämmen, Rasieren sowie Toilettengänge),
- die Nahrungsaufnahme (mundgerechte Zubereitung usw.),

- die Mobilität (z.B. An- und Auskleiden, Aufstehen und Zubettgehen, Verlassen und Wiederaufsuchen der Wohnung),
- die hauswirtschaftliche Versorgung (Einkaufen, Kochen, Reinigen der Wohnung, Spülen, Wäschepflege usw.),
- eine sozialversicherungspflichtig oder im Rahmen einer geringfügigen Beschäftigung angestellte ambulante Pflegekraft, einen Pflegedienst, Einrichtungen der Tages-, Nacht- oder Kurzzeitpflege,
- die stundenweise Freizeitbetreuung in der Gruppe oder zu Hause (niederschwellige Betreuungsangebote) und
- die Unterbringung in einem Heim.

11.2.2 Kosten, die zusätzlich zum Pauschbetrag abgesetzt werden können

Wird der Behinderten-Pauschbetrag in Anspruch genommen, muss zwischen typischen und atypischen behinderungsbedingten Kosten unterschieden werden Denn nur die typischen Kosten sind mit dem Pauschbetrag abgegolten Die atypischen können hingegen immer als außergewöhnliche Belastungen allgemeiner Art in nachgewiesener Höhe geltend gemacht werden.

Achtung: Allerdings muss der Steuerpflichtige einen bestimmten Eigenanteil allein tragen. Deshalb ermittelt das Finanzamt automatisch die sogenannte zumutbare Belastung und zieht sie von der Summe der außergewöhnlichen Belastungen allgemeiner Art ab. Die Aufwendungen wirken sich also nur steuermindernd aus, soweit sie über diesem Betrag liegen.

Fahrtkosten

Seit dem Veranlagungszeitraum 2021 gilt eine behinderungsbedingte Fahrtkostenpauschale.

- Für Menschen mit einem Grad der Behinderung von mindestens 80 oder mit einem Grad der Behinderung von mindestens 70 und dem Merkzeichen G beträgt die behinderungsbedingte Fahrtkostenpauschale 900,– €.
- Bei Menschen mit den Merkzeichen aG, Bl, TBl oder H beträgt die behinderungsbedingte Pauschale 4.500,– €.

Erfüllt der Steuerpflichtige erst im Laufe des Jahres die Voraussetzungen für eine der Pauschalen, zum Beispiel weil sein GdB erstmals mindestens 70 bzw. 80 beträgt oder das für die Pauschale erforderliche Merkzeichen nunmehr bei ihm zu berücksichtigen ist, wird die Pauschale in voller Höhe berücksichtigt. Es handelt sich um einen Jahresbetrag. Es findet keine Kürzung statt. Liegen die Voraussetzungen für beide Beträge vor, zum Beispiel weil beim Steuerpflichtigen nunmehr statt dem Merkzeichen G das Merkzeichen aG festgestellt wird, können nicht beide, sondern nur der erhöhte Betrag von 4.500,– € geltend gemacht werden.

Achtung: Die behinderungsbedingte Fahrtkostenpauschale wird für Aufwendungen für durch eine Behinderung veranlasste Fahrten gewährt. Die Pauschale hat abgeltende Wirkung. Über die Fahrtkostenpauschale hinaus sind keine weiteren behinderungsbedingten Fahrtkosten berücksichtigungsfähig.

Umzugskosten

Die Kosten für den Umzug in eine behindertengerechte Wohnung werden nur unter strengen Voraussetzungen anerkannt:

- Die medizinische Notwendigkeit des Umzuges muss durch ein amtsärztliches oder vertrauensärztliches Attest nachgewiesen werden, das vor dem Umzug ausgestellt wurde. Ein Attest des behandelnden Haus- oder Facharztes reicht nicht.

- Führt der Umzug auch zu anderen Vorteilen, muss die Behinderung als Ursache für den Umzug eindeutig im Vordergrund stehen – etwa weil einfach keine gleich große Wohnung zu bekommen war und deshalb eine größere genommen werden musste.

Abziehbar sind dann

- die Kosten für den Transport des Umzugsgutes,
- Reisekosten anlässlich der Wohnungssuche und um am Umzugstag von der alten Wohnung in die neue zu kommen,
- doppelte Mietzahlungen und
- anfallende Maklerprovisionen.

Neben diesen Aufwendungen verursacht ein Umzug Kosten, die im Einzelnen nur schwer nachzuweisen sind (z.B. die Kosten für Ummeldungen). Diese Aufwendungen dürfen mit der Pauschale für sonstige Umzugskosten angesetzt werden.

! Ist wegen der Behinderung der Umzug in ein Heim notwendig, können die Kosten ebenfalls als außergewöhnliche Belastungen allgemeiner Art abziehbar sein.

Behindertengerechter Umbau

Muss der Steuerpflichtige seine Wohnung behindertengerecht gestalten, kann er die Kosten steuerlich geltend machen, wenn er durch den behindertengerechten Umbau oder Neubau keinen Gegenwert erhält und damit finanziell belastet ist. Denn bei einer behindertengerechten Gestaltung der Wohnung ist ein eventueller Gegenwert irrelevant und tritt gegenüber der Zwangsläufigkeit der Situation stets in den Hintergrund. Das gilt auch dann, wenn die Behinderung nicht auf einem unvorhersehbaren Ereignis wie zum Beispiel einem Unfall beruht und deshalb ein schnelles Handeln geboten ist. Die behinderungsbedingte Gestaltung ist also auch dann steuerbegünstigt, wenn die Behinderung schon länger besteht.

Auch im Fall einer schleichenden Erkrankung, etwa multipler Sklerose, muss das Finanzamt die Kosten berücksichtigen.

Achtung: Es werden nicht die Gesamtkosten der Baumaßnahme anerkannt, sondern nur die, die durch die Behinderung veranlasst und zur behindertengerechten Umgestaltung des individuellen Wohnumfelds erforderlich sind.

Keine Rolle spielt, ob die durch die Krankheit oder Behinderung verursachten Mehrkosten im Rahmen eines Neubaus, der Modernisierung eines Altbaus oder des Umbaus eines bereits selbst genutzten Eigenheims oder einer Mietwohnung entstehen.

Für den Abzug der Aufwendungen für den behindertengerechten Umbau eines Hauses gilt das Abflussprinzip. Die Kosten sind also in dem Jahr von dem Gesamtbetrag der Einkünfte abzuziehen, in dem sie abfließen. Übersteigen die Kosten den Gesamtbetrag der Einkünfte, »verpufft« der übersteigende Betrag. Dieser wirkt sich dann steuerlich nicht aus.

Urlaubsbegleitung

Für einen ständig auf Hilfe angewiesenen behinderten Menschen bleibt eine Reise oft ein Traum. Wahr werden kann der Urlaub meist nur, wenn der Betroffene sich von einer Pflegeperson begleiten lässt. Die dadurch entstehenden Mehrkosten können zu den außergewöhnlichen Belastungen allgemeiner Art zählen. Dann sind bis zu 767,– € für höchstens eine Urlaubsreise im Jahr abziehbar – und zwar zusätzlich zum Behinderten-Pauschbetrag.

Zu den Kosten für eine notwendige Reisebegleitung zählen nur die zusätzlichen Aufwendungen. Deshalb müssen die für die Begleitperson anfallenden Kosten aufgeteilt werden in

- die neben dem Behinderten-Pauschbetrag abziehbaren eigentlichen Reisekosten für Unterkunft, Verpflegung sowie Fahrt bzw. Flug und
- das Entgelt für die tägliche Pflege und Betreuung, das bereits mit dem Behinderten-Pauschbetrag abgegolten ist

! Um die Kosten abzusetzen, muss die Notwendigkeit ständiger Begleitung mit einem amtsärztlichen Attest nachgewiesen werden, das unbedingt vor Antritt der Reise ausgestellt worden sein muss. Die Vorlage des Schwerbehindertenausweises reicht aus, wenn dort das Merkzeichen H oder G und zusätzlich das Merkzeichen B sowie der Hinweis »Die Notwendigkeit ständiger Begleitung ist nachgewiesen« eingetragen sind.

Übernimmt eine »fremde« Person die Begleitung, ist der Abzug der Kosten unproblematisch. Skeptisch wird der Fiskus, wenn es sich bei der Begleitperson um den Ehe- oder Lebenspartner handelt. Das Finanzamt verweigert dann oft den Abzug der Kosten mit dem Argument, dass der Partner aus eigenem Interesse an der Reise teilgenommen hat. Doch selbst dann lässt sich unter Umständen noch sparen: Sind für die Begleitperson aufgrund der Behinderung höhere Kosten angefallen, dann sollten diese als außergewöhnliche Belastungen geltend gemacht werden. Denn solche Kosten gelten als behinderungsbedingter Mehrbedarf, den der Bundesfinanzhof, das höchste deutsche Finanzgericht, auch bei einer gemeinsamen Reise von Ehepartnern zum Abzug zulässt.

Kosten bei Kuren und Krankheit

Kosten für einen Kuraufenthalt oder eine andere Reha-Maßnahme sind neben dem Behinderten-Pauschbetrag abziehbar, sofern der Steuerpflichtige die notwendigen Nachweise erbringt. Dafür ist ein amtsärztliches Gutachten oder eine ärztliche Bescheinigung eines Medizinischen Dienstes der Krankenversicherung, welches vor Beginn der Kur ausgestellt worden sein muss, notwendig.

Auch Krankheitskosten wie Kosten für medizinische Behandlungen, Arznei- und Verbandmittel, medizinische Hilfsmittel, Heilmittel, Krankenhaus- und Klinikaufenthalte etc. können zusätzlich geltend gemacht werden, wenn die entsprechenden Nachweise vorliegen.

Kosten für Betreuer

Kann ein Volljähriger seine Angelegenheiten ganz oder teilweise rechtlich nicht besorgen und beruht dies auf einer Krankheit oder Behinderung, so bestellt das Betreuungsgericht für ihn einen rechtlichen Betreuer (§ 1814 BGB). Dieser erhält für seine Tätigkeit normalerweise vom Behinderten eine Vergütung. Bei Mittellosigkeit erhalten ehrenamtliche Betreuer von der Staatskasse eine jährliche pauschale Aufwandsentschädigung für jede einzelne Betreuung.

Wie sich die eigenen Zahlungen des behinderten Menschen in seiner Steuererklärung auswirken, hängt von der Art der Betreuung ab:

- **Personensorge:** Ist der Betreuer ausschließlich für die Personensorge zuständig, zählen die Vergütungen beim behinderten Menschen zu den außergewöhnlichen Belastungen allgemeiner Art.
- **Vermögenssorge:** Übernimmt der Betreuer die Vermögenssorge und erzielt er mit dem Vermögen steuerpflichtige Einkünfte für den Behinderten, mindert seine Vergütung als Betriebsausgaben oder Werbungskosten diese Einnahmen. Verwaltet er dagegen ertragloses Vermögen, zählt seine Vergütung zu den außergewöhnlichen Belastungen allgemeiner Art.
- **Personen- und Vermögenssorge:** Übt der Betreuer sowohl die Personen- als auch die Vermögenssorge aus, ist seine Vergütung durch Schätzung aufzuteilen auf die außergewöhnlichen Belastungen einerseits und die Betriebsausgaben bzw. Werbungskosten andererseits, wenn das Vermögen steuerpflichtige Einkünfte bringt.

Zumutbare Belastung

Die Aufwendungen für außergewöhnliche Belastungen wirken sich steuerlich nur aus, wenn sie die Grenze der zumutbaren Belastung des Steuerpflichtigen übersteigen. Die Höhe der zumutbaren Belastung ist abhängig von den Einkünften des Steuerpflichtigen. Sie errechnet sich nach einem bestimmten Prozentsatz des Gesamtbetrags der Einkünfte des Steuerpflichtigen (vgl. nachfolgende Tabelle).

Die zumutbare Belastung beträgt bei einem Gesamtbetrag der Einkünfte	Steuerpflichtiger ohne Kinder		Steuerpflichtiger mit Kindern	
	unverheiratet	verheiratet	1 oder 2 Kinder	3 oder mehr Kinder
bis 15.340,– €	5 %	4 %	2 %	1 %
über 15.340,– € bis 51.130,– €	6 %	5 %	3 %	1 %
über 51.130,– €	7 %	6 %	4 %	2 %

» A ist nicht verheiratet und hat keine Kinder. Seine Gesamteinkünfte belaufen sich auf 50.000,– €. Im Kalenderjahr 2023 hat er Krankheitskosten in Höhe von 4.000,– €, die ihm nicht von der Krankenkasse erstattet werden. Das hat folgende steuerliche Auswirkungen:

Außergewöhnliche Belastung: 4.000,– €

Zumutbare Belastung 6 % von 50.000,– € = 3.000,– €

A kann 1.000,– € (4.000,– € ./. 3.000,– €) als außergewöhnliche Belastung steuerlich geltend machen.

11.3 Kraftfahrzeugsteuerermäßigung und -befreiung

Für Fahrzeuge, die auf schwerbehinderte Menschen zugelassen sind, sieht das Kraftfahrzeugsteuergesetz Steuervergünstigungen in Form einer vollständigen Steuerbefreiung oder einer Steuerermäßigung vor. Der Umfang der Steuervergünstigung richtet sich danach, welche Merkzeichen im Schwerbehindertenausweis enthalten sind.

- Schwerbehinderte Menschen mit den Merkzeichen H, Bl oder aG können ihr Fahrzeug vollständig von der Kfz-Steuer befreien lassen. Dies gilt unabhängig von ihrem Anspruch auf unentgeltliche Beförderung im öffentlichen Personenverkehr.
- Bei schwerbehinderten Menschen mit halbseitigem orangefarbenem Flächenaufdruck im Ausweis und den Merkzeichen G

bzw. Gl ermäßigt sich die Steuer um 50 %. Voraussetzung ist zusätzlich, dass der schwerbehinderte Mensch auf das Recht zur unentgeltlichen Beförderung im öffentlichen Personenverkehr verzichtet hat (keine Wertmarke im Beiblatt zum Schwerbehindertenausweis).

Achtung: Die Steuervergünstigung steht den behinderten Personen nur für ein Fahrzeug und nur auf schriftlichen Antrag zu. Sie entfällt, wenn das Fahrzeug zur Beförderung von Gütern (ausgenommen Handgepäck), zur entgeltlichen Beförderung von Personen (ausgenommen die gelegentliche Mitbeförderung) oder durch andere Personen zu Fahrten benutzt wird, die nicht im Zusammenhang mit der Fortbewegung oder der Haushaltsführung der behinderten Personen stehen.

11.4 Freibetrag bei Erbschaft- und Schenkungsteuer

Ein Erwerb von Todes wegen (z.B. Erbschaft, Vermächtnis) oder eine Schenkung unter Lebenden durch Eltern, Adoptiveltern, Stiefeltern oder Großeltern des Erblassers bzw. Schenkers bleibt von der Erbschaft- bzw. Schenkungsteuer befreit, wenn

- dieser Erwerb zusammen mit dem übrigen Vermögen des Erwerbers 41.000,– € nicht übersteigt und
- der Erwerber infolge körperlicher oder geistiger Gebrechen und unter Berücksichtigung seiner bisherigen Lebensstellung als erwerbsunfähig anzusehen oder
- durch die Führung eines gemeinsamen Hausstandes mit erwerbsunfähigen oder in der Ausbildung befindlichen Abkömmlingen an der Ausübung einer Erwerbstätigkeit gehindert ist.

Übersteigt der Wert des Erwerbs zusammen mit dem übrigen Vermögen des Erwerbers den Betrag von 41.000,– €, wird die Steuer nur insoweit erhoben, als sie aus der Hälfte des die Wertgrenze übersteigenden Betrags gedeckt werden kann.

11.5 Befreiung von der Hundesteuer

Blindenführhunde, Behindertenbegleithunde und andere speziell ausgebildete Hunde von schwerbehinderten Menschen werden von der Hundesteuer befreit. Die Hunde müssen ausschließlich dem Schutz und der Hilfe der behinderten Menschen dienen.

Die Befreiung ist abhängig von den Merkzeichen des schwerbehinderten Menschen im Schwerbehindertenausweis. Die Voraussetzungen sind jedoch je nach Gemeinde unterschiedlich, da die Hundesteuer eine kommunale Steuer ist. Einzelheiten regeln die Hundesteuersatzungen der Gemeinden.

11.6 Steuervergünstigungen für Pflegepersonen

Wenn für die Pflege eines hilfsbedürftigen Menschen finanzielle Aufwendungen entstehen, gibt es mehrere Möglichkeiten, diese in der Steuererklärung anzusetzen:

- Grundsätzlich gelten Pflegekosten steuerlich als außergewöhnliche Belastungen.
- Alternativ kann der Pflegende den Pflege-Pauschbetrag geltend machen. In diesem Fall muss er keine Nachweise für die ihm entstandenen Aufwendungen erbringen.
- Unter Umständen können Aufwendungen für die Pflege auch als sogenannte haushaltsnahe Dienstleistungen steuerlich geltend gemacht werden.

11.6.1 Pflege-Pauschbetrag

Wer als Privatperson einen ständig hilflosen Menschen pflegt, kann den sogenannten Pflege-Pauschbetrag beanspruchen. Dieser mindert die Steuerlast des Pflegenden, ohne dass im Einzelnen die im Zusammenhang der Pflege entstandenen Aufwendungen nachgewiesen werden müssen.

Den Pflege-Pauschbetrag kann beanspruchen,

- wer einen Angehörigen oder eine nahestehende Person pflegt,
- die gepflegte Person hilflos ist,
- die pflegebedürftige Person persönlich gepflegt wird und
- die Pflegeperson keine Einnahmen hierfür erhält.

Voraussetzungen

Den Pflege-Pauschbetrag gibt es nur, wenn sich die Pflegeperson der persönlichen Pflege aus sittlichen Gründen nicht entziehen kann. Die steuerpflichtige Pflegeperson muss also in einer engen persönlichen Beziehung zum Pflegebedürftigen stehen.

» Von einer sittlichen Verpflichtung ist bei unterhaltsberechtigten Personen wie dem Ehepartner, Kindern, Eltern, Großeltern und Enkelkindern auszugehen, daneben aber auch bei Geschwistern, Tante und Onkel, Nichte und Neffe, Schwiegersohn und Schwiegertochter.

Den Pflege-Pauschbetrag kann nur geltend machen, wer eine hilfebedürftige Person persönlich pflegt und die Pflege einen wesentlichen Umfang hat. Eine Mindestpflegedauer ist gesetzlich nicht vorgeschrieben. Ausreichend ist es jedoch, dass der pflegerische Zeitaufwand mindestens 10 % des gesamten pflegerischen Zeitaufwands beträgt. In diesem Fall kann der Pflege-Pauschbetrag auch beansprucht werden, wenn

- der Pflegebedürftige Unterstützung durch eine ambulante Pflegekraft, einen Pflegedienst oder eine Organisation mit niederschwelligen Betreuungsangeboten erhält,
- die pflegebedürftige Person während der Arbeitszeit der Pflegeperson in einer Tageseinrichtung und während der Urlaubszeit im Rahmen der Verhinderungspflege in einem Heim untergebracht ist,
- der Pflegebedürftige zwar in einem Pflegeheim lebt, der persönliche Pflegeanteil der Pflegeperson aber immer noch wesentlich

ist (z.B. weil die zu pflegende Person an den Wochenenden in der Wohnung der Pflegeperson gepflegt wird).

Der Pflege-Pauschbetrag setzt voraus, dass die pflegebedürftige Person nicht nur vorübergehend hilflos ist. Hilflos ist eine Person, wenn sie für eine Reihe von häufig und regelmäßig wiederkehrenden Verrichtungen zur Sicherung ihrer persönlichen Existenz im Ablauf eines jeden Tages fremder Hilfe dauernd bedarf.

! Wer den Pflege-Pauschbetrag in Anspruch nehmen will, muss die Hilflosigkeit des Betroffenen nachweisen. Dies kann durch das Merkzeichen »H« im Schwerbehindertenausweis bzw. im Feststellungsbescheid des Versorgungsamts oder den Bescheid der Pflegekasse bzw. der privaten Pflegeversicherung, aus dem der Pflegegrad 4 oder 5 hervorgeht, geschehen.

Die Pflege der pflegebedürftigen Person muss im häuslichen Umfeld erfolgen. Die Pflege muss also entweder in der Wohnung des Pflegebedürftigen oder in der Wohnung der Pflegeperson erfolgen.

Der Pflege-Pauschbetrag wird nur gewährt, wenn die Pflegeperson im Zusammenhang mit der Pflege keine Einnahmen erhält, weder als Pflegevergütung noch als Ersatz für eigene Aufwendungen. Von besonderer Bedeutung ist in diesem Zusammenhang das von der gesetzlichen bzw. privaten Pflegeversicherung gezahlte Pflegegeld, mit dem für selbst beschaffte Hilfen der Aufwand und der Einsatz von pflegenden Angehörigen, Bekannten und Freunden für die tägliche häusliche Pflege und Betreuung abgegolten werden. In diesem Kontext sind folgende Fälle zu unterscheiden:

- Das Pflegegeld steht in erster Linie der hilflosen Person zu. Deshalb darf der Pflege-Pauschbetrag in Anspruch genommen werden, wenn der Hilflose das Pflegegeld verwendet, um seine eigene Pflege zu organisieren. Beispielsweise, um eine weitere Pflegeperson zu beschäftigen oder pflegenotwendige bzw. pflegeerleichternde Bedarfsgegenstände anzuschaffen oder wenn er statt des Geldes Pflegesachleistungen in Anspruch nimmt.

- Leitet die pflegebedürftige Person das Pflegegeld an die Pflegeperson weiter, kann es zwei Situationen geben:
  - Erhält die Pflegeperson für ihre Pflegeleistung das Pflegegeld zu ihrer persönlichen Verfügung, steht ihr der Pflege-Pauschbetrag nicht zu. Stattdessen kann sie ihre tatsächlichen Aufwendungen gegen Nachweis als außergewöhnliche Belastungen allgemeiner Art geltend machen. Auf diese Kosten muss aber das Pflegegeld angerechnet werden. Das weitergeleitete Pflegegeld ist für die Pflegeperson steuerfrei.
  - Der Pflegebedürftige beauftragt die Pflegeperson, die Aufwendungen im Zusammenhang mit seiner Pflege aus dem eigens zu diesem Zweck überlassenen Pflegegeld zu bestreiten. In diesem Fall besteht für den Pflegebedürftigen Anspruch auf den Pauschbetrag, weil er selbst keine Einnahmen erhält. Das muss vom Pflegebedürftigen aber nachgewiesen werden.
- Sofern das Pflegegeld an die Pflegeperson ausgezahlt wird, weil sie der gesetzliche Vertreter des Pflegebedürftigen ist, steht ihr der Pflege-Pauschbetrag zu, wenn sie das Geld nachweislich unmittelbar zur Finanzierung der erforderlichen Grundpflege sowie der hauswirtschaftlichen Versorgung des Hilflosen einsetzt.

Höhe

Der Pflege-Pauschbetrag für eine betreute Person beträgt aktuell (2025) im Kalenderjahr

- 600,– € im Pflegegrad 2
- 1.100,– € im Pflegegrad 3,
- 1.800,– € ab Pflegegrad 4.

Beteiligen sich an der Pflege mehrere Pflegepersonen, müssen diese den Pflege-Pauschbetrag aufteilen. Die Aufteilung erfolgt nach Köpfen. Eine Aufteilung nach dem zeitlichen Pflegeanteil der an der Pflege beteiligten Personen ist nicht möglich.

! Werden mehrere Personen gepflegt, kann der Pflege-Pauschbetrag auch mehrfach in Anspruch genommen werden. Einer Pflegeperson steht der Pflege-Pauschbetrag deshalb zweifach zu, wenn sie beispielsweise beide Elternteile pflegt, die beide hilflos sind. Der Pflege-Pauschbetrag kann als Gesamtbetrag in voller Höhe selbst dann beansprucht werden, wenn die Pflege nur einen Teil des Jahres andauert. Beispielsweise also dann, wenn erst im Laufe des Jahres mit der Pflege begonnen wurde oder die pflegebedürftige Person im Laufe des Jahres verstirbt.

11.6.2 Außergewöhnliche Belastungen als Alternative zum Pflege-Pauschbetrag

Übersteigen die Aufwendungen der persönlichen Pflege den Pflege-Pauschbetrag, kann die steuerpflichtige Pflegeperson stattdessen die höheren tatsächlichen Kosten nachweisen und als außergewöhnliche Belastungen allgemeiner Art geltend machen.

! In der Regel ist die Geltendmachung von Pflegeaufwendungen als außergewöhnliche Belastungen nur dann sinnvoll, wenn die Pflegeperson auch ohne diese Kosten bereits außergewöhnliche Belastungen allgemeiner Art hat (z.B. Krankheitskosten), die über ihren zumutbaren Belastungen liegt.

Pflegeaufwendungen

Als außergewöhnliche Belastungen allgemeiner Art können unter bestimmten Voraussetzungen pflegebedingte Aufwendungen in nachgewiesener Höhe geltend gemacht werden. Abzugsfähig sind sowohl Pflegekosten für die pflegebedürftige Person selbst oder ihren Ehepartner als auch Pflegekosten für einen Angehörigen oder eine der Pflegeperson nahestehende Person. Von den außergewöhnlichen Belastungen wird die zumutbare Belastung abgezogen. In dieser Höhe muss die Pflegeperson die Kosten ohne die Unterstützung der Allgemeinheit tragen.

Pflegebedürftigkeit

Voraussetzung für die Geltendmachung der Pflegekosten als außergewöhnliche Belastungen ist, dass die gepflegte Person zum begünstigten Personenkreis zählt. Dazu gehören alle pflegebedürftige Personen, denen ein Pflegegrad zu geordnet ist.

Aufwendungen, die dem Steuerpflichtigen zwangsläufig entstanden sind, werden steuerlich nur berücksichtigt, wenn ein Nachweis über die Pflegebedürftigkeit vorliegt. Der Nachweis ist durch den Bescheid der Pflegekasse bzw. der privaten Pflegeversicherung zu führen.

Pflegebedingte Aufwendungen

Zu den pflegebedingten Aufwendungen gehören insbesondere die nachgewiesenen Kosten für

- die Unterbringung in einem Heim,
- die Inanspruchnahme eines Pflegedienstes,
- die Inanspruchnahme von Einrichtungen der Tages-, Nacht- oder Kurzzeitpflege,
- eine ambulante Pflegekraft.

Eigenanteil als zumutbare Belastung

Die pflegebedingten Aufwendungen wirken sich steuerlich nur aus, soweit sie die Grenze der zumutbaren Belastung übersteigen. Diese ist gesetzlich festgelegt. Bleiben die außergewöhnlichen Belastungen unter dieser Grenze, dann reduzieren sie die Steuerlast der Pflegeperson nicht. Die Höhe der individuellen zumutbaren Belastung errechnet sich nach einem bestimmten Prozentsatz des Gesamtbetrags der Einkünfte (vgl. dazu 11.2.2).

11.6.3 Pflegeaufwendungen als haushaltsnahe Dienstleistungen

Aufwendungen für die Pflege von Angehörigen (z.B. durch die Inanspruchnahme eines Pflegedienstes) können unter Umständen als sogenannte haushaltsnahe Dienstleistungen steuerlich geltend gemacht werden.

Voraussetzungen

Die Pflege- und Betreuungsleistungen werden unabhängig vom Grad der Pflegebedürftigkeit begünstigt. Es reicht aus, wenn Dienstleistungen zur Grundpflege oder zur Betreuung in Anspruch genommen werden. Allerdings sind zweckgebundene Pflege- und Betreuungsleistungen der Pflegeversicherung anzurechnen. Leistungen der Pflegeversicherung mindern also die Aufwendungen. Die Steuerermäßigung kann auch von einem Angehörigen des Pflegebedürftigen geltend gemacht werden, wenn dieser die Pflegekosten trägt. Die steuerliche Vergünstigung kann auch neben dem Pflege-Pauschbetrag geltend gemacht werden.

! Die Aufwendungen sind nur abzugsfähig, soweit sie nicht als außergewöhnliche Belastungen berücksichtigt worden sind. Für den Teil der Aufwendungen, der durch den Ansatz der zumutbaren Eigenbelastung nicht als außergewöhnliche Belastung berücksichtigt werden kann, kann die Steuerermäßigung für haushaltsnahe Dienstleistungen in Anspruch genommen werden.

Höhe der Steuerermäßigung

Die Steuerermäßigung beträgt 20 % der pflegebedingten Aufwendungen, maximal 4.000,– € im Jahr. Anders als bei den Werbungskosten oder Sonderausgaben wird aber nicht das zu versteuernde Einkommen gemindert, sondern direkt die zu zahlende Einkommensteuer.

» Die in den Haushalt von A aufgenommene Mutter ist pflegebedürftig und wird von einem Pflegedienst betreut. Die Kosten für den Pflegedienst betragen nach Abzug der Leistungen der Pflegeversicherung 7.000,– € im Jahr. Die zumutbare Eigenbelastung der Familie A im Rahmen der außergewöhnlichen Belastungen beträgt 2.500,– €. Nach Abzug der zumutbaren Eigenbelastung (= 2.500,– €) von den Aufwendungen für den Pflegedienst (= 7.000,– €) können 4.500,– € als außergewöhnliche Belastungen geltend gemacht werden. 2.500,– € kann A wegen der zumutbaren Belastung von seinen Pflegekosten nicht als außergewöhnliche Belastungen absetzen. Für Pflege- und Dienstleistungen des ambulanten Pflegedienstes steht ihm für diesen Betrag die Steuerermäßigung für haushaltsnahe Dienstleistungen zu. Von seiner zumutbaren Eigenbelastung kann A 20 %, also 500,– €, geltend machen.

12 Anhang

12.1 Übersicht über GdB-abhängige Nachteilsausgleiche

Achtung: Nachteilsausgleiche, die bei einem niedrigeren Grad der Behinderung (GdB) bezeichnet sind, gelten auch bei einem höheren GdB.

GdB 20

- Funktionseinschränkung ab Gdb 20 gilt als Behinderung
- Behinderten-Pauschbetrag: 384,– €

GdB 30/40

- Gleichstellung mit schwerbehinderten Menschen möglich
- Kündigungsschutz bei Gleichstellung
- Begleitende Hilfe im Arbeitsleben bei Gleichstellung
- Behinderten-Pauschbetrag:
  – 620,– € bei GdB 30,
  – 860,– € bei GdB 40

GdB 50

- Anerkennung der Schwerbehinderteneigenschaft und Ausstellung eines Schwerbehindertenausweises
- Behinderten-Pauschbetrag: 1.140,– €
- Bevorzugte Einstellung, Anspruch auf behinderungsgerechte Beschäftigung
- Besonderer Kündigungsschutz im Arbeitsverhältnis
- Begleitende Hilfe im Arbeitsleben
- Freistellung von Mehrarbeit
- Anspruch auf Zusatzurlaub
- Pflichtversicherung in der gesetzlichen Kranken- und Rentenversicherung für behinderte Menschen in Werkstätten
- Vorgezogene Altersrente ohne Abzüge
- Vorzeitige Pensionierung von Beamten
- Finanzierungshilfen für Kraftfahrzeuge für Berufstätige
- Freibetrag bei der Ermittlung des Gesamteinkommens bei der sozialen Wohnraumförderung von 2.100,– € bei häuslicher Pflegebedürftigkeit
- Freibetrag beim Wohngeld bei Pflegebedürftigkeit von 1.200,– €
- Schutz bei Wohnungskündigung bei Vorliegen eines Härtefalls
- Beitragsermäßigung bei Automobilclubs
- Preisnachlass bei Festnetz- und Mobilfunkbetreibern

GdB 60 ▪ Behinderten-Pauschbetrag 1.440,– € ▪ Reduzierung der Belastungsgrenze für Zuzahlungen in die gesetzliche Krankenversicherung auf 1 % der jährlichen Bruttoeinnahmen bei Vorliegen weiterer Voraussetzungen ▪ Ermäßigter Rundfunkbeitrag, wenn ein GdB von 60 allein wegen Sehbehinderung besteht
GdB 70 ▪ Behinderten-Pauschbetrag 1.780,– € ▪ Behinderungsbedingter Fahrtkosten-Pauschbetrag bei Merkzeichen G: 900,– € ▪ Ermäßigte BahnCard
GdB 80 ▪ Behinderten-Pauschbetrag 2.120,– € ▪ Freibetrag bei der Ermittlung des Gesamteinkommens bei der sozialen Wohnraumförderung von 4.500,– € bei häuslicher Pflegebedürftigkeit ▪ Behinderungsbedingter Fahrtkosten-Pauschbetrag: 900,– € ▪ Ermäßigter Rundfunkbeitrag, wenn keine Teilnahme an öffentlichen Veranstaltungen möglich ist
GdB 90 ▪ Behinderten-Pauschbetrag 2.460,– € ▪ Sozialtarif bei der Telekom mit zusätzlichem Merkzeichen Bl oder Gl
GdB 100 ▪ Behinderten-Pauschbetrag 2.840,– € ▪ Freibetrag beim Wohngeld von 1.800,– € ▪ Freibetrag bei der Ermittlung des Gesamteinkommens bei der sozialen Wohnraumförderung von 4.500,– € ▪ Freibetrag von 41.000,– € bei der Erbschafts- und Schenkungsteuer in bestimmten Fällen

12.2 Übersicht über merkzeichenabhängige Nachteilsausgleiche

G – Erheblich gehbehindert ▪ Unentgeltliche Beförderung im öffentlichen Nahverkehr nach Erwerb einer Wertmarke oder Kraftfahrzeugsteuerermäßigung ▪ Behinderungsbedingter Fahrtkosten-Pauschbetrag von 900,– € oder Ansatz tatsächlicher Kosten ▪ Anspruch auf Mehrbedarfszuschlag von 17 % auf den Regelbedarf bei Grundsicherung, Bürgergeld und Sozialhilfe ▪ Orangener Parkausweis bei Vorliegen weiterer Voraussetzungen
aG – außergewöhnlich gehbehindert ▪ Unentgeltliche Beförderung im öffentlichen Nahverkehr nach Erwerb einer Wertmarke ▪ Kraftfahrzeugsteuerbefreiung ▪ Behinderungsbedingter Fahrtkosten-Pauschbetrag: 4.500,– € oder Ansatz tatsächlicher Kosten ▪ Parkerleichterungen: Blauer Parkausweis ▪ Befreiung von Fahrverboten in Umweltzonen ▪ Krankenkasse übernimmt Fahrtkosten zu ambulanten Behandlungen ▪ Anspruch auf Mehrbedarfszuschlag von 17 % auf den Regelbedarf bei Grundsicherung, Bürgergeld und Sozialhilfe
B – Notwendigkeit ständiger Begleitung ▪ Unentgeltliche Beförderung der Begleitperson im öffentlichen Personennah- und -fernverkehr, ausgenommen Fahrten in Sonderzügen und Sonderwagen ▪ Kostenlose Beförderung der Begleitperson blinder Menschen im internationalen Eisenbahnverkehr ▪ Unentgeltliche Beförderung der Begleitperson in den meisten innerdeutschen Flügen ▪ Urlaubskosten der Begleitperson sind bis 767,– € steuerlich absetzbar ▪ Parkerleichterungen: Orangener Parkausweis bei Vorliegen weiterer Voraussetzungen

Bl – Blind ▪ Unentgeltliche Beförderung im öffentlichen Nahverkehr nach Erwerb einer Wertmarke ▪ Kraftfahrzeugsteuerbefreiung ▪ Befreiung vom Rundfunkbeitrag für Empfänger von Blindenhilfe oder Ermäßigung des Beitrags ab GdB 60 allein wegen der Sehbehinderung ▪ Behinderungsbedingter Fahrtkosten-Pauschbetrag: 4.500,– € ▪ Pauschbetrag als außergewöhnliche Belastung: 7.400,– € ▪ Telekom Sozialtarif ▪ Übernahme der Kosten von Fahrten zur ambulanten Behandlung durch die gesetzliche Krankenversicherung ▪ Parkerleichterungen, Parkplatzreservierung ▪ Blindenhilfe in den Bundesländern ▪ Parkerleichterungen: Blauer Parkausweis ▪ Befreiung von Fahrverboten in Umweltzonen ▪ In vielen Gemeinden Befreiung von der Hundesteuer ▪ Pflege-Pauschbetrag für Pflegepersonen: 1.800,– €
Gl – Gehörlos ▪ Unentgeltliche Beförderung im öffentlichen Nahverkehr nach Erwerb einer Wertmarke oder Kraftfahrzeugsteuerermäßigung ▪ Befreiung vom Rundfunkbeitrag für Taubblinde ▪ Ermäßigung des Rundfunkbeitrags für Gehörlose, die sich auch mit Hörhilfen nicht ausreichend verständigen können ▪ Telekom Sozialtarif ▪ Gehörlosengeld in einigen Bundesländern
H – Hilflos ▪ Unentgeltliche Beförderung im öffentlichen Nahverkehr ▪ Kraftfahrzeugsteuerbefreiung ▪ Behinderungsbedingter Fahrtkosten-Pauschbetrag: 4.500,– € ▪ Pauschbetrag als außergewöhnliche Belastung: 7.400,– € ▪ Pflege-Pauschbetrag für Pflegepersonen: 1.800,– € ▪ Übernahme der Kosten von Fahrten zur ambulanten Behandlung durch die gesetzliche Krankenversicherung ▪ Befreiung von Fahrverboten in Umweltzonen
RF – Ermäßigung des Rundfunkbeitrags ▪ Befreiung vom Rundfunkbeitrag oder Ermäßigung ▪ Sozialtarif bei der Telekom
TBl – Taubblind ▪ Befreiung vom Rundfunkbeitrag ▪ Behinderungsbedingter Fahrtkosten-Pauschbetrag: 4.500,– € ▪ Pauschbetrag als außergewöhnliche Belastung: 7.400,– € ▪ Taubblindengeld in einigen Bundesländern

12.3 Wichtige Adressen

12.3.1 Integrationsämter

Bundesarbeitsgemeinschaft der Integrationsämter und Hauptfürsorgestellen (BIH)
c/o Landschaftsverband Rheinland
Deutzer Freiheit 77–79; 50679 Köln
Telefon: 0221/8095390, Telefax: 0221/82841605
www.integrationsaemter.de

Das für Ihr Anliegen zuständige Integrationsamt finden Sie unter www.bih.de/integrationsaemter/kontakt/.

12.3.2 Verbände für Menschen mit Behinderung

Bundesarbeitsgemeinschaft SELBSTHILFE e.V.
Kirchfeldstr. 149; 40215 Düsseldorf
Telefon 0211/310060, Telefax 0211/3100648
E-Mail: info@bag-selbsthilfe.de
www.bag-selbsthilfe.de

Bundesverband für körper- und mehrfachbehinderte Menschen e.V. (BVKM)
Brehmstr. 5–7, 40239 Düsseldorf
Telefon 0211/640040, Telefax 0211/6400420
E-Mail: info@bvkm.de
www.bvkm.de

Bundesverband für Rehabilitation und Interessenvertretung (BDH)
Lievelingsweg 125, 53119 Bonn
Telefon 0228/969840, Telefax 0228/9698499
E-Mail: info@bdh-reha.de
www.bdh-reha.de

Bundesverband Selbsthilfe Körperbehinderter e.V. (BSK)
Altkrautheimer Str. 20, 74238 Krautheim
Telefon 06294/42810, Telefax 06294/428179
E-Mail: info@bsk-ev.org
www.bsk-ev.org

Bundesvereinigung der Lebenshilfe für Menschen mit geistiger Behinderung e.V.
Raiffeisenstr. 18, 35043 Marburg
Telefon 06421/4910, Telefax 06421/491167
E-Mail: bundesvereinigung@lebenshilfe.de
www.lebenshilfe.de

Deutscher Blinden- und Sehbehindertenverband e.V.
Rungestr. 19, 10179 Berlin
Telefon 030/2853870, Telefax 030/28538720
E-Mail: info@dbsv.org
www.dbsv.org

Deutscher Gehörlosenbund e.V.
Prenzlauer Allee 180, 10405 Berlin
Telefon 030/49902266
www.gehoerlosen-bund.de

Deutscher Schwerhörigenbund e.V. (DSB)
Sophie-Charlotten-Str. 23 A, 14059 Berlin
Telefon 030/47541114, Telefax 030/47541116
E-Mail: dsb@schwerhoerigen-netz.de
www.schwerhoerigen-netz.de

Interessenvertretung Selbstbestimmt Leben in Deutschland e.V. (ISL)
Leipziger Straße 61, 10117 Berlin
Telefon 030/40571409, Telefax 030/3031011251
E-Mail: info@isl-ev.de
www.islev.de

Sozialverband Deutschland e.V. (SoVD)
Bundesgeschäftsstelle
Stralauer Str. 63, 10179 Berlin
Telefon 030/7262220, Telefax 030/726222311
E-Mail: kontakt@sovd.de
www.sovd.de

Sozialverband VdK Deutschland e.V.
Bundesgeschäftsstelle
Linienstraße 131, 10115 Berlin
Telefon: 030/92105800, Telefax: 030/9210580110
E-Mail: kontakt@vdk.de
www.vdk.de

12.3.3 Beauftragte für Menschen mit Behinderungen des Bundes und der Länder

Beauftragter der Bundesregierung für die Belange von Menschen mit Behinderungen
Mauerstraße 53, 10117 Berlin
Telefax 03018/5271871
E-Mail: buero@behindertenbeauftragter.de
www.behindertenbeauftragter.de

Baden-Württemberg
Landes-Behindertenbeauftragte des Landes Baden-Württemberg
Else-Josenhans-Straße 6, 70173 Stuttgart
Telefon 0711/2793360, Telefax 0711/2793366
E-Mail: poststelle@bfbmb.bwl.de
www.sozialministerium.baden-wuerttemberg.de/de/ministerium/landesbehindertenbeauftragte/

Bayern
Die Beauftragte der Bayerischen Staatsregierung für die Belange von Menschen mit Behinderung
Winzerer Straße 9, 80797 München
Telefon 089/12612799, Telefax 089/12612453
E-Mail: behindertenbeauftragter@stmas.bayern.de
www.behindertenbeauftragte.bayern.de

Berlin
Landesbeauftragter für Menschen mit Behinderung
Senatsverwaltung für Integration, Arbeit und Soziales
Oranienstraße 106, 10969 Berlin
Telefon 030/90282918, Telefax 030/90282166
E-Mail: lfb@senias.berlin.de
www.berlin.de/lb/behi/

Brandenburg
Beauftragte der Landesregierung für die Belange der Menschen mit Behinderungen
Henning-von-Tresckow-Straße 213, 14467 Potsdam
Telefon: 0331/8665014
E-Mail: landesbehindertenbeauftragte@msgiv.brandenburg.de
msgiv.brandenburg.de/msgiv/de/beauftragte/landesbehindertenbeauftragte/

Bremen
Der Landesbehindertenbeauftragte der Freien Hansestadt Bremen
Am Markt 20, 28195 Bremen
Telefon 0421/36118181, Telefax 0421/49618181
E-Mail: office@lbb.bremen.de
www.behindertenbeauftragter.bremen.de

Hamburg
Senatskoordinator für die Gleichstellung von Menschen mit Behinderungen
Osterbekstraße 96, 22083 Hamburg
Telefon 040/428635725, Telefax 040/427961688
E-Mail: behindertenbeauftragter@bwfgb.hamburg.de
www.hamburg.de/skbm/

Hessen
Die Beauftragte der Hessischen Landesregierung für Menschen mit Behinderungen
Hessisches Ministerium des Innern und für Sport
Friedrich-Ebert-Allee 12, 65185 Wiesbaden
Telefon 0611/32193704, Telefax 0611/327193799
E-Mail: lba@hsm.hessen.de
www.behindertenbeauftragter.hessen.de

Mecklenburg-Vorpommern
Bürgerbeauftragter des Landes Mecklenburg-Vorpommern
Schlossstraße 1, 19053 Schwerin
Telefon 0385/5252709, Telefax 0385/5252744
E-Mail: post@buergerbeauftragter-mv.de
www.buergerbeauftragter-mv.de

Niedersachsen
Landesbeauftragte für Menschen mit Behinderungen
Hannah-Arendt-Platz 2, 30159 Hannover
E-Mail: Landesbeauftragte@ms.niedersachsen.de
www.behindertenbeauftragte-niedersachsen.de

Nordrhein-Westfalen
Die Beauftragte der Landesregierung für Menschen mit Behinderungen sowie für Patientinnen und Patienten in NRW
Ministerium für Arbeit, Integration und Soziales
Fürstenwall 25, 40219 Düsseldorf
Telefon 0211/8553008, Telefax 0211/8553037
E-Mail: kontakt@lbbp.nrw.de
www.lbb.nrw.de

Rheinland-Pfalz
Landesbeauftragter für die Belange behinderter Menschen
Ministerium für Arbeit, Soziales, Gesundheit, Familie und Frauen
Bauhofstraße 9, 55116 Mainz
Telefon 06131/165342, Telefax 06131/16175342
E-Mail: lb@msagd.rlp.de
www.inklusion.rlp.de/de/landesbeauftragter-landesteilhabebeirat/team-und-kontakt/

Saarland
Landesbeauftragter für die Belange von Menschen mit Behinderungen
Franz-Josef-Röder-Straße 7, 66119 Saarbrücken
Telefon 0681/5002545, Telefax 0681/5002333545
E-Mail: d.bieber@landtag-saar.de
www.saarland.de/lfb.htm

Sachsen
Beauftragter der Sächsischen Staatsregierung für die Belange von Menschen mit Behinderungen
Albertstraße 10, 01097 Dresden
Telefon 0351/56412161, Telefax 0351/56412169
E-Mail: behindertenbeauftragter@sk.sachsen.de
www.inklusion.sachsen.de

Sachsen-Anhalt
Beauftragter der Landesregierung für die Belange der Menschen mit Behinderungen
Ministerium für Arbeit, Soziales und Integration
Turmschanzenstraße 25, 39114 Magdeburg
Telefon 0391/5674002, Telefax 0391/5674052
E-Mail: behindertenbeauftragter@ms.sachsen-anhalt.de
www.behindertenbeauftragter.sachsen-anhalt.de

Schleswig-Holstein
Landesbeauftragte für Menschen mit Behinderung
Karolinenweg 1, 24105 Kiel
Telefon 0431/9881620, Telefax 0431/9881621
E-Mail: lb@landtag.ltsh.de
www.landtag.ltsh.de/beauftragte/lb/index.html

Thüringen
Der Beauftragte für Menschen mit Behinderungen
Dienstsitz beim Thüringer Landtag
Jürgen-Fuchs-Straße 1, 99096 Erfurt
Telefon 0361/573118000, Telefax 0361/573118010
E-Mail: kontakt@tlmb-thueringen.de
www.tlmb-thueringen.de

Index

A

B

D

E

F

G

H

I

K